Linda Joslin
Paris 2000

« AIDER LA VIE »

Collection dirigée par Robert Laffont

LAURENCE INK

IL SUFFIT D'Y CROIRE

Présentation de Robert Laffont

ROBERT LAFFONT

Couverture : photo de l'auteur.

© Éditions Robert Laffont, S.A., Paris, 1994
ISBN 2-221-07558-7

A Claude, mon compagnon de route.
A Robert Laffont, pêcheur de truites
et d'émotions.

Présentation

Je n'ai jamais compris pourquoi, après onze mois entassés à l'intérieur d'une cité, la plupart des vacanciers se ruent vers des lieux où la promiscuité est plus intense encore, les bruits plus agressifs, et plus opaque le rideau qu'ils tirent devant la nature proche.

Ce n'est pas l'âge qui me rend réfractaire à ce type de vacances, mais le besoin que j'ai toujours ressenti, lassé des contraintes urbaines, de retrouver un peu de silence et de solitude au cœur d'une nature vraiment sauvage.

C'est ainsi que, disposant désormais de plus de temps, je le partage le plus souvent possible entre les Cévennes, que m'a fait découvrir mon ami Jean Carrière, et le Québec.

J'ai toujours aimé le Canada, et c'est avec impatience que je compte les mois qui me séparent de mon prochain voyage, pendant lequel je vais retrouver la chaleur d'un accueil spontané et l'ivresse des vastes territoires.

Depuis plusieurs années, avec ma femme, nous avons pris l'habitude d'emprunter les chemins du

Nord et de nous arrêter dans une pourvoirie [1] dont nous devenons les hôtes, au bord d'un lac, dans l'immensité de la forêt canadienne.

L'été 1992 allait me réserver une surprise. Nous avions survolé le Saint-Laurent avant d'atterrir à Baie Comeau, une bourgade connue pour son usine à papier qui fournit de grands quotidiens américains. A partir de là commençait la partie inédite du voyage, puisque seul un petit hydravion pouvait nous conduire à notre destination : la pourvoirie du lac Achigan, nommée Gabou. Délaissant le Saint-Laurent, l'appareil se dirigea plein nord, survolant de gigantesques territoires surmontés de collines boisées et creusés de centaines de lacs aux formes très diverses – les plus grands étant formés par les barrages de l'Hydro Québec.

Je me demandais comment, parmi tous ces lacs, notre pilote allait repérer le nôtre, lorsque l'hydravion piqua résolument sur l'un d'eux, où il amerrit dans un tourbillon d'écume. Puis ce fut le silence, inattendu, insolite. Sur l'appontement, nous attendait un couple souriant, dont tout, dans l'allure et les vêtements, semblait révéler les origines québécoises.

Au bord du lac : quelques chalets en rondins, façon cabanes de trappeurs, dotés de poêles et de lits de camp. Éclairage au propane. Eau courante, pure mais froide. Le chalet central sert de lieu de réunion, de salon et de salle à manger. Sur ce territoire de

---

1. Une pourvoirie englobe un territoire de forêts et de lacs que l'État donne à bail à un responsable chargé de la surveillance et de l'entretien. En compensation, il pourra accueillir des hôtes payants, en particulier pendant les saisons de pêche et de chasse.

soixante-dix kilomètres carrés, plus de trente lacs, certains reliés par une rivière tumultueuse échappée d'un western, les autres, plus calmes, regorgeant de truites sauvages.

Notre première journée fut consacrée à la pêche. Prétexte, en fait, à une prise de contact avec la nature, avec son immensité sans bornes, sa toute-puissante beauté.

Le soir venu, nous cessâmes notre pêche pour mieux goûter les splendeurs du couchant. Tout disait la paix. L'appel nostalgique des huards et quelques cris lointains d'animaux sauvages nous faisaient mesurer l'ampleur du décor et la quiétude exceptionnelle du moment. Le lac était sans rides et notre barque s'abandonnait au gré du courant.

Elle était conduite par la jeune femme qui nous avait accueillis au débarcadère et nous servait de guide. Elle était grande, rayonnante, et je la sentais si parfaitement adaptée à son environnement que sa personne diffusait un véritable bien-être. Persuadé que j'avais affaire à une Québécoise pure souche, je me montrai curieux de son itinéraire. A ma surprise, j'appris qu'elle était une Parisienne diplômée de Science-Po et de la faculté de droit de Paris et qu'elle vivait ainsi, dans ces conditions uniques, depuis plusieurs années.

Adolescente, elle avait très vite souffert du conformisme bourgeois. Elle aurait voulu « reconstruire le monde, lutter contre la grisaille, vivre autre chose que la monotonie quotidienne, penser autrement que ces adultes obsédés de confort et de réussite ». Cette révolte, que connaissent de nombreux adolescents, l'avait entraînée dans une recherche passionnée des

11

vraies valeurs. Un long chemin qu'elle raconte très simplement dans ce livre. Un chemin qui devait aboutir à ce lieu d'harmonie que tout son être reflète.

L'éditeur se réveillait en moi. Tenait-elle un journal? Était-elle tentée par l'écriture? De retour au camp, elle me montra quelques articles documentaires et des notes qui témoignaient d'un réel talent. Elle me décrivit les huit mois de l'année qu'elle passe à Gabou, le travail incessant, la fatigue si forte que le soir la trouve épuisée, incapable d'écrire, faute de temps et d'énergie. L'hiver, pendant les quatre autres mois, divers métiers leur permettent, à elle et à son compagnon, d'affronter une partie des charges liées à l'exploitation de la pourvoierie.

Le récit de sa vie me parut si riche, et si apte à donner l'exemple heureux d'une découverte de l'équilibre physique et spirituel, que je lui proposai d'occuper ses quatre mois de labeur hivernal à relater son cheminement dans les bois canadiens. Le soir même, à table, nous fêtions notre accord. Ce serait un livre adressé à tous les prisonniers de la grisaille.

Un an plus tard, en août 1993, je retournai à Gabou, impatient de lire la deuxième version d'une œuvre dont la première mouture m'avait paru prometteuse. Les livres de nature sont rares et souvent austères. Une exception à la règle : l'ouvrage de Sue Hubbel, Une année à la campagne : vivre les questions, *que la critique anglo-saxonne a salué avec chaleur et dont Le Clézio a préfacé, de manière très enthousiaste, l'édition française* [1]. *Je regrette de ne pas avoir la plume de Le Clézio pour vous convaincre*

---

1. Gallimard, collection « Du monde entier », 1988.

que l'ouvrage de Laurence Ink est éclatant d'authenticité, de foi et de sincérité.

Je ne pensais pas, au soir d'une longue carrière d'éditeur, que j'aurais encore l'occasion de m'émerveiller de la façon dont les destins se croisent. C'est un grand mystère qu'une promenade en bateau aboutisse à l'éclosion d'un talent véritable. Les éditeurs cherchent des truites : ils trouvent des livres. Il est vrai que ce métier est une manière de pêche.

Une pêche miraculeuse.

Robert Laffont

– Nakane. Arrivée dans cinq minutes...

Une main me pousse légèrement l'épaule, me tire d'un sommeil noir comme l'eau profonde d'un puits. Dans la pénombre, je distingue un visage inconnu, surmonté d'une casquette inclinée sur l'oreille aux insignes de la compagnie ferroviaire.

– Nakane. On arrive dans cinq minutes. Quand vous serez prête, vous remonterez le wagon, on descend au deuxième...

Et il s'éloigne d'un pas sûr, prenant appui sur le dossier des fauteuils lorsque les cahots le font vaciller.

Je n'ai dormi que quelques heures, recroquevillée sur mon siège, et reprends pied dans un décor qui m'est étranger. La voiture est éclairée par la lumière blafarde des veilleuses. Çà et là des corps sont étalés dans des poses presque obscènes, comme jetés sur les banquettes inconfortables, les têtes posées sur des oreillers de fortune, les jambes dépassant dans l'allée. Un gros homme au visage luisant de sueur a posé ses pieds chaussés de lourdes bottes de chantier sur le fauteuil qui lui fait face et dort la bouche ouverte, la nuque renversée en arrière, ponctuant d'un ronflement sonore la trépidation des moteurs et le grincement strident des wagons qui brinquebalent par secousses. Le sol est jonché de détritus, bouteilles vides qui roulent d'avant en arrière, papiers gras, enveloppes argentées de chips.

Même les contrôleurs ont dû changer, je ne reconnais pas dans celui qui m'a réveillée, souriant mais un peu débraillé, l'employé impeccable de mon départ, à Montréal.

Il fait trop sombre pour distinguer l'heure à ma montre, mais il doit être dans les 4 ou 5 heures du matin. Ces dix heures de voyage m'ont déjà coupée du monde connu, de la ville où tout se déroule selon une logique préétablie ; je tente d'apercevoir le paysage par la vitre mais, opaque de givre, elle ne me renvoie que ma propre image, aux traits flous et bouffis de fatigue. Pour me rassurer, je me répète que jusqu'à présent tout s'est à peu près déroulé comme prévu, qu'après mon voyage d'avion depuis Paris j'ai pu attraper *in extremis* le train à Montréal ; à mon arrivée, quelqu'un sera là pour m'attendre, à la date et à l'heure fixées quelques semaines auparavant. Mais une angoisse incoercible me noue le ventre, j'ai la bouche sèche et les doigts qui tremblent en laçant mes bottes.

De l'autre côté de l'allée, un passager me fixe d'un air las, une cigarette à la main, les traits tirés et immobiles. Tandis que je rassemble mes vêtements épars, je sens son regard posé sur moi, avec l'impassibilité de l'attente, et mon sentiment de malaise s'alourdit dans cette atmosphère de limbes, hors du temps, zone de transit pour un autre monde.

Je remonte vers la tête du train, titubant comme

une personne ivre, et rejoins le wagon réservé aux bagages où mon sac à dos et mes valises bardées d'étiquettes sont regroupés près de la porte, déjà ouverte, qui m'envoie une bouffée d'air glacial.

Sautant d'un pied sur l'autre, les mains profondément enfouies dans les poches de son manteau, le contrôleur me parle, de la température sans doute, qui doit friser les moins 30 °C. Je hoche la tête sans répondre, trop abrutie de fatigue pour le faire répéter.

Le talkie-walkie grésille :

— Encore deux milles, on arrive...

Dehors le ciel est opaque, la neige le long des rails semble grise et sale. Aucune lumière ne scintille dans l'obscurité que voile le rideau mouvant d'une neige fine.

Le contrôleur me regarde avec attention et une lueur d'étonnement.

— Le prochain train est dans deux jours. Quand vous voudrez redescendre, vous avez juste à *flasher* [1] en avant du Voyageur quand il arrive...

J'ai l'impression qu'il attend une précision, la date de mon retour, la raison de cet arrêt en plein milieu de la forêt sauvage par une nuit glaciale de décembre. Mais peut-être n'est-ce que l'écho de ma propre inquiétude.

Il se penche un peu à l'extérieur, et je me demande ce qu'il peut apercevoir avec ces flocons qui lui tombent dans les yeux.

— Encore un peu, encore... OK, c'est beau !

----

1. *Flasher* : pour arrêter le train de voyageurs, hors des arrêts obligatoires, il suffit de faire des signaux avec une lampe de poche.

Les freins crient, le train hoquette et tressaute, s'immobilise.

En sautant du train, je tombe dans une neige molle et m'enfonce jusqu'aux genoux. La vapeur mêlée de fumée que dégagent les moteurs m'enveloppe d'un brouillard blanc et humide qui me laisse tout juste distinguer le carré lumineux du wagon. On me tend mes bagages à la hâte, je compte fébrilement mes valises pour être sûre de n'avoir rien oublié; le contrôleur me fait un signe de la main avant de refermer la porte, le train s'arrache en cliquetant et s'ébranle. Ma gorge se serre à étouffer, mais déjà il s'éloigne, avec un dernier éclat de ses feux arrière.

Du halo laiteux laissé par le convoi émergent doucement les silhouettes noir et blanc des épinettes, je scrute en vain les ombres, personne ne m'attend. Au-dessus de ma tête, il n'y a pas d'étoiles, juste l'ébauche d'une clarté diffuse qui annonce l'aube et dessine quelques ombres de nuages sur la noirceur du ciel.

Une panique grandissante me coupe le souffle; les grincements du train s'estompent. Le silence est total, pesant, à peine troublé du petit sifflement ténu de ma respiration. Une bise aigre me souffle une neige froide au visage, je frissonne dans mon blouson trop léger. Autour de moi s'étendent des kilomètres et des kilomètres inhabités, juste la forêt figée par la neige et la glace.

Avec une étonnante légèreté, je n'ai pas réellement mesuré, avant le départ, l'enjeu de cette arrivée en plein bois et n'ai rien prévu pour affronter cette solitude, le froid, et la peur née de l'hostilité de ce qui m'entoure. Rien de ce qui m'est connu ne peut ici me secourir, je suis aussi désarmée et terrifiée qu'un nouveau-né.

Comment croire que ce moment j'ai pu le désirer, que de ma propre volonté j'ai abandonné mon confort parisien pour braver ce milieu implacable et menaçant, sur la foi d'une promesse hasardeuse. Des larmes me montent aux yeux, de peur, d'incrédulité devant ma situation précaire, de rage aussi contre mon propre entêtement. Les sentiments diffus d'inquiétude que je réprimais depuis quelques jours culminent en une certitude d'avoir, cette fois-ci, poussé trop loin mon refus d'une vie conventionnelle et ma quête d'aventure. Ainsi, dans l'espoir de me délivrer du mal de vivre, j'avais tourné le dos à ma vie tranquille d'étudiante, à la certitude apaisante des lendemains prévisibles ; mais, loin de l'exaltation, je ne trouvais que l'Inconnu, l'aléatoire sans possibilité de retraite, la brutalité d'une confrontation sans équivoque avec un monde ennemi et lugubre.

Le froid qui m'envahit, le silence qui se trouble de craquements inquiétants et l'aube laiteuse qui ne découvre qu'une immensité déserte, tout confirme mes sombres pressentiments des derniers jours. Au lieu de la joyeuse excitation escomptée, les préparatifs s'étaient déroulés dans la précision clinique d'une veille d'opération chirurgicale. Mettre de l'ordre dans mes papiers et mes sentiments, n'oublier ni le loyer ni de fermer le gaz, dire au revoir à tous, avec soulagement ou nostalgie. Malgré tous mes efforts, et l'évocation des plaisirs que je me promettais, j'étais prise d'une hésitation soudaine, non au sujet de l'expédition elle-même, mais devant le fait d'abandonner mes habitudes. Après mon séjour de quelques mois dans le Grand Nord, retrouverais-je les mêmes visages, les mêmes sensations, la même routine qui, brutalement, me devenait chère ? Je découvrais l'intensité et l'amertume du dernier café, de la dernière odeur de métro, du dernier message aux amis dont la vie continuerait sans heurt et aussi sans moi.

Déjà, avant même le choc de l'arrivée, une petite voix m'avait mise en garde, relayée par la consternation de mes parents et l'étonnement sceptique de mes proches. Cette aventure risquait de m'entraîner plus loin que je ne le désirais, dans des contrées inconnues et décevantes, là où ma volonté devrait reculer devant un destin que j'aurais insolemment provoqué.

Et pourtant, malgré cela, malgré une ultime réticence à l'aéroport d'où je téléphonai à mes parents résignés, j'avais jeté les dés, happée par ce projet décidé sur un coup de tête et qui s'était imposé à moi avec l'obstination d'une idée fixe.

A mon arrivée à Montréal, le temps n'était plus aux regrets ni aux inquiétudes. L'important retard de mon avion me laissait à peine quelques heures avant d'attraper le train qui me conduirait à mon rendez-vous nocturne. Pour dénicher les dernières pièces d'équipement indispensables, il était trop tard pour me rendre à l'autre bout de la ville, au magasin spécialisé qu'on m'avait conseillé, il me fallait faire de mon mieux dans les alentours immédiats de la gare.

Montréal, dans la pâle clarté d'une après-midi froide de décembre, semblait figée et peu accueillante. Malgré quelques guirlandes lumineuses déjà accrochées pour Noël, le quartier restait triste et gris sous un ciel plombé, les rares passants frigorifiés s'engouffraient dans les galeries marchandes couvertes, un peu plus animées. Malentendu ou effet de mon pur accent parisien, les vendeurs étaient lents à comprendre ce que je désirais, je m'énervais à expliquer ce que moi-même je ne saisissais pas très bien, n'ayant qu'une idée vague de l'équipement nécessaire pour vivre un hiver dans le Grand Nord. Je passais visiblement pour une originale, et, si cette sensation d'étrangeté flattait mon orgueil, elle déclenchait néanmoins en moi des vagues d'inquiétude.

A la gare où j'arrivai à peine une demi-heure avant le départ du train, je me heurtai là encore à un étonnement incrédule.

— Un billet simple pour Nakane, s'il vous plaît...

L'employé contemplait, ébahi, mes bagages et multiples sacs répandus à mes pieds.

— Où ça ?

— Nakane, N.A.K.A.N.E. C'est sur la ligne de l'Abitibi.

Il cherchait sur ses listes, le doigt lissant la feuille.

— C'est un arrêt facultatif ! précisai-je en prenant soin d'adoucir ma voix où perçait une irritation croissante.

— C'est pas marqué... Ah si ! attendez... Nakane, oui, je vois. Aller-retour pour combien de jours ?

— Non, aller simple... Je ne connais pas encore ma date de retour, ajoutai-je comme pour m'excuser.

— Eh ben ! Et, sans indiscrétion, vous allez y faire quoi à... Nakane ?

— Rien. Enfin... y passer l'hiver.

— Ah bon ! dit-il en hochant la tête.

En pianotant sur le clavier de son ordinateur, il se répétait incrédule :

– Nakane. N.A.K.A.N.E. Pour un aller simple...
Eh bien, 40 dollars. Faut prévenir le contrôleur dans
le train. Et faites vite, il est déjà sur le quai.

– Oui, merci, je sais.

40 dollars, pas cher pour aller au bout du monde.
J'empochai mon billet et me précipitai.

Le train partait du sous-sol, le quai était désert. Le
contrôleur, un peu sceptique, accrocha au-dessus de
mon siège un carton couvert de signes illisibles,
garant d'après lui d'un arrêt effectif à Nakane. Les
deux compartiments étaient presque vides, si différents du même train l'été, bruyant et animé, rempli
de pêcheurs conteurs d'histoires miraculeuses, de
visages de citadins soudainement mis en liberté,
lâchés comme des enfants sortant de l'école.

A peine étais-je installée que le train s'ébranla, et
je cédai à la joie enfantine du départ, oubliant la
fatigue et mes appréhensions pour mieux ressentir
l'insolite de l'aventure. Le nez collé à la vitre, je scru-
tais avec attention les paysages urbains qui allaient
s'éloigner puis disparaître, pour laisser place à la
blancheur immaculée de la campagne. Mais, très
vite, les lumières s'espacèrent, les paysages se
noyèrent dans la nuit précoce de l'hiver ; nous plon-
gions dans un univers dense et noir, bientôt masqué
par mon propre reflet.

Mon attention revint au compartiment où quelques voyageurs s'étaient installés comme pour un
long voyage, délaçant leurs chaussures, boissons et
sandwiches à portée de main, munis de livres et de
radios portatives. Des Indiens monteraient sans
doute plus tard sur la ligne pour rejoindre leur
réserve. Quatre hommes aux larges carrures avaient

22

investi toute une partie du wagon, tournant les bancs face à face pour plus de confort, et, ayant abandonné leurs épaisses parkas et leurs chapeaux doublés, s'étaient dirigés vers l'arrière. L'inscription portée au-dessus de leurs places m'était incompréhensible.

Je n'avais soudain plus sommeil et me rendis à la cafétéria pour prendre une bière, dans l'espoir d'y retrouver mes compagnons de route.

Blottie contre la fenêtre pour m'effacer, je les observais, attablés autour de bouteilles, remplacées au moindre signe par le barman, sur le qui-vive. A mon entrée, ils m'avaient dévisagée avec minutie mais sans indécence, puis s'étaient replongés dans leur conversation. Massifs, burinés, ils dégageaient l'atmosphère lourde et sereine des gens de la campagne. Ils parlaient d'une voix forte, sans grands gestes, et j'avais parfois du mal à les comprendre tant leur accent était prononcé, leurs mots roulant dans la bouche, leurs phrases s'épuisant dans un soupir. Je devinai qu'ils étaient « du bois » comme d'autres sont « de la ville ». D'autres passagers occupaient les tables aux alentours, mais ils passaient presque inaperçus tant le groupe s'imposait, comme si le train tout entier leur appartenait, n'avait d'autre justification que de les mener à leur travail. Bûcherons des temps modernes, ils étaient pour moi les descendants des premiers aventuriers qui avaient osé s'attaquer à la forêt immense, au Bois, nom mythique. Je tendais l'oreille pour ne rien perdre de leur évocation de cet univers mystérieux et magique, cadre de leur vie quotidienne.

Mais ils en parlaient comme d'une simple matière, qu'on coupe, qu'on transforme, avec des machines gigantesques, sciant des arbres comme on cueille une fleur, non pour défricher, déraciner, labourer, mais pour alimenter d'autres machines, au profit de villes lointaines et insatiables. Ils parlaient du feu aussi, aveugle et indomptable, parfois flammes hautes et claires, parfois sournois, courant de racines en racines sous la tourbe, dans la fumée épaisse, quand les secours sont impuissants, ne peuvent qu'attendre, creuser des tranchées pour ralentir la progression.

Dans mon esprit de citadine européenne, le Bois dépassait la simple immensité géographique de forêts et de lacs. J'en rêvais comme d'une *terra incognita*, domaine fascinant, celui d'une enfance encore possible. Je vibrais de souvenirs de lecture : premiers colons devant affronter la forêt sauvage pour y cultiver de quoi vivre ou coureurs de bois apprenant des Indiens le langage secret des arbres. Une brève expérience de quelques jours l'été précédent avait à peine modifié ces images, y avait ajouté des odeurs de résine et d'eau, des senteurs de cette plante, rampante et foisonnante à chaque clairière, appelée thé du Labrador pour les vertus thérapeutiques de ses feuilles infusées.

Doucement engourdie de fatigue, je faisais briller en moi les images qui m'avaient décidée à entreprendre ce voyage, les paysages où l'hiver mettrait une note grave et austère, les nuits criblées d'étoiles, glacées et silencieuses, où parfois monterait le hurlement d'un loup solitaire. A perte de vue, le manteau épais de neige et la surface miroitante des lacs gelés composeraient un paysage en noir et blanc. Il y aurait des animaux sauvages, méfiants et pourtant presque amicaux, lièvres bondissants, loutres

24

joueuses, orignaux gigantesques, et des tanières d'ours enfoncées dans la neige. Les journées seraient simples et recueillies, avec le froid pénétrant, les longues marches en raquettes, les oreilles qui gèlent et le thé bu autour du feu de camp pour se réchauffer le corps et l'esprit. Chaque geste, chaque parole retrouverait sa place, sa véritable résonance. Les soirées seraient pensives, bercées par le craquement des bûches dans le foyer, et les nuits lourdes d'un sommeil réparateur.

Et pourtant ces belles images ne parvenaient pas à écarter totalement l'inquiétude qui se diffusait en ondes discrètes. Dans le regard de mes compagons, légèrement embué par l'alcool, se lisaient des sentiments indéfinissables. La voix soudain devenait grave, ils secouaient les épaules avec résignation, devant l'ennui, la solitude, dont la seule pensée paraissait douloureuse. Malgré leurs machines, la rudesse de ce milieu semblait les dépasser, et ils en éprouvaient un mélange étrange de crainte, de ténacité et d'orgueil. De percevoir leur fragilité me ramenait abruptement aux réalités de mon voyage. Jusque-là, j'étais trop troublée par la peur d'avoir à bouleverser mes habitudes pour vraiment réfléchir aux détails pratiques d'une telle expédition. Pour mon arrivée, je m'étais fiée à la conviction d'être attendue, à un point donné appelé Nakane, quelque part au milieu de la forêt sauvage. Soudain une angoisse irraisonnée me saisit devant l'aspect hasardeux de cette rencontre, et je me réfugiai dans un sommeil sans rêve.

Cette présomption, je ne peux la mesurer pleinement qu'au moment où, le train m'ayant déposée à des kilomètres du premier village, je me retrouve seule, sans personne pour m'accueillir et me protéger. Je comprends tout à coup l'étonnement des gens du pays face à cette petite Parisienne habituée au confort urbain, partant à la conquête du Bois. L'idée même de survie m'apparaît crûment, dans ses exigences les plus concrètes, loin de toute métaphysique, devant une réalité où l'incertain balaie mes moindres repères; la révolte, l'incrédulité laissent place à l'abattement, à un immense découragement, à une passivité calme.

Mais soudain, émergeant de la grisaille, dansant comme un feu follet, s'avance une lumière que je n'espérais plus. Claude, l'initiateur de ce voyage, est bien venu à ma rencontre, le Bois tout entier semble reculer devant son sourire et je me précipite dans ses bras avec reconnaissance.

2

*Rien de grand ne se fait sans le
désespoir : nous n'avons pas assez
désespéré.*

C. F. Ramuz

Ce saut dans l'inconnu n'était ni le fruit du hasard
ni la seule recherche de l'exotisme. Un malaise profond né d'un désespoir indéfini, un dégoût violent de
ce qui m'entourait m'avait entraînée dans ce voyage
dont je ne mesurais que partiellement les conséquences.

Née en 1960 dans la banlieue bourgeoise de Paris,
petite dernière de la génération hippie, j'étais issue
d'une famille traditionnelle, aisée et sans problème
apparent : deux frères aînés raisonnables, un père
brillant homme d'affaires parfois un peu trop absent,
une mère toute dévouée à ses enfants, parfois un peu
trop présente ; une enfance normale, une vie confortable, le goût et la facilité pour les études, tout était
rassemblé pour m'assurer un bon départ dans l'existence.

Alors vint l'adolescence. La découverte du monde
adulte, la révélation d'une réalité prosaïque firent

27

jaillir la révolte, l'impression d'être prise au piège, d'avoir été flouée alors que je désirais l'amour et la tendresse, le cœur à fleur de peau. Avec la force d'un caractère qui s'affirmait et une grande fragilité émotionnelle, je voulais reconstruire le monde, lutter contre la grisaille, espérer un autre destin que celui des jours qui passent, de ces adultes qui ne comprenaient rien, obnubilés par leurs besoins de quiétude, de confort, de réussite.

De l'enfance, j'avais gardé l'espoir du merveilleux et le cherchais dans ce monde adulte si longtemps imaginé ; premières bouffées de cigarette, premières gorgées d'alcool, premiers flirts et la saveur incomparable de la première rébellion. Ivresse mais bientôt amertume ; car la fête avait un arrière-goût de défaite...

« *Nous tombons tous de notre enfance. Toi, tu t'es blessé en tombant.* » (J. Cocteau.)

Ma première prise de conscience fut cynique comme celle de bien de mes camarades : une brusque et glaciale sensation d'avoir une âme trop vaste pour mon destin. De même que la maison de notre enfance nous paraît soudain petite et sombre, le monde se révéla brutalement dénué de la magie et de la profondeur qu'exigeaient mes aspirations. Devant mes yeux dessillés, le rideau se levait sur une scène assez médiocre, pièce de mauvais boulevard, où triomphaient la jalousie, la rancœur, la petitesse. Où trouver l'espace pour épanouir les émotions, déchaîner les passions, vivre avec toute l'intensité du corps en plein épanouissement ?

Mai 68 et ses slogans « Soyez réaliste, demandez l'impossible », « Plutôt la vie », « L'amour et pas la guerre » avaient laissé des traces d'espoir. Mais, comme ceux de ma génération, je constatais combien les rêves de changement s'étaient enlisés. Arrivés trop tard pour croire encore aux lendemains qui chantent, aux sentiments bucoliques et communautaires, nous percevions l'amertume de nos aînés, désabusés et au mieux récupérés.

La politique n'offrait plus de modèle crédible pour faire danser la vie. Après la découverte des premiers goulags et des conséquences de révolutions culturelles impitoyables, le monde communiste n'était déjà plus un idéal très convaincant. Et si on se déclarait encore trotskiste, maoïste ou fasciné par l'expérience cubaine, c'était qu'il fallait bien trouver des raisons idéologiques de refuser le monde de nos parents. Mais des films comme *Le Fond de l'air est rouge*, de Chris Marker, nous avaient déjà révélé le revers de la médaille révolutionnaire.

Pour affronter la réalité adulte, trouver notre place dans une société jugée étroite et terne; il nous aurait fallu des chevaux de bataille, des armes rhétoriques et un drapeau à planter sur le terrain conquis. Les chevaux étaient fourbus; les armes, à force d'être utilisées en tous sens, avaient perdu leur tranchant, et nous étions bien en mal de trouver une cause juste.

La génération de mes parents, marquée par la guerre, la pauvreté, les atrocités commises au nom du Surhomme, avait lutté pour un développement économique et social fondé sur la hausse du niveau de vie, l'État-Providence et la liberté individuelle. Dans cette guerre d'un cynisme absolu, les valeurs traditionnelles avaient explosé, et après la victoire, due au poids des armes et à la force économique des États-Unis, l'American Way of Life s'était érigé en modèle presque indiscuté. Une ère de liberté s'était ouverte, riche d'espoirs, où le bonheur semblait à portée de main, entre le confort matériel et l'épanouissement sans contrainte de l'individu.

Mais pour ma génération la réussite économique voulait dire pouvoir s'acheter une deuxième voiture. Sur le plan des libertés individuelles, le gros de la bataille était passé, malgré quelques améliorations à apporter à la libération de la femme, l'acceptation de l'homosexualité, le droit des enfants, pour ne parler que de sujets agitant nos sociétés développées.

J'étais une jeune fille libre, de corps et d'esprit, hétérosexuelle par inclination naturelle. Envoyer promener parents et éducateurs me donnait la sensation grisante de braver l'autorité mais, en y mettant les formes, je prenais peu de risques.

Pourtant j'étais trop idéaliste ou trop lucide pour me satisfaire de ces maigres victoires, de ces quelques miettes d'indépendance. Je me sentais prête à affronter des tempêtes, n'envisageant de vivre qu'avec intensité, pour ces instants fascinants et âcres où se rejoignaient l'euphorie et le désespoir. Comment pouvais-je me mutiler, pour « leur » complaire, accepter le triste raisonnable, me contenter des petites joies et des petites peines que de toutes parts on me promettait.

Les révoltes habituelles contre les réformes scolaires, les conflits sans gravité pour aller vivre avec son petit ami, assumer sa tenue vestimentaire, ne pas épouser la carrière des parents épuisaient généralement nos velléités de changement et, la vie économique étant plus difficile, tout rentrait dans l'ordre. Il fallait prendre ses responsabilités, arrêter de jouer aux Don Quichotte, finir ses études et, dans un ordre propre à chacun, fonder une famille, réussir sa carrière, s'entourer du confort matériel et social nécessaire pour penser à la retraite sans inquiétude. Après tout, le plaisir d'élever des enfants, d'occuper une position sociale reconnue et de pouvoir s'offrir des loisirs devait suffire à combler une vie.

Mais pour certains c'était impossible. Impossible à imaginer, impossible à désirer, donc à réaliser. Les années passant, la lutte devenait plus âpre, plus profonde, plus désespérée parce que plus solitaire.

Ces haut-le-cœur devant « mon » avenir ne résultaient pas d'une méditation philosophique mais prenaient les apparences d'une tourmente. Fallait-il me réjouir de la beauté de ses éclairs ou demeurer terrifiée de la violence de ses tourbillons ? Vibraient en moi des sentiments trop épurés, des émotions trop intenses, qui traçaient dans ma vie un parcours inquiétant, oscillant entre sommets et gouffres. S'ils me déchiraient parfois dans une douleur presque insoutenable, ils m'exhortaient à croire que la vie n'avait de sens, de réelle valeur qu'en poursuivant une quête incessante de la Lumière, de la Vérité. Où chercher l'authenticité, en quoi consistait cette lumière, peut-être incompatible avec le monde qui m'entourait, je l'ignorais complètement. Mais s'il fallait choisir entre la résignation et la mort, il me semblait préférable de clore le combat plutôt que d'y renoncer.

Cet entêtement ne me laissait aucun répit et m'interdisait par la souffrance toute forme de halte, de compromis. A court terme, ce fut ma première chance. Je ne savais que dire *non* avec obstination. Non à une vie tranquille, à des adultes facilement soumis, à des camarades déjà prêts à courber le dos, « parce qu'il le fallait bien », parce qu'il fallait, tôt ou tard, se décider à être bon élève, bon citoyen, bon père de famille, non par amour de la vertu mais pour ne pas se démarquer.

Une expérience étonnante avait cependant apporté à ma révolte une lueur d'espoir, m'avait donné la force de croire que ma recherche n'était pas tout à fait vaine.

Alors que, préoccupée d'assouvir ma soif d'idéal aux sources traditionnelles, je m'efforçais de trouver dans la religion une réponse qui me convînt, je partis camper quelques jours dans le Limousin avec le groupe chrétien de mon école.

L'été, cette année-là, connut une vague de chaleur et de sécheresse historique. Seuls les vacanciers s'émerveillaient de ces journées sans nuage, les citadins s'épongeaient le front et les agriculteurs, désolés, voyaient leur récolte sécher sur pied. La campagne par ces chaudes journées avait une odeur violente qui frappait le cœur d'une sensation d'imminence comme à la veille d'un orage. Je n'ai qu'un souvenir imprécis des jours où nous avions repeint un presbytère, marché dans la campagne, joué les jeunes délurés aux terrasses des cafés et discuté du monde à reconstruire. Il me reste des impressions diffuses d'avoir assisté, impuissante et lasse, aux multiples affrontements entre adolescents pour quelques histoires de cœur ou de suprématie.

J'attendais les premiers signes du crépuscule,

quand l'odeur de la terre, enivrante et obsédante, montait dans l'humidité du soir, pour laisser une sérénité nouvelle m'envahir. J'étais en harmonie profonde avec la beauté qui m'entourait. Les tentes étaient disposées dans un vaste jardin à l'herbe rase, à l'écart du village situé à quelques kilomètres ; tout autour s'étendaient les champs. J'avais installé mon sac de couchage à l'autre extrémité du pré, pour dormir à la belle étoile. Tandis que les derniers bruits de conversations s'éteignaient, l'air devenait immobile et cristallin, au-dessus de ma tête les étoiles brillaient dans l'espace immense du ciel. La parole intérieure devenait silence, écoute, et un sentiment de bien-être intense, total me faisait monter les larmes aux yeux. Doucement, je glissais dans un sommeil profond et calme. Au matin, la rosée fraîche sur mon visage me tirait du sommeil, et mon premier regard découvrait les couleurs fragiles et délicates de l'aurore, à la fois fugaces et porteuses d'éternité. Pour la première fois avec cette puissance, la nature me faisait découvrir un monde d'une grande simplicité, où le moindre détail semblait occuper sa véritable place dans un accord harmonieux où je me fondais. Je m'emplissais de cette beauté si réelle et sereine, de la sensation d'un temps au-delà de l'humain.

Mais déjà le camp s'éveillait, avec son lot de cris, de récriminations et de luttes. Face à la nature humaine si décevante, je trouvais refuge dans ma quiétude née de la nuit et dans les rêves d'un monde où chacun aurait été différent, plus ouvert, plus proche de la douceur de ses émotions.

J'ignore encore si cette vision de grâce naquit de ma révolte, si mon désespoir me rendit plus disponible à accueillir cette plénitude ou si ce me fut donné en cadeau. Mais j'en fus remplie d'espoir.

A la suite de cette expérience, je me détournai de la voie religieuse, persuadée que le bonheur, l'épanouissement se jouaient sur terre, en accord avec son milieu, non dans un hypothétique Au-delà. Le Dieu de mes pères m'apparut artificiel, éloigné des hommes par les convulsions bien terrestres de son Église et entretenant avec la souffrance des relations pour le moins ambiguës. Mon mysticisme naissant ne pouvait plus trouver de place dans une Église un peu trop cadenassée dont le langage de résignation me rebutait.

L'intuition de l'importance du présent contribua sans doute à m'écarter de la drogue, à laquelle je ne fus confrontée, il est vrai, qu'assez tard. Que la drogue puisse offrir des parenthèses parfois éblouissantes, la sensation fugitive de vivre à pleine capacité intellectuelle et émotionnelle peut apparaître comme une diabolique tentation. Ne vaut-il pas mieux se shooter que s'étourdir à longueur de soirée devant le petit écran ? Puisque le monde réel semble terne et figé, ne peut-on décider, en brûlant la chandelle par les deux bouts, de vivre au moins temporairement des expériences intenses ?

Ma méfiance ne venait pas de la seule crainte de ne plus, à court et à moyen terme, être maître de moi, mais de la certitude que, si un monde nouveau devait être découvert, ce ne pouvait être que par nos propres forces. La consommation régulière de drogue me paraissait une manière détournée et pernicieuse de renoncer, renoncer à croire encore que la Lumière pouvait être recherchée et atteinte par ses propres moyens.

Je savais que ce que j'avais ressenti n'était pas un mirage, fruit de ma seule imagination fertile. Mais, à mesure que la douceur du souvenir s'effaçait, je me demandais avec angoisse si cette expérience pouvait se répéter, si l'existence tout entière pouvait vibrer de cette intensité lumineuse.

Dans la vie à laquelle mon éducation et mon milieu social me préparaient, je n'apercevais aucune finalité, aucun thème directeur, aucun axe de réflexion. En observant les hommes autour de moi me revenaient les phrases de Saint-Exupéry : *« Je ne comprends plus ces populations de trains de banlieue, ces hommes qui se croient des hommes et qui, cependant, sont réduits par une pression qu'ils ne sentent pas, comme les fourmis, à l'usage qui en est fait. De quoi remplissent-ils, quand ils sont libres, leurs absurdes petits dimanches ? »*

Je ne vivais que pour les moments, fragiles et éphémères, où la douceur est palpable, la lumière plus limpide, où le corps et l'esprit se rejoignent en une harmonie frémissante de beauté, vulnérables mais ouverts, où la joie est proche des larmes. Mais lorsque je retombais de ces bulles d'espoir au médiocre marchandage du quotidien, de cette sensibilité dépouillée à notre monde sans questions, besogneux et campé dans son confort, il me venait des désirs de violence et de mort, de crier ma haine à cette société sans pitié, sans amour, les yeux fixés sur ses pieds.

Et pourtant tout semblait me prouver que j'avais

tort, que ma capacité exagérée à ressentir les émotions était une tare qui m'était imposée par un concours de circonstances malheureuses et que ma complaisance infantile contribuait à aggraver.

Peut-être étais-je faite d'une étoffe différente puisque je me sentais atteinte au plus profond de moi-même par le manque de dignité, la souffrance subie, la prédominance d'un juste milieu tiède et fade. Le dégoût m'écrasait à observer autour de moi la lâcheté, la médiocrité, la tendance trop humaine à baisser la tête, renifler la croupe de l'autre et suivre le troupeau. Les grands péchés de l'Église ne me dérangeaient pas, mais la seule idée de la veulerie d'un être, même inconnu, ou de moi-même m'emplissait d'une sensation nauséeuse de vide.

Je m'en enorgueillissais quand il me semblait que, pour moi, le soleil était plus lumineux, le sourire d'un passant plus chaleureux, le goût de vivre plus intense. Mais je maudissais cette inadéquation au monde réel, cette difficulté à survivre ou simplement à vivre comme les autres, quand la fin paraissait inéluctable.

Parfois, en marchant le long des rues de Paris plongées dans la nuit, j'observais les fenêtres éclairées des appartements, ces existences que j'imaginais simples et hors du doute, avec leurs petites joies et leurs petites tristesses, et j'aspirais à baisser les armes, à me couler dans ces vies tièdes, confortables et sans heurts. Et puis il me suffisait de croiser une personne promenant son chien comme tous les jours à la même heure après la fin du programme de télévision, ou un couple aisé, descendant d'une belle voiture, avec le regard vide de ceux qui passent le temps, pour que mon refus redevînt dur comme un bloc de granit.

Pour moi, il ne pouvait y avoir ni concession ni négociation entre la Grâce et la Souffrance, entre la révolte et la tranquillité. Je m'accordais quelques années pour déterminer si la vie était, tel le mica, une matière terne parsemée de trop rares éclats scintillants ou une veine d'or masquée des gravats de la société humaine. L'idée du suicide me rassurait, comme la porte toujours ouverte de l'Oubli.

« Quelle est cette promesse obscure que l'on m'a faite et qu'un dieu obscur ne tient pas ? » (Saint-Exupéry.)

J'avais entr'aperçu une lumière pour qu'elle me fût retirée.

M'avait été légué par mon milieu familial et social un mélange étrange de parabole des talents, d'un Dieu humilié mourant sur la croix et d'une modestie poussée jusqu'au total doute de soi.

Des talents à faire fructifier, je m'en trouvais peu. Mon goût d'apprendre, ce qui faisait de moi, d'après mes professeurs, une élève « intéressante » ne pouvait me conduire qu'à une carrière, mais quelques stages en entreprise ne m'avaient pas inspiré beaucoup de passion sur ce thème. Le spectacle de luttes de pouvoir, d'hypocrisie, dans les milieux dirigeants, et pour les autres, de morne ennui en attendant la retraite laissait un goût amer.

Si, au lendemain de la guerre, le développement économique, la croissance des entreprises pouvaient se prévaloir de la finalité d'aider la collectivité à sortir de la pauvreté, nous étions arrivés à un tel stade d'engorgement de la société de consommation qu'il était difficile pour ma génération de considérer le fait de grimper les échelons sociaux comme un geste altruiste. Il n'y avait plus grand-chose à reconstruire ou à conquérir, on devait plutôt préserver et conserver les biens acquis dans une société de plus en plus matérialiste.

Quant à me dévouer à une cause généreuse, que pouvais-je faire sans ligne directrice, sans force intérieure, avec plus de pitié morbide que de réelle compassion ? Pour apporter la Lumière, ne faut-il pas l'avoir en soi ?

L'Harmonie, je la cherchais désespérément auprès de l'Autre, frère ou sœur « pareils », avec qui je pouvais baisser les armes, pour qui mon cœur se gonflait de tendresse et dans les yeux de qui je me voyais enfin acceptée, soutenue, pardonnée. Cette tendresse m'exposait sans cuirasse au moindre revers, incompréhension, divergence, rejet, mais la tension continuelle à me vouloir aimée-aimante était la vibration nécessaire de la vie.

L'Amitié, rare et précieuse, me faisait vivre des moments intenses sans lesquels la vie n'aurait pas valu la peine. Ensemble, nous cherchions à vivre autrement, nous partagions nos succès et nos défaites. Mais l'amitié, et c'est ce qui en fait toute la saveur, aide mais ne protège pas. Elle est le bâton du pèlerin, pas sa Jaguar. Dans mon petit groupe d'amis, nous sentions sans nous le dire qu'il nous fallait avancer chacun de notre côté, avec au cœur la certitude de cette tendresse partagée.

Cette recherche, évidemment, prit les chemins de

l'Amour, amour de l'autre qui nous transporte, élargit les frontières de notre solitude, et douceur d'être aimé, de devenir réellement une personne digne de vivre. D'être amoureux est, dans la culture occidentale, *la* grande émotion de la vie, le but de l'existence, d'être Un avec l'autre, d'entremêler ses espoirs et sa vision du monde. Exister par et pour l'autre, c'est faire de la vie un authentique conte de fées. Les moindres détails du quotidien deviennent des aventures merveilleuses, l'occasion de grandir, de se rêver dans les yeux de l'autre. Jamais sur terre il n'y eut d'amour comme le nôtre, aussi fort, aussi serein, aussi pur ; même la révolte devient douce puisqu'on la murmure dans d'autres bras. C'est vrai, cela nous arrive, tout est clair, nous sommes au centre de l'univers. Alors ils se marièrent, furent très heureux et eurent beaucoup d'enfants.

Mais inexorablement, ou soudainement, la Vague se retire et nous laisse sur une plage déserte, tout nu, avec un terrible coup de soleil.

Ma rencontre avec Pascal vint tout d'abord combler le vide de plus en plus profond qui se creusait sous mes pieds. Il apporta à ma ferveur, à l'intensité presque intolérable de ma sensibilité un terrain où s'enraciner, un cadre parfait pour déverser mon trop-plein d'émotions.

Pascal était étudiant comme moi ; intelligent et imaginatif, il était d'une nature fougueuse, passionnée, d'une violence contenue qui me fascinait et m'effrayait. Dès nos premières rencontres, il nous devint impossible de vivre l'un sans l'autre, et nous nous installâmes ensemble. Pendant quelque temps, le monde redevint magique, la vie quotidienne prit la couleur de l'Amour, non la douce teinte de la tendresse mais l'éclat de la passion. Nous faisions les projets les plus fous, rien ne pouvait nous résister puisque nous étions ensemble, que notre amour était éternel. La versatilité de mes humeurs, l'alternance d'extase et de désespoir s'incarnèrent dans l'autre, dans le tumulte d'une relation profonde et bouleversante.

Et puis, lentement, j'émergeai de l'ivresse.

Une certaine lucidité m'empêcha de rejeter la faute sur l'autre, le partenaire inadéquat, le mauvais joueur. Il est possible d'être aveuglé par ses sentiments au point de ne pas discerner les sujets évidents de discorde future, mais l'écueil est surtout de projeter sur son couple des désirs irréalisables. L'éleveur qui veut, d'un solide cheval de labour, faire un cheval de course aura toujours un mauvais cheval. J'avais cru trouver l'harmonie, la communication sans paroles, l'osmose entre deux univers de même nature ; la bulle artificielle avait finalement éclaté en une explosion violente, et j'avais rouvert les yeux sur un monde ni plus laid ni plus beau qu'auparavant mais débarrassé d'un mythe de plus.

Après trois ans de vie commune, nous avions décidé de nous séparer mais ne parvenions pas à nous y résoudre de façon concrète. Pour moi, ce n'était pas simplement la fin de notre histoire : j'avais perçu brutalement la vanité de vouloir réaliser sa vie au travers d'un autre et je me demandais avec angoisse si une relation amoureuse pouvait évoluer autrement qu'en indifférence ou en emprisonnement. Aussi, à vingt-trois ans, avais-je le sentiment de me trouver dans un couloir sombre et sans issue, alors que la fin de mes études allait me projeter dans un milieu professionnel dont je n'espérais rien de bon.

Les vacances arrivaient et j'avais plus que jamais besoin d'espace et de nouveauté, pour prendre du recul et faire le point. Un voyage de quelques semaines à l'étranger m'apparut comme une planche salutaire, indispensable bouffée d'oxygène dans une atmosphère raréfiée, et le Québec semblait pour cela le pays idéal.

Pascal avait hérité de son père, qui, pendant la guerre, avait côtoyé nombreux « Canadiens français », une grande affection pour ce pays que je n'avais pas tardé à partager. Il pratiquait avec passion le hockey sur glace et je m'étais mise, par goût de partage d'abord puis réel plaisir, à fréquenter assidûment les patinoires où je retrouvais toute une bande de copains d'origines très diverses. J'aimais ces lieux clos, la rapidité des déplacements, le bruit des chocs contre la balustrade, les exclamations poussées dans le feu de l'action qui résonnaient de mur en mur, l'odeur de la sueur, de la glace tout juste polie et lustrée, les silhouettes carrées mais agiles des joueurs et l'accoutrement du gardien de but. Plus qu'un jeu, j'y voyais une étrange mise en scène qui me tenait quelques heures loin des soucis quotidiens. Nous formions un groupe hétérogène mais chaleureux auquel s'était vite intégré Gilles, l'entraîneur canadien de l'équipe qui avait profité de ses qualités sportives pour passer quelque temps en Europe. Il nous faisait rêver avec son accent chantant, son parler imagé, ses descriptions de Québec, sa ville natale, et de son pays que sa nostalgie parait de couleurs intenses.

Depuis quelques années déjà, la culture québécoise avait fait irruption en France, et nous avions découvert chanteurs et écrivains avec beaucoup de plaisir. L'idée que de l'autre côté des mers de lointains cousins pussent résister à l'American Way of Life nous avait donné très envie de leur rendre visite, pour à la fois trouver des airs de famille et savourer les différences. Le Québec présentait un mélange fascinant d'Amérique du Nord, que je connaissais par un voyage aux États-Unis, un *must* pour tout jeune Européen, d'images paradisiaques d'immenses étendues sauvages et de partage culturel dans une langue commune.

Aussi, lorsque Gilles, retournant passer l'été chez lui, nous proposa à Pascal et moi de nous servir de guide pour découvrir son pays, nous accueillîmes son offre avec enthousiasme. Par respect de nos anciens rêves d'y aller ensemble, avec l'intuition que la rupture serait plus facile hors des cadres familiers, nous décidâmes ce voyage d'un mois comme cadeau mutuel d'adieu et, pour moi, récompense de fin d'études.

Dès notre arrivée j'eus, après ces mois de tensions intérieures, la sensation de prendre une profonde bouffée d'air frais et de goûter les journées une à une sans réfléchir au lendemain.

A l'aéroport, Gilles nous attendait, bronzé, détendu, le visage éclairé d'un sourire, et il nous emmena au travers des rues de Montréal. D'emblée, j'en aimai l'ambiance chaleureuse et simple, le spectacle des maisons à trois étages, aux escaliers extérieurs. En cette première forte chaleur de juin, des gens, prenant le frais, se balançaient dans des rocking-chairs sur leurs balcons. Il régnait un air de vacances, une nonchalance joyeuse, autour de la piscine extérieure où un bain d'eau fraîche vint laver la fatigue du voyage, puis au Stade olympique où Gilles nous conduisit pour assister à un match de base-ball. Avec une patience d'ange, il s'efforçait de m'expliquer les règles d'un jeu qui, aujourd'hui encore, demeure pour moi un ballet incompréhensible. Il s'exclamait avec les autres spectateurs sur telle prouesse d'un joueur, trépignait d'excitation avec l'enthousiasme attendrissant d'un enfant. Au-dessus du stade, le ciel d'un bleu absolu virait au rouge crépusculaire, et je m'émerveillais au spectacle de cette ville fêtant l'arrivée de l'été.

Le soir même, nous repartions vers Québec, il était temps de rentrer « chez nous », comme le disait Gilles, avec le total mépris des distances mesurées à une échelle gigantesque.

Les jours suivants, la ville s'offrit à mon émerveillement avec bonne humeur ; j'y découvris de vieilles rues tortueuses, des maisons aux toits bariolés, de petits cafés tranquilles où je laissais couler le temps. Lors des soirées de pique-nique sur les Plaines d'Abraham, je contemplais le fleuve tandis que la rumeur de la ville, juste en arrière, se perdait dans le bruissement des arbres. Tout était prétexte à réjouissances, une belle journée d'été, le concert d'une sœur de Gilles dans la vieille ville, la fraîcheur d'une bière sur une terrasse, la Saint-Jean où des feux gigantesques saluaient sous des prétextes religieux le solstice d'été. Et toujours cette chaleur de l'accueil, la jovialité le long des rues, dans les cafés où tout le monde se poussait un peu pour laisser une place aux « amis d'amis », aux invités « français de France ».

43

Lors d'un bref séjour solitaire à la baie Saint-Paul, là où le fleuve Saint-Laurent devient si large qu'étonné on cherche sur ses lèvres le goût des embruns, je commençai à mieux percevoir cette qualité de l'espace dont je subissais la magie depuis mon arrivée. J'attendais avec impatience notre départ pour le Bois, que Gilles m'avait promis, amusé de cette passion soudaine pour un milieu, familier pour lui, qu'il appréciait pour quelques séjours de pêche. Mais, moi, j'espérais le pays fantastique de mes livres d'enfant, la confrontation brutale avec la vraie Nature, plus sauvage et austère que les paysages d'Ardèche où, le plus souvent possible, j'étais allée fuir mes désespoirs parisiens dans la ferme d'amis agriculteurs.

C'est ainsi que le hasard ou un destin bienveillant nous fit arriver à Nakane un petit matin de juillet, pour quelques jours de pêche. Dans le train, le va-et-vient incessant de pêcheurs et d'Indiens bruyants et éméchés s'était ajouté à notre propre excitation, et nous avions fort peu dormi. Gilles, pas plus que nous, ne connaissait grand-chose de notre destination, si ce n'était l'existence d'une maison que l'ami d'un ami semblait habiter en permanence. Je me plaisais à imaginer ce personnage mystérieux, vivant en reclus, soit heureux de notre visite qui briserait son isolement, soit sévère et un peu méprisant.

Quand nous mîmes pied à terre, il faisait grand jour, mais l'air gardait la fraîcheur piquante du petit matin. Tout autour, les conifères dressaient leurs silhouettes sombres avec çà et là l'éclatante blancheur d'un bouleau, qui égayait le moutonnement dense des collines montant vers l'horizon. Un peu plus loin, un lac reflétait sans une ride la pureté pastel d'un ciel où flottaient quelques nuages, et le rideau d'arbres de ses rives. Une brume légère restait accrochée aux contours d'une petite île et mêlait son blanc laiteux au rose fuchsia des fleurs sauvages qui bordaient le lac. Une fois dissipées les lourdes odeurs du train, cela ne sentait ni la terre des campagnes françaises, ni l'herbe chauffée par le soleil, ni l'humidité des étangs. C'était totalement différent, rien qui m'évoquât des souvenirs précis. Il y avait tout autour les silhouettes sombres des conifères, le tronc blanc des bouleaux, la couleur joyeuse des fleurs et les écharpes de brume glissant sur l'eau. Un silence profond, lisse comme un miroir, était à peine troublé de quelques pépiements d'oiseaux, quand, soudain, la voix de mes amis me tira de ma contemplation.

Un homme nous avait rejoints, habillé de vêtements de ville et les traits tirés par la fatigue du voyage. Furtivement, je croisai son regard attentif, ses yeux graves, pensant qu'il s'agissait d'un voisin, venu comme nous pour un séjour de pêche. Mais, à le voir saisir nos bagages sans hésitation, puis nous guider jusqu'à un dégagement de sable où deux grosses maisons semblaient posées arbitrairement dans ce paysage, je compris avec un pincement au cœur qu'il s'agissait de mon mystérieux ermite.

Il nous précéda dans l'une d'elles. Dans le couloir, une bouffée d'un parfum subtil où prédominait la senteur pénétrante du bois me surprit. La porte s'ouvrit sur une grande pièce éclairée par de vastes fenêtres à petits carreaux qui donnaient sur le lac. Au milieu de la pièce trônait une grosse *truie*, simple tonneau en fer monté sur pieds servant de poêle pour chauffer au bois ; à l'évier, une pompe manuelle à levier permettait de puiser l'eau d'un puits artésien. Le confort était rustique, sans électricité ni eau chaude, mais avec une simplicité franche et accueillante. A l'étage, de vastes chambres très claires étaient meublées sobrement.

Alors que mes amis s'affairaient pour préparer un solide déjeuner, je me sentais envahie par une émotion profonde, mon regard allant de la fenêtre, où le lac s'étalait comme un miroir, à Claude, notre hôte, aux gestes lents et posés, aux paroles brèves. Agé d'environ trente-cinq ans, il était de taille moyenne, élancé, mais sous la chemise se devinaient les muscles d'un homme habitué au grand air. Aux tempes, ses cheveux fins prenaient des reflets argentés, encadrant un visage aux pommettes hautes, aux traits marqués, où brillaient des yeux d'une vive intelligence, d'une couleur dorée parsemée d'éclats verts.

Quelques années plus tard, un de mes amis, homme de grand bon sens, m'exprima avec ses mots simples ce que j'ai ressenti à cet instant pour Claude. Il l'avait rencontré dans les mêmes circonstances, lors d'un voyage de pêche durant des vacances au Québec.

— Vois-tu, m'avait-il confié, les yeux un peu perdus dans le vague, je ne sais pas très bien comment le décrire. Certes, il a le visage de quelqu'un qui a vécu, des yeux attentifs et intelligents. Mais c'est autre chose... J'imagine un café, un salon, une pièce pleine de monde, et il serait assis là, un peu à l'écart, tranquille et silencieux. J'irais vers lui, tout de suite, sans attendre, pour savoir, pour comprendre...

— Comprendre quoi ? demandai-je, légèrement amusée.

46

– Je ne sais pas. Peut-être simplement le poids de sa présence.

J'avais souvent, lors de séjours chez mes amis d'Ardèche, été mise en présence de vieux paysans bourrus et taciturnes, dont le regard m'observait paisiblement alors qu'au bout de la table je me tenais silencieuse, consciente d'être pour eux une petite fille de la ville. J'avais éprouvé un plaisir immense quand, au bout de quelque temps, ils m'avaient tacitement acceptée et fait partager certaines de leurs histoires sur la terre, le cycle des saisons, les animaux dont ils pratiquaient l'élevage, avec des mots clairs et tranquilles.

Mais, au-delà de cette attention concentrée et un peu timide, Claude faisait naître en moi une douceur très calme, une totale disponibilité. Malgré le bruit des casseroles entrechoquées, les exclamations de mes compagnons, j'entendais vibrer le silence. En moi les mots pour décrire, pour expliquer étaient taris. C'était non une attente, mais une acceptation tranquille de ces instants qui coulaient sans heurts, de ces moments absolument et intensément *présents*.

Et puis il fallut bouger, manger, parler, prévoir le déroulement de la journée afin de profiter pleinement de ces quatre jours de vacances.

Je n'étais jamais allée à la pêche, ou une fois, très jeune, au bord d'une rivière avec mon grand-père. Après une éternité passée à regarder mon bouchon flotter imperturbable sur l'eau, nous avions plié bagage avec un petit poisson long comme la main pour seul trophée. Plus tard, le spectacle de pêcheurs impassibles et, me semblait-il, un peu maniaques m'avait amusée avec un étonnement gentiment ironique. Claude me proposant de m'initier, je lui emboîtai le pas pour un étang à castors situé à quelques kilomètres de la maison où il voulait pêcher à la mouche.

Le long du chemin, je le bombardai de questions, en m'efforçant d'adopter son pas posé et lent. J'appris ainsi, par bribes entrecoupées de silences, l'histoire du village fantôme de Nakane, autrefois peuplé de plusieurs familles dont les hommes travaillaient à l'exploitation forestière ou sur la ligne de chemin de fer. Restaient de cette époque l'arrêt facultatif du train, une vieille école convertie en camp de villégiature, les deux grosses maisons et des ruines, ici et là. Des témoins de vies passées, bientôt effacées par le silence et le bois qui reprenait ses droits. Quelques citadins venaient y profiter, pour de courts séjours, de la pêche et de la chasse. Mais sans Claude les chemins auraient vite disparu sous les herbes folles. Il vivait là presque toute l'année, été comme hiver, ne descendant en ville que si de petits travaux de peinture ou la cueillette des pommes à l'automne l'y obligeaient. Avec les saisons variaient ses activités, pêche et rénovation l'été, chasse l'automne et trappe l'hiver.

Après une bonne heure de marche, nous arrivâmes au petit plan d'eau retenue par un barrage, barrière de boue et de branchages savamment entrelacés par les castors. L'un d'eux était venu nous observer, tandis que Claude, avec une adresse me semblant magique, faisait siffler sa ligne dans les airs pour sécher la mouche avant de la déposer délicatement à la surface de l'eau. Le castor, après s'être approché à quelques mètres de nous, avait plongé, avec un claquement sec et mécontent de sa queue sur l'eau, pour rejoindre sa cabane, petit dôme construit de la même manière que le barrage, installée au bord de l'étang. Avec la chaleur, des mouches de toutes tailles s'étaient agglutinées en nuages épais et bourdonnants qui virevoltaient au-dessus de nos têtes. Mais je me souciais peu des piqûres, toute à mes efforts pour maîtriser ce fil diabolique qui, entre mes mains, s'embrouillait et s'accrochait à toutes les branches. Au grand amusement de Claude, je décorais de mouches multicolores les bouleaux de la rive, déguisés en sapins de Noël, attrapais un nombre considérable de feuilles mais aucun poisson. Heureusement il sauvait l'honneur quand une truite sautait sur la mouche correctement posée et qu'il la ramenait, toute frétillante, jusqu'à la rive où le soleil faisait miroiter sa peau argentée parsemée de points rouges.

A notre retour, mes amis ayant réussi une belle pêche, nous attendait un fastueux repas de truites fraîches qui, dans ce cadre et l'appétit aiguisé par cette matinée au grand air, me parut un festin de roi.

Dans l'après-midi, je partis à la découverte, dans un sentier indiqué par Claude, étroit chemin au travers du bois serré. Respirant avec ferveur les odeurs de résine, je marchais à pas lents, le cœur battant aux craquements et grincements mystérieux de la forêt. Je me répétais les recommandations de Claude si je devais rencontrer un ours, ne pas courir, ne pas s'affoler, lui parler calmement, ce qui, normalement, le mettait en fuite. Ce qu'un ours « anormal » pouvait faire était une question que je préférais ne pas poser. Le petit sentier serpentait et tournait tout à coup pour grimper sur une butte bordée d'une zone de végétation dégagée où poussait un foin brunâtre. Et puis, sans crier gare, il débouchait sur un lac, comme une déchirure dans la forêt. J'observais, ravie, l'eau claire, la lisière sombre des arbres, quand mon regard accrocha une forme haute sur pattes, étrange animal qui me fit penser à une version peu harmonieuse du cheval. Il était en face de moi, de l'autre côté du lac, et semblait brouter dans l'eau, sa grosse tête disparaissant sous la surface à intervalles réguliers. Très intriguée, je me précipitai vers la chaloupe renversée au bord de l'eau pour l'observer de plus près. Le bruit lui fit immédiatement dresser la tête, ses longues oreilles pointées vers moi, et il partit en un petit trot qui soulevait des gerbes d'eau, pour s'enfoncer dans la forêt. Un peu déçue, je mis cependant le bateau à l'eau pour aller à la découverte du lac. Il était formé de trois plans d'eau successifs, chacun se caractérisant par sa découpe et la manière dont les arbres se reflétaient à la surface que mes coups de rames brouillaient de frissons. Tandis que je revenais, émerveillée de tant de calme beauté, je découvris comme par magie l'animal au détour d'une baie. Je voyais précisément la bosse des épaules, le mufle large, les longues pattes grêles sous le corps massif. Immobile, il me regardait glisser sur l'eau, le cou tendu vers moi, puis d'un seul coup, fuit au galop cette intruse obstinée. Le martèlement de sa course décrut rapidement dès qu'il pénétra dans le fouillis des arbres et je compris comment il avait pu ainsi me contourner, sans attirer mon attention.

J'avais vu mon premier orignal, comme me le confirma Claude à mon retour, un peu sceptique puis convaincu de ma bonne foi devant ma joie enfantine et mes descriptions détaillées.

50

Apercevoir un orignal le jour de ton arrivée, c'est tout un signe! ajouta-t-il d'un ton presque admiratif.

Un signe de quoi, je n'osai le lui demander.

Et pourtant des signes, sans m'en rendre compte, j'en cherchais partout. Je devenais triste sans raison alors qu'aucun poisson ne venait mordre à ma ligne et qu'autour de moi résonnaient les : « Regarde la belle! », « Encore une! », « Quelle pêche... » Je contemplais avec fierté les nombreuses piqûres qui marquaient ma chemise de larges auréoles de sang; je me précipitais sur la pompe dès qu'un besoin d'eau se faisait sentir et me moquais de mes camarades incommodés par la chaleur. Pascal, soudainement, me parut très loin, comme au travers d'une jumelle inversée; et puis, après une interruption de plusieurs années, je me remettais à écrire, à tenter de peindre en mots l'éclat de la vie.

Mais ces quelques journées passèrent comme un éclair, et de retour en ville je retrouvai les mêmes préoccupations, comme si Nakane eût été une bulle d'espace et de temps, détachée du reste de l'existence. Pascal reprenant l'avion pour Paris, il fallut achever la rupture, tourner d'un coup sec cette page de passé. Bien que profondément soulagée, je me sentais tout à coup sans but, plus désœuvrée et plus vide que jamais. Pour la première fois, j'étais absolument libre et disponible; mon diplôme en poche, en vacances dans un pays étranger, je n'avais aucune attache et en éprouvais une anxiété un peu exaltée, comme le parachutiste face au vide où il doit se jeter.

Mais deux jours plus tard à Québec, je reçus un coup de téléphone de Claude, qui réveilla en moi une émotion où Nakane et sa présence se confondaient en un désir insistant. Mon caractère passionné et une certaine forme d'intuition m'ont toujours fait prendre des décisions importantes avec une apparente insouciance; celle-ci allait donner à ma vie un tournant décisif : le lendemain, je retrouvai Claude à Montréal et, quelques jours plus tard, nous remontions ensemble à Nakane. La roue de l'existence qui me semblait figée, lentement, se remettait à tourner.

De ce nouveau séjour d'une semaine dans le bois me reste comme le souvenir d'une immense journée lumineuse et d'une soirée complice et tendre. Ma révolte n'était plus solitaire.

Il faisait beau, avec des petits matins aux couleurs radieuses et délicates, des crépuscules embrasés. En de longues marches en forêt, je m'accoutumais aux craquements mystérieux du bois, j'apprenais de Claude la prodigieuse diversité de la vie animale; je découvrais le plaisir de la pêche. Dans les lacs, la truite mouchetée était abondante et, au bord de la rivière, je pris mon premier gros brochet. Mais, surtout, je laissais monter en moi la plénitude, en paix avec ce milieu qui m'était inconnu sans m'être étranger. Bercée par le balancement du canot, je regardais défiler les nuages dans le ciel, l'ombre des arbres glisser sur l'eau, les truites venant gober à la surface et, sur le visage de Claude, se peindre l'excitation de la prise. J'écoutais le silence et m'imprégnais d'un présent ressenti dans ses moindres détails.

Le soir, Claude me parlait du bois, de sa décision d'y vivre le plus souvent possible, et je me prenais à rêver d'une existence différente.

— Il est des mots qu'un inconnu prononce et qui se

gravent en toi, qui provoquent un déclic. On peut le négliger, mais il reste là, attendant le moment propice pour se révéler, me disait-il.

Il me parlait de l'hiver, de l'austère blancheur des paysages, du silence implacable, de la vie de trappeur qui l'attendait dans quelques mois.

Je prenais conscience que, si j'avais auparavant désespéré de la vie qui s'offrait à moi, je n'avais jamais vraiment envisagé d'aller chercher ailleurs, hors des limites connues, ce qui me manquait. J'avais cru étouffer dans un port et m'apercevais que je n'étais jamais sortie en haute mer. Timidement j'évoquais mon désir de mieux connaître le milieu sauvage du bois, d'explorer d'autres chemins que ceux tracés par mon éducation et mes études. Dans cette maison isolée, loin de toute contrainte, il semblait soudain facile de changer de vie, de larguer les amarres.

Le calme de Claude, sa douceur me fascinaient. De ma révolte, il semblait deviner plus que ce que je parvenais à expliquer, et mes peurs, mon obsession de la mort semblaient s'évanouir devant son sourire et l'optimisme profond qui éclairait ses yeux. Pour la première fois, un adulte déjà riche d'expériences ne traitait pas ma jeunesse comme une maladie amusante qu'il me faudrait guérir, ni mes craintes comme des fantômes imaginaires dont il saurait me protéger. Entre l'idéalisme dont j'avais appris à me méfier et la résignation, il dessinait la voie de la recherche, ouvrait la porte d'un espoir concret et simple.

La naissance entre nous de sentiments amoureux ne laissait pas apercevoir l'ombre d'une dépendance, aucune menace d'emprisonnement. La relation s'établissait paisiblement entre deux pèlerins sur une même route. Je ne voulais ni nouveau gourou ni nouvel encerclement amoureux. Mais le caractère même de Claude, son indépendance, son goût de la solitude faisaient taire mes appréhensions.

Je comprenais que ma foi, incertaine et vacillante jusque-là, était de croire que chacun devait aller vers son propre accomplissement. Une petite voix me chuchotait d'aller jusqu'au bout de mon idéal, vers cette lumière, cette grâce que je retrouvais. Il était temps de prendre mon envol.

– Que risques-tu ? répondait Claude à mes questions craintives, viens vivre cette expérience quelque temps, tu apprendras de toute façon à mieux te connaître.

Mais je devinais d'instinct les difficultés d'un tel départ. J'imaginais la colère de mes parents devant cette nouvelle lubie, leur mise en garde contre un dilettantisme condamnant tout projet de carrière, mes propres réticences à mettre mon désir d'aventure à l'épreuve. Mais une impulsion irraisonnée et instinctive ridiculisa mes inquiétudes et je pris la décision de venir passer un hiver à Nakane pour y mener la vie de trappeur.

De retour à Paris après six semaines de vacances, les obstacles familiaux et financiers ne me firent pas changer d'avis, même si loin des lacs et des arbres je perdais parfois le fil de ma propre logique.

Je n'avais qu'une idée vague de ce que cette expérience allait m'apporter. Comme un malade dépendant de ses médicaments et attaché aux racines mêmes de son mal, je ressentais une peur viscérale d'abandonner ce qui m'était douloureux mais connu.

Hors de ma désespérance, je ne savais pas très bien me définir et craignais de la voir ressurgir sur ma route, dans un monde où mes refuges habituels me seraient inaccessibles.

Mais j'avais la conviction tenace que, si cette porte s'était ouverte devant moi, je ne pouvais qu'avancer. J'avais beaucoup rêvé aux aventures des autres ; certains marginaux, après un changement radical d'existence, me semblaient plus forts, plus lumineux. La découverte d'un nouveau mode de vie, la confrontation avec une Nature sauvage et austère m'aideraient certainement à trouver le chemin de la Lumière.

J'étais au pied du mur, il me fallait sauter ou perdre le respect de moi-même.

3

*Ce qui me remplit d'une joie bar-
bare, c'est d'avoir compris à demi-mot
un langage secret, c'est d'avoir flairé
une trace comme un primitif, en qui
tout l'avenir s'annonce par de faibles
murmures.*

Saint-Exupéry

C'est ainsi que, par lettre, j'avais fixé avec Claude ce
rendez-vous à ma descente de train lorsque, mon billet
enfin en poche, je lui avais confirmé ma venue. Mais
depuis quinze jours, il nous était impossible de corres-
pondre puisqu'il était seul à Nakane, sans aucun
moyen de communication. Et cette rencontre nocturne,
anodine vue de France, avait soudain pris des connotations hasardeuses. A moins 30 °C il était impossible
d'attendre à l'extérieur un train qui, à son habitude,
avait beaucoup de retard, et c'était la rumeur de la
locomotive dans le silence de la nuit qui avait précipité
Claude à ma rencontre. J'éprouvai un soulagement
indicible de le trouver là, au bon moment, et les mots se
bousculaient dans ma bouche tandis que, nerveuse-
ment, je riais avec lui de mes inquiétudes.

Un changement si brutal de cadre me rendait particulièrement fragile, et, devant cet homme qui
m'ouvrait la porte de sa maison, je fus soudain émue
et très intimidée, comme au seuil d'une initiation. En
rentrant, une douce chaleur m'enveloppa, m'accueillit l'odeur connue bien que mêlée de nuances nouvelles, et d'un seul coup je me sentis chez moi, impatiente de ranger mes valises pour effacer toute trace
d'arrivée. Un gros poêle en fonte avait remplacé
l'ancienne truie et, à la place du vieux réchaud, brillait une cuisinière rutilante ; Claude riait de me voir
ainsi faire le tour du propriétaire, comme un animal
le tour de son tapis avant de se coucher avec béatitude.

Cette agitation joyeuse voilait notre commune
émotion de nous retrouver, après des mois de séparation où la chaleur des lettres avait approfondi la
connaissance que nous avions l'un de l'autre.

Mais après bien des mots et quelques cafés, tandis
que se levait un jour pâle et enneigé, nous retrouvions la tendre douceur de notre complicité amoureuse.

Après quelques heures de sommeil, je m'éveillai
pour courir à la fenêtre, découvrir le nouveau visage
du lac. Devant moi s'étendait une vaste étendue
immaculée ; les arbres de l'île, eux aussi houssés de
blanc par une petite neige fine qui tombait sans discontinuer, y dessinaient quelques traits noirs, comme
dans une peinture japonaise. Le ciel se fondait
presque à la terre derrière le voile de neige, à peine
une teinte plus grisée au-dessus des cimes flo-
conneuses coupait l'effet de miroir. Le silence se oua-

tait d'humidité, se fendillait au glissement doux des particules de neige sur les vitres, au craquement des bûches que Claude venait de remettre dans le poêle.

Dans cet abri douillet et protégé, tout incitait au calme, au bien-être et à la réflexion. Aux questions de Claude sur les conditions de mon départ, je répondais avec un peu d'embarras, tant mes inquiétudes de dernière minute semblaient ici superflues. Le bois crépitait, la bouilloire chantonnait, les émotions reprenaient leur juste place.

Instantanément, je retrouvais des gestes familiers, actionner la pompe pour l'eau, porter les seaux dans la salle de bains, boire le café en contemplant le lac par la fenêtre et parler du bois. De nouveau, le présent se déployait en un instant parfait.

Après avoir déballé et rangé mes bagages, j'étais prête à débuter mon apprentissage en raquettes, bien équipée par Claude de *mitaines* [1] chaudes et d'une grosse parka. Avec ces larges semelles de bois et de *babiche* [2] qui étaient aussi hautes que des bâtons de ski, il me semblait impossible d'avoir une démarche autre que pataude et malhabile. La manière d'attacher le harnais autour du pied exigeait une notice explicative ou la bonne volonté d'un guide.

— Si tu pars seule, pense à toujours vérifier au départ l'état de tes harnais ou à en prendre une paire de rechange. S'ils cassent en route, tu trouveras, sinon, le chemin du retour bien long.

Ma sensation du matin même de m'enfoncer dans

---

1. Mitaines : grosses moufles d'hiver.
2. Babiche : traditionnellement, lanières de peau d'orignal étirées, séchées et tressées pour former un tamis.

la neige jusqu'aux genoux ne me laissait aucun doute là-dessus.

Premiers pas, en ayant l'impression d'avoir laissé mon cheval à la porte du saloon, devant Claude hilare...

— On s'habitue, m'avait-il assuré...

Pour ma première promenade, la destination ne pouvait être que le lac où, l'été précédent, j'avais aperçu l'orignal. Nous marchions en file indienne, et je m'efforçais d'inscrire mes pas en décalage de ceux de Claude pour taper une piste bien plane. Si le chemin avait déjà été ouvert quelques jours plus tôt, il n'était plus qu'un simple sillon recouvert de neige. Nous parlions peu, les mots étouffés par le bruit mou des raquettes s'enfonçant dans la neige fraîche et le martèlement du sang aux tempes. De toute façon, mon attention était totalement absorbée par la marche, fort aisée en terrain plat mais plus acrobatique dans les côtes. Je me retrouvais souvent à terre, et me relevais vite pour rattraper Claude qui feignait de ne pas remarquer mes jambes plaquées de neige. Il s'arrêtait parfois pour secouer un arbre, souffler sur un tronc, et comme par magie réapparaissaient pièges ou collets.

— Quand il neige, les animaux ne marchent presque pas, sauf si c'est la première neige de l'année. La neige fraîche rend leurs déplacements plus fatigants et plus dangereux face à un prédateur. D'ailleurs, regarde, on ne voit pas une trace... m'expliquait-il en montrant la blancheur intacte du sol.

Un peu plus loin, cependant, il s'arrêta net devant une chaîne aux petits maillons dessinée sur la neige.

– Tiens, une perdrix est passée par là ! Tu vois, de chaque côté, on voit les stries laissées par le frottement des ailes.

Ces pauses me permettaient de mieux admirer le paysage, si différent de l'aspect verdoyant de l'été. Le sentier prenait des courbes douces, la neige gommant les aspérités du sol ; les angles et les arêtes avaient disparu sous des ondulations molles, même les arbres perdaient leur contour sous le manteau de neige qui les courbait parfois jusqu'au sol. Il me prenait le goût de les aider, de les secouer ; ils se libéraient, avec de gros flocs lourds de neige qui s'écrasait tout autour et me tombait dans le cou puis se redressaient fièrement, allégés.

A peine aurais-je reconnu le lac, l'arrivée sur la butte, avec à droite la baie de foin [1], dégagée et plus loin l'ouverture entre deux arbres sur la grande étendue blanche. A l'idée d'explorer à pied ce que l'été précédent j'avais parcouru en bateau, j'éprouvais une impression d'irréalité un peu comique et une vague frustration d'être mise, face à ce changement total, comme devant un fait accompli. Je regrettais d'avoir manqué la lente progression des jours, la modification graduelle des paysages, les premières teintes automnales, la première neige et le lac peu à peu qui prend en glace. Je me sentais un peu flouée comme lors de retrouvailles avec un homme mûr qu'on a tant aimé, jeune et timide adolescent.

A tout moment, j'espérais voir apparaître un orignal, mais Claude me laissa peu d'espoir.

– L'hiver, l'orignal marche peu et encore moins à

_____

1. Baie marécageuse où poussent des herbes aquatiques, que les orignaux affectionnent.

découvert sur un lac. Au début de l'hiver, il se délimite un territoire, en général à l'abri, où les arbres sont suffisants pour nourrir le groupe et où il peut se déplacer sans risque d'être pris par des loups dans la haute neige. On appelle ça un *ravage*.

Dans mon esprit se dessinait un grand champ plat, damé et labouré par des centaines de sabots, encerclé de loups aux aguets.

Déjà le jour s'assombrissait et, quand nous arrivâmes au camp, il faisait presque nuit. Sur mes joues rouges et fraîches, la chaleur de la maison fit l'effet d'une caresse et je m'avouai une faim de loup. Après un délicieux repas de lièvre et malgré tous mes efforts, je succombai au sommeil à l'heure du marchand de sable.

Au milieu de la nuit, je me réveillai en sursaut d'un mauvais rêve de valises et de déménagement. Dans la maison régnait un silence profond dans lequel se détachaient le chuintement des bûches qui s'embrasaient dans le poêle et la respiration régulière de Claude. Sur mon visage, je sentais la fraîcheur de la chambre, mais il faisait bon sous l'épais sac de couchage. Par la fenêtre, j'apercevais un coin de ciel opaque, couvert de gros nuages de neige. Un long moment, respirant le plus doucement possible, je restai éveillée, m'imprégnant de cette atmosphère étrange, écoutant le silence, avec au fond de moi une palpitation étonnée et heureuse.

Au matin, la neige tombait toujours, monotone et régulière. Premier rituel du matin : l'odeur du café, le bruit des bûches que Claude tisonnait pour faire repartir le feu, un petit temps de paresse à déguster la tiédeur du lit avant de sauter dans les vêtements.

C'était une vraie journée qui commençait.

— Alors, quel est le programme ? demandai-je en mordant dans une grosse tartine couverte de miel.

— Programme ?

Claude me regardait, amusé et interrogateur.

— Oui, le programme, ce qu'on va faire aujourd'hui...

— D'abord, déjeuner. Puis, dehors il neige, nous verrons.

— Mais nous allons sortir ?

Il poussa un soupir.

— Mais oui, bien sûr, nous allons sortir. Il faut rentrer du bois, faire la tournée des pièges... Tu sais, ici, il faut prendre le temps !

Encore une chose qu'il me faudrait apprendre...

Dans la matinée, nous partîmes installer un piège à martre, à l'abri d'une petite cabane qu'il nous fallut construire à l'aide de petits rondins de bois et de branches d'épinette. En bâtissant la structure circulaire à peine plus haute qu'un abri pour oiseau, Claude m'expliquait patiemment comment boucher les trous pour ne pas laisser dévorer l'appât que l'on glissait au fond par un loup ou un renard, placer le piège qui s'encadrait juste dans l'entrée en bloquant tout autre accès, faire le toit avec des rameaux fournis d'épinette pour protéger le tout de la neige.

— En fait, ce n'est pas ma méthode préférée. Mais quand il neige beaucoup, cela met ton piège à l'abri.

Avec la serpe, je coupais des petites branches avec maladresse.

— Non, celle-là est trop petite. Et puis il me faut un bâton solide pour fixer la chaîne du piège afin que l'animal ne puisse pas se débattre. Ainsi, si le choc du piège ne l'a pas tué sur le coup, il meurt très vite de froid une fois immobilisé.

— Et puis la place... Comment déterminer le bon endroit pour mettre ta cabane ?

— Eh bien, c'est simple, tu n'as qu'à observer !

Autour de nous, la neige était intacte, sauf aux endroits que nous avions piétinés. Le paysage était le même que cent mètres plus bas, rideau serré de conifères, arbres renversés ici et là.

Je prenais ma première leçon de piégeage, les grands principes de base. L'observation y jouait un rôle primordial ; il fallait, lors des périodes où l'animal se déplaçait, repérer les traces, mémoriser les emplacements, trouver à proximité un lieu propice un peu abrité, établir l'installation sans trop modifier le paysage ambiant.

La martre, mammifère carnivore cousine de la zibeline russe, était peu méfiante et sa capture était bien plus facile que celle des canidés qui exigeait ruse et attention. Encore fallait-il l'empêcher de contourner le piège et l'appâter correctement. Bien qu'animal terrestre, elle était friande de viande de castor, dont la vie était essentiellement aquatique, et se montrait très attirée par un leurre olfactif fabriqué à partir de glandes odoriférantes du même animal, dont on frottait un ou deux arbres aux alentours.

La seconde règle était la précision, l'attention. Ne rien oublier, poser correctement le piège, le tendre sans se le refermer sur les doigts, expérience très douloureuse.

— N'oublie jamais qu'un piège est une arme, manie-le toujours avec beaucoup, beaucoup de précautions.

A vrai dire, il me semblait que je n'aurais jamais la force de tendre les ressorts.

La troisième règle était la patience. Patience d'installer le piège posément, malgré le froid, les doigts qui collaient au métal, la neige qui s'infiltrait dans le cou. Patience également de venir vérifier son piège à intervalles réguliers, si possible quotidiennement, pour le replacer s'il a été dérangé ou enneigé, et ne pas laisser une capture se faire dévorer par d'autres animaux.

Je prenais conscience que trois mois seraient à peine suffisants pour m'imprégner de ces règles simples.

A notre retour, Claude me fit passer l'épreuve du premier coup de feu. Je n'avais eu de contact avec les armes à feu qu'à deux occasions, lors d'une chasse en battue dans l'est de la France et à Acapulco où j'avais été victime d'un vol à main armée. J'en gardais des souvenirs déplaisants, notamment en Lorraine où, adolescente, je m'étais appliquée à montrer ma mauvaise humeur à ces hommes sans cœur et sans pitié, traquant des animaux sans défense.

Installés sous l'auvent de la cuisine, la crosse maladroitement collée contre l'épaule, j'appuyai sur la détente. Le coup partit, mais le claquement d'une cartouche de calibre 20 résonna si fort sous le toit que j'en restai pétrifiée et étourdie tandis que Claude se tordait de rire.

Aussi quand, dans l'après-midi, il me recommanda de prendre le fusil pour aller me promener, je le fis par orgueil et désir aussi de me conformer aux bonnes habitudes d'un trappeur, mais je me sentais bien incapable de m'en servir.

Je repris donc seule le chemin qui menait à mon lac. Sans personne devant moi pour tasser la neige, c'était un peu plus fatigant, mais la nouvelle couche n'était pas très épaisse. Le ciel s'était dégagé et la température, doucement, baissait. J'écoutais le crissement des raquettes, les craquements d'arbres qui me faisaient sursauter, les bruits étouffés de la neige qui tombait au sol par paquets. Soudain, je perçus un roulement sourd, semblable au ronflement d'un moteur. Je m'arrêtai, intriguée, mais le silence était total. Je repris ma marche et de nouveau le grondement recommença, irritant et inquiétant. Ce ne fut qu'au bout de quelques pas que l'origine du bruit me devint compréhensible; dans le calme absolu qui m'entourait, les battements de mon cœur résonnaient comme un tambour. Parfois je percevais le sifflement strident d'un écureuil, roulant dans sa gorge pour finir en petits cris plaintifs, le volettement d'arbre en arbre d'oiseaux invisibles, le martèlement régulier d'un *pic-bois* [1] contre un arbre sec et le grincement des branches les unes contre les autres. Je me sentais saisie de respect comme dans une cathédrale.

A peine la neige arrêtée, les animaux avaient recommencé à se déplacer et le chemin était parcouru de traces. Je revins à la maison perplexe, certaine de n'avoir pas repéré et déneigé tous les pièges et collets.

— Tu n'as rien vu? fut la première question de Claude à mon arrivée à la maison.

— Si! Des traces...

— Des traces comment?

Je tentai de lui décrire ce que j'avais vu mais

---

1. Pic-bois : pic.

m'embrouillai devant ses demandes précises. Y avait-il deux petits ronds en avant ou deux traces en amande accolées, est-ce que cela se suivait, était-ce avant ou après la vieille souche en bas de la côte, était-ce loin du piège posé sous l'arbre tordu de la grande courbe ? Je ne savais plus que répondre, soudain honteuse de mon manque d'attention, prise en faute comme une enfant à l'école.

Claude fit deux dessins :

– Ça c'est du lièvre et ça de la martre...

Ça devait être ça...

Le lendemain matin, il faisait un ciel radieux et le thermomètre affichait moins 20 °C. Sur les vitres, des arabesques de glace dessinaient des figures étranges, trame délicate de dentelle où je m'amusais à chercher des motifs reconnaissables. Le soleil était encore pâle, voilé des dernières écharpes de neige.

Nous partîmes vers un autre lac qu'il nous fallait traverser pour ouvrir une nouvelle piste dans la montagne. Ma marche devenait moins gauche et je me réjouissais de ce rythme cadencé, du spectacle de la piste qui s'inscrivait sur la neige immaculée. Devant moi, la silhouette emmitouflée de Claude me faisait monter au cœur des bouffées de tendresse.

Nous avions pénétré dans la forêt où le couvert des arbres assombrissait le jour, tandis qu'en renversant la tête j'apercevais le ciel bleu par petites touches au travers des cimes des résineux. Puis au loin se dessina une trouée, comme si l'horizon s'élargissait. Le soleil glissa ses premiers rayons et, soudain, mon regard s'épanouit sur la grande étendue du lac enneigé, toute scintillante et presque aveuglante. Le ciel était d'un bleu sombre, outremer sur la réverbération de la neige. La notion de beau temps prenait sa pleine signification dans cette harmonie de couleur, une densité typique de l'hiver, qui me remplit d'une joie profonde.

Avec ma grosse parka, l'effort de la marche me donnait chaud, je me sentais incroyablement bien, libre et en harmonie. Je repensai aux hésitations de mon départ avec un léger amusement, étonnée d'avoir craint cet hiver qui allait passer en un éclair. Je bénis cet entêtement qui avait su vaincre mes réticences et me promis de m'en souvenir pour de prochains départs.

L'après-midi nous réserva la surprise d'un vison pris dans l'un des pièges. C'était un petit animal à la fourrure noire et soyeuse, avec un museau pointu, une tête délicate et attendrissante. Étourdi et immobilisé par le piège, il était là depuis peu et, en nous voyant approcher, il retroussa ses babines sur des dents pointues pour manifester sa colère et sa peur. Claude agit vite et sans hésitation pour comprimer le cœur et l'achever sans souffrance. Le libérant du piège, il me le tendit. Un peu bête, je me retrouvai avec dans les mains ce petit corps doux et tiède, à l'odeur forte et écœurante de musc, face à ma responsabilité de trappeur. Dans le bois, il ne pouvait y avoir de sentimentalisme excessif puisque nous vivions et nous nourrissions d'animaux sauvages qu'aucun boucher ne nous présentait sous la forme anodine d'un paquet sous cellophane. Si je voulais être responsable de ma position d'homme, dernier maillon d'une chaîne alimentaire naturelle et physiologique, je devais être capable d'en accepter les conséquences concrètes, y compris s'il s'agissait de tuer un animal de mes propres mains. A chaque moment, cependant, cette mort devait être justifiée par le besoin de nourriture, de survie, même pour le claquement sec d'une tapette écrasant la mouche sur le mur. Et ce geste devait être empreint de respect, tel autrefois les Indiens remerciant l'ours qu'ils venaient d'abattre, pour cette Nature qui me permettait d'exister. S'écartait le voile d'hypocrisie qui parfois me faisait oublier que, derrière le cuir de mes souliers, le steak dans mon assiette, tous les acquis de la société industrielle, il y avait mort directe ou indirecte d'un animal. Le petit vison pesait lourd dans ma main, j'observai sa tête délicate, son corps abandonné et me sentis profondément émue.

Durant la nuit, le froid devint plus intense et, me réveillant transie, je me levai pour remettre du bois dans le poêle. Le thermomètre indiquait moins 35 °C, toute la maison craquait sous l'effet du gel. En plaçant une grosse bûche sèche sur les braises rouges, qui s'embrasa avec un crépitement sec tandis que soigneusement je refermais les portes de fonte, je me sentis investie d'une mission primordiale, vestale moderne, et je savourai l'instant, cœur de la nuit qui se dévoilait. Au-dehors, le ciel était complètement dégagé et scintillant d'étoiles. J'enfilai mes bottes sur mes pieds nus, mis ma parka et sortis sur la véranda. Jamais je n'avais vu autant d'étoiles, milliards de points lumineux qui constellaient le firmament. Je me trouvais très, très loin, à mille milles de toute terre habitée ; sous mes pieds, je sentais la terre, petit globe de poussière et d'eau tournant dans l'infini de l'Univers. Il aurait fallu sortir, marcher sous cette clarté, mais je n'en étais pas encore capable, je ne pouvais que regarder, un peu frissonnante, avec avidité. Dans mon dos, la sécurité de la maison, l'idée des quelques heures de sommeil douillet avant l'aube m'appelaient et me rassuraient.

Le lendemain, Claude devait rejoindre le village le plus proche, à plus de quatre heures de marche, pour acheter quelques provisions. Profitant du train qui descendait ce soir-là, il pourrait être de retour le jour même.

Je l'accompagnai un moment, puis fis demi-tour pour effectuer une ronde de pièges avant la nuit. Le chemin traversait la zone dite du vieux bûcher où l'ancienne coupe de bois avait remplacé la forêt dense de conifères par une futaie de feuillus, trembles et bouleaux, dont les troncs blancs brillaient sous un soleil radieux. Dans ce paysage dégagé, le regard portait loin, jusqu'à l'horizon où se dessinaient de petites montagnes. Sur la couleur sombre du ciel bleu se découpaient les branches nues et délicates des arbres, aux cimes d'un rose mauve, en un effet saisissant. Je commençais à distinguer certaines traces, à les interpréter timidement, à y lire une histoire. A mon retour m'attendait l'image paisible de la maison, blottie au bord du lac gelé, environnée de blanc et de silence, dont la cheminée laissait échapper des volutes de fumée qui se dispersaient, se diluaient dans le ciel déjà teinté des lueurs du couchant. Le crépuscule peignait la neige de nuances pastel tandis qu'en face, majestueuse, se levait la lune. Je me sentais effleurée par une émotion essentielle, troublée par cette harmonie de beauté et de simplicité que je tentais en vain de définir, de fixer.

Pour la première fois, je me trouvais responsable du confort de la maison. Le poêle devait être alimenté selon la bonne mesure. Trop bourré, il brûlait doucement et chauffait mal ; insuffisamment rempli, les braises se consumaient vite en une chaleur excessive. Le pain devait être pétri, je sentais sous mes doigts se réchauffer la pâte et la mettais à lever, inquiète de mon inexpérience. Mes gestes devenaient naturellement et automatiquement directs et précis, un peu lents et réfléchis. Le temps semblait arrêté ou sans importance, le fanal répandait une lumière pâle et douce, l'eau chantonnait dans la bouilloire posée sur le poêle ; quand je tirais de l'eau, le bras de la pompe grinçait un peu. L'odeur du pain mis à cuire emplissait la maison et ma plume glisssait sur la page. Je me sentais maître, sans savoir très bien de quoi, peut-être de mon esprit apaisé, de la soirée qui avançait imperceptiblement.

Tard dans la nuit, j'entendis le bruit du train puis des pas lourds, les bottes qu'on secoue sur le seuil, la porte qui s'ouvre. Nous étions de nouveau deux.

Chaque jour m'apportait une découverte. Je ne cessais d'apprendre, parfois découragée de ma maladresse, de mon manque d'attention, de mon peu d'endurance. Je me demandais alors si je me sentirais un jour en véritable harmonie avec cet étrange milieu, si toutes les petites habitudes, les petits rites de la vie dans le bois me deviendraient un jour spontanés. Souvent, je percevais combien mes réflexes, nés de la ville, étaient inadéquats. J'oubliais de regarnir le poêle alors que j'étais la dernière à sortir et au retour la maison était gelée; dehors, le rythme de la marche faisait naître un tourbillon de pensées étrangères au bois et je passais sans y prêter attention près de lièvres pris au collet, dont la fourrure blanche se fondait dans la neige. Toujours mes maladresses me rappelaient durement que je n'étais qu'une citadine, gauche et dépourvue de talent. Pourtant, cela semblait si simple...

Un jour où la neige était particulièrement lourde et collante, nous étions partis pour ouvrir une nouvelle *trail* [1]. A chaque pas, nous nous enfoncions jusqu'au-dessus des chevilles et peinions à relever nos raquettes alourdies d'une grosse semelle de neige. En tête, Claude semblait très fatigué, le visage ruisselant de sueur, sa parka largement ouverte sur sa chemise. Nous étions encore loin du lac et, habituée à sa grande résistance physique, je m'étonnais un peu de le voir s'arrêter si souvent. Devant mon insistance, il finit par me laisser prendre les devants. Immédiatement, je compris ma témérité; à chaque enjambée, mes raquettes semblaient prises dans une boue collante, et de juste les soulever me coûtait d'énormes efforts. La sueur me coulait dans les yeux, le sang me montait au visage, battant fortement à mes tempes et serrant ma gorge dans un étau. Par orgueil, avec la volonté d'en imposer à mon corps trop faible, je persévérais en serrant les dents, les yeux brouillés, le cœur au bord des lèvres tandis que chaque pas devenait plus difficile. Mais il fallut m'avouer vaincue et, au bord de l'épuisement, terminer la trail en deuxième position, comme un automate.

---

1. Trail : petit sentier à travers bois.

Une autre fois, j'aperçus des traces d'orignal au bord d'un lac et, très fière de ma découverte, courus chercher Claude. Mais il éclata de rire.

– Un tout petit orignal avec deux oreilles pointues et une longue queue fournie!... Ce sont des traces de loups!

Dans la neige épaisse, les pas semblaient gigantesques et me semblaient pourtant dignes des longues pattes chevalines de l'orignal. D'autre part, dans mon esprit, le loup avait toujours été un animal de meute. Mais Claude m'expliqua que dans cette région, la meute tenait plus du mythe que de la réalité. Les loups restaient généralement seuls, parfois en couples pendant la période de reproduction, et ne se regroupaient que pour la chasse au gros gibier durant l'hiver. Ainsi pouvaient-ils isoler un animal, souvent malade, vieux ou très jeune, et le forcer à courir hors des chemins tassés jusqu'à épuisement. C'était un animal extrêmement méfiant qui se tenait à l'écart des humains, aussi était-il très rare d'en apercevoir en plein jour. Un de ses amis lui avait raconté qu'un jour, en arrivant sur un lac, il en avait vu une dizaine en file indienne se diriger vers lui. N'ayant qu'une balle dans son fusil, il les regarda s'approcher avec beaucoup d'inquiétude. Le chef de meute était passé à quelques mètres, le fixant de ses yeux perçants sans dévier sa route. Il en était resté pétrifié et émerveillé, et ce ne fut qu'à l'arrivée de ses camarades qu'il avait repris ses esprits et était allé examiner les traces pour être sûr de n'avoir pas rêvé. Claude lui-même n'en aperçut que plus tard une louve et son loup, près de l'endroit où nous entreposions nos déchets.

Mais je craignais peu les animaux sauvages, plus

effrayée d'un bruit inconnu ou de la seule âpreté de ce milieu.

Avec l'approche de la pleine lune, la température baissait, le ciel restait clair et dégagé. En marchant dans la forêt, on entendait claquer les arbres sous l'effet du gel. Un matin où je traversais un lac résonna un craquement sourd, la neige s'enfonça brutalement sous mes pieds comme si la plaque de glace cédait sous mon poids. Tel un éclair, je vis se dessiner une longue faille sur la croûte gelée. Ma respiration s'arrêta, la glace trop fragile en ce début de saison allait s'effondrer sous mes raquettes, me vouant à une mort certaine. Mais ce n'étaient que les mouvements de la glace et de la neige qui prenaient de l'expansion sous l'effet du froid.

Peu à peu, j'appris à connaître ces bruits étranges et à les aimer, lorsque aux premiers grands froids ils résonnaient dans la nuit comme des coups de tonnerre.

Durant les nuits de pleine lune, si le froid n'était pas trop intense, les animaux semblaient pris de folie ; les traces se croisaient, s'enchevêtraient, et nous y lisions tous les drames nocturnes. Là un lièvre, poursuivi par une martre, avait couru désespérément pour succomber en ne laissant qu'un peu de sang et quelques touffes de poils. Un peu plus loin, un renard avait suivi une piste d'odeurs, fouillant la neige du museau et des pattes, pour prendre sa course derrière une proie. Au bout du lac, un toboggan disparaissant sous la glace marquait l'espace de jeux des loutres. Un peu déçue tout d'abord de ne voir que peu d'animaux en plein jour, j'apprenais au hasard de ces indices à déceler la vie sauvage, plus secrète que je ne l'avais imaginée. A part quelques oiseaux, des loutres espiègles et peu farouches, un renard se laissant surprendre au milieu d'une promenade, les animaux profitaient pour leurs déplacements du couvert de la nuit. Dans des abris bien dissimulés sous une grosse pierre ou une vieille souche, les ours dormaient, et les castors restaient en sécurité dans leurs cabanes. Durant l'été et l'automne, ceux-ci construisaient ou renforçaient leur barrage afin de monter le niveau d'eau qui inondait le rez-de-chaussée de leur abri. Un peu plus loin, sous la glace, étaient accumulées les réserves de bois et de branches dont l'écorce constituait leur nourriture durant l'hiver. Parfois en m'approchant doucement, je pouvais les entendre grogner et remuer. Les abords de la cabane étaient traîtres, les va-et-vient entre les sorties et l'amas de branches amincissant la couche de glace, et plus d'un imprudent, m'avait expliqué Claude, avait passé le pied au travers.

Une fin d'après-midi, je tombai réellement sur une piste d'orignal à l'endroit même où j'en avais aperçu un l'été précédent. Les traces étaient fraîches mais, le soir tombant, je n'essayai pas de les suivre. Un ravage n'avait de toute façon rien de l'enclos à vaches que j'avais imaginé et les orignaux pouvaient se tenir sur plusieurs kilomètres carrés.

Apercevoir des animaux, parce que c'était rare et toujours inattendu, représentait pour moi une véritable récompense, une joie profonde dont je me délectais avec émerveillement. Instant privilégié, cela suffisait à ensoleiller une journée, et le soir venu j'en parlais avec Claude et fouillais dans ses livres pour mieux connaître l'animal entrevu.

C'était parfois l'apparition d'une hermine, blanche comme le lait avec une touffe noire au bout de la queue, dont la fourrure fut autrefois l'apanage des rois. Rapide comme l'éclair, insatiable, elle se faufilait au travers des obstacles, tas de bois ou planches de la galerie, pour se saisir de la nourriture que nous déposions à son intention pour le seul plaisir de voir pointer son petit museau fin. Son instinct l'avertissait de ne pas trop approcher de ces lieux chargés d'odeurs humaines, mais son appétit vorace la retenait de fuir. Hésitante, elle avançait puis reculait, décrivait de larges cercles autour du morceau convoité pour soudain bondir et attraper l'offrande qu'elle courait déguster à l'abri ou enterrer pour un prochain jour de disette. Dénoncée pour sa cruauté, sa capacité à égorger toute une basse-cour pour le seul plaisir du sang frais, elle incarnait cependant la pureté dans les costumes d'apparat des magistrats et des rois. A l'observer, agile et souple, elle nous semblait simplement naturelle, avec ce mélange de férocité et d'innocence animale qui caractérise toute vie sauvage.

Parfois nous croisions un lièvre ; par un sifflement long et strident nous l'arrêtions net, le cœur palpitant, comme figé par un sort, ramassé en boule sur lui-même. Seul le bout rose de son museau le trahissait sur la neige, aussi se fiait-il à son camouflage blanc d'hiver pour se tirer de ce mauvais pas. Après quelques secondes, rassuré par notre silence, il se dépliait, redressait les oreilles et s'apprêtait à un nouveau bond. Mais nous sifflions à nouveau, sans nous lasser de ce jeu qui pouvait durer plusieurs minutes. Enfin nous le laissions partir, riant de ses sauts désordonnés et de sa surprise de s'en être tiré à si bon compte.

Quelquefois, au petit jour ou à la tombée de la nuit, une forme noire et mobile sur la surface du lac me précipitait à la fenêtre. Ce pouvaient être des loutres, au corps fuselé et d'un noir soyeux, ou un renard s'arrêtant quelques instants pour humer, le nez levé, cette odeur de fumée étrange et inquiétante. Les renards, de jour, passaient toujours au large de la maison, d'une démarche un peu dansante, leur queue touffue balayant leurs traces. Aux jumelles, j'observais la variation de coloris de la fourrure, du roux ou presque gris avec aux pattes et à la queue des touches de noir et blanc. Que pouvais-je deviner de ce qui les agitait, la peur de ces relents menaçants, la tentation des odeurs de nourriture qui, la nuit, leur faisait longer la maison, la nécessité de chasser et de marquer leur territoire ? Je savais que je ne pourrais m'en faire un ami, que peut-être un jour il mourrait dans un de nos pièges, mais à le surprendre ainsi immobile, humant l'air, il occupait tout l'espace de mes pensées.

C'étaient des cadeaux de la Nature sauvage qui, un bref instant, se laissait deviner, m'emplissant de bonheur et d'émotion. Nous éprouvions le même sentiment à découvrir un animal dans un piège, lièvre, martre, castor, vison ou pékan... Conçue comme un âpre dialogue avec le milieu dans et par lequel nous vivions, la trappe nous laissait mesurer notre capacité à deviner, comprendre, déjouer la vie animale. Si un piège était mal posé, un collet placé trop haut ou trop bas, nous n'étions pas dignes de survivre dans cet environnement avare, nous manquions à quelque

76

ordre naturel qui nous englobait, nous restions à l'écart d'une harmonie atavique. Le tour quotidien des pièges devenait une chasse au trésor et la mesure de notre adaptation. Le gel bien souvent avait figé l'animal en position de sommeil, le temps, suspendu, avait préservé le beau visage d'une martre, les petites oreilles pointues, la queue épaisse, le pelage variant du jaune pâle à l'ocre avec parfois une grande tache orange sur le poitrail.

Dans cette recherche d'une forme d'intégration à la vie sauvage, nous étions des trappeurs sans grandes ambitions avec nos jambes pour seul moyen de déplacement, et chaque prise était appréciée à sa juste valeur.

Peu de temps avant Noël, lors de ma tournée habituelle, j'aperçus une perdrix profitant des premiers rayons de soleil pour s'ébrouer dans la neige comme le font de petits oiseaux dans une flaque. A mon approche, elle s'envola bruyamment pour se poser sur la branche d'un arbre voisin où elle s'immobilisa, le cou rentré dans les épaules, son plumage se fondant en un camouflage parfait sur l'arrière-plan d'écorce et de branches. Je n'avais pas de fusil et l'observai un moment sans bouger, ce qui lui fit oublier ma présence, s'étirer le cou, secouer les ailes. Mais le goût délicieux de sa chair ne m'était pas inconnu, et je redescendis à la maison toute proche pour chercher une arme. A mon retour, essoufflée et n'osant trop espérer, je la trouvai pourtant sur la même branche. J'épaulai et au premier coup de feu elle tomba comme une roche. Très fière d'avoir contribué activement à notre subsistance et de varier ainsi notre ordinaire de pâtes et de lièvres, je revins au camp en forçant l'allure pour annoncer la bonne nouvelle à Claude. Prenant le petit corps encore tiède, il l'inspecta en tous sens, les sourcils froncés.

— Eh bien, on va manger du plomb ce soir...

Sa remarque doucha mon orgueil naissant et me rendit honteuse d'avoir tiré trop vite, en plein corps, au lieu de viser comme il me l'avait recommandé, un peu au-dessus de la tête.

Cette attitude un peu sévère, si elle m'irritait parfois, me convenait au fond assez bien. Dans ce milieu tout à fait nouveau pour moi, il me fallait sans cesse apprendre, me remettre en question pour progresser, sentir le chemin parcouru mais aussi l'immensité de ce qu'il me restait à approfondir. Plus l'environnement m'était étranger, plus la leçon était difficile et subtile ; mais aussi plus grande était ma joie d'y faire face. A être née dans le bois, à avoir connu très jeune la solitude, le froid, l'austérité de la vie quotidienne fondée sur ses seules ressources, sans doute aurais-je souhaité un autre défi. Je prenais conscience qu'une part de mon malaise parisien venait d'avoir perdu le goût de me battre, parce que le résultat était presque connu d'avance, que je n'y avais pas la sensation de me mesurer moi-même, mais de répondre à des sollicitations sociales avec une facilité presque génétique. A Nakane, rien n'était prévisible, et ce défi permanent pour maîtriser de nouvelles techniques, aiguiser ma concentration, accroître ma résistance physique m'emplissait d'exaltation.

Mais, parfois, j'étais saisie de découragement quand il me semblait avancer à pas trop lents, et j'avais peur soudain de ne jamais pouvoir être autre chose qu'une jeune fille bien comme il faut. Je cherchais à m'intégrer dans ce milieu étrange, moins hostile qu'imperturbable, mais je n'étais plus sûre d'avoir assez de talent ou simplement de volonté pour surmonter l'épreuve. Alors me revenaient le dégoût et la tentation de baisser les bras, je me voyais comdamnée à reprendre les sentiers battus. Peut-être étais-je malgré tout programmée, déterminée pour mener une existence bien délimitée par mon milieu social et culturel, et n'était-ce que rêveries stériles d'envisager de vivre autrement ? Sans force, j'essayais alors d'être au moins un bon second pour taper les trails, tendre les outils au moment propice et finir de dégraisser les peaux.

Mais Noël approchait et une amie vint me rejoindre de Paris pour passer les fêtes. D'élève, je me transformais en guide et tentais de lui faire partager ma maigre science et ma fascination. Avec amusement, je l'observais faire ses premiers pas en raquettes et confondre traces de lièvres et de loups. Je l'emmenais faire le tour des collets et des pièges, et lui montrais avec un brin d'orgueil comment trapper la martre et le castor, techniques qui commençaient tout juste à me devenir familières. A son contact, je m'apercevais que les deux semaines depuis mon arrivée avaient été bien remplies et que dans le bois je n'étais plus tout à fait une touriste.

Avec elle m'arrivait comme une bouffée de Paris, par les derniers potins, les nouvelles des amis, l'écho de tout ce qui continuait là-bas, comme à l'accoutumée. Une partie de moi réagissait, se mettait au diapason et je retrouvais cette belle connivence qui s'ajoute à l'amitié lorsqu'on partage la même vie et les mêmes aspirations. Et pourtant, je m'en sentais un peu mal à l'aise, comme si je trahissais une vérité plus profonde, et j'éprouvais plus que jamais le désir de m'enfoncer dans l'apprentissage, la volonté opiniâtre de m'intégrer dans ce milieu. Cette dichotomie fondamentale entre ce que je pouvais être en ville, avec tous les réflexes et les modes de pensée qui y sont nécessaires, et ce qui en moi s'épanouissait et se nourrissait du bois me semblait soudainement évidente, j'en devenais troublée et maladroite.

Ainsi, un jour où nous terminions le tour des collets dont je rapportais un lièvre, un gros rapace s'envola lourdement à quelques pas de nous. Sans réfléchir à l'inquiétude de mon amie qui me vit disparaître, je partis à la recherche de l'oiseau, appelée par le désir et la nécessité de profiter de l'instant pour l'observer de plus près. Car si mon amie semblait intéressée, très contente de son séjour, elle restait extérieure à ces lieux dont l'étrangeté lui inspirait plus d'inquiétude que de fascination. Je n'en mesurais que mieux, sans la comprendre et avec la fierté angoissée de me découvrir un penchant inhabituel, combien ma relation au bois était mystérieuse et exigeante.

Alors que rien ne l'annonçait, ni réclames ni lampions, arriva la veille de Noël. Il était difficile d'imaginer, au-delà du silence et du calme qui nous entouraient, que la fête battait son plein. Une petite neige fine assombrissait le ciel, c'était un jour comme les autres, avec un matin et un soir, mais une excitation légère nous donnait envie à tous les trois de ne pas passer la fête totalement sous silence. De Noël, passé l'enfance, nous ne connaissions que les pères Noël rougeauds postés devant les magasins, l'inquiétude du cadeau à acheter à un prix raisonnable, la crainte de prendre des kilos, le plaisir mitigé de réunions de famille pas toujours harmonieuses. Que restait-il de la magie de la fête lorsque l'empire de la consommation, laissant croire que chaque jour deviendrait prétexte à bombance, avait rendu l'année uniforme ? Et pourtant, ainsi isolés, nous avions le désir de retrouver un peu du rite, où Noël et Nouvel An étaient les rares occasions dans l'année de se retrouver en grande famille, de danser, de conter des histoires, de manger plus riche et plus abondant que de coutume. A nous voir tous les trois rassemblés autour d'un bon repas de lièvres, dans la clarté des bougies, je pensais aux nombreux Noël que des bûcherons ou des trappeurs avaient passés ainsi isolés. Il me semblait les imaginer, contemplant sur le pas de leur porte le paysage habituel, écoutant le silence comme pour deviner, au-delà, les chants et les rires. Comme nous, ils avaient dû arroser d'un peu d'alcool un repas sortant à peine de l'ordinaire, jouer aux cartes pour passer la veillée. Mais sous l'apparente uniformité de ces jours, il me semblait sentir pointer, comme une pousse fragile, l'ébauche d'un rite retrouvé.

Dans le bois, la vie continuait, et si nos pièges à castor restaient vides, nous avions une bonne provision de lièvres. Comme mon amie Hélène se montrait maintenant très à l'aise sur ses raquettes, nous partîmes un matin de bonne heure poser de nouveaux pièges à martre assez loin de la maison. Après plusieurs heures de marche, nous atteignîmes un lac au bord duquel nous fîmes un feu pour nous sécher, faire du thé et manger nos sandwiches. Revenaient les gestes ancestraux du trappeur, le vieux chaudron noirci qu'on suspend au-dessus des flammes, les feuilles de thé qu'on ne mesure pas, la tasse qu'on se passe de main en main. Monter un feu l'hiver en plein bois, sans perdre trop de temps ni se refroidir dans des vêtements souvent humides de neige ou de sueur, est un art. Trouver les branches sèches, les brindilles ou écorces de bouleau comme combustible de départ, installer le foyer à l'abri du vent mais non sous un arbre enneigé qui en s'égouttant pourrait le noyer, planter les perches qui soutiendront la théière ou le chaudron et puis attendre, attendre un bon moment que la neige fonde et soit près de bouillir pour y mettre le thé. Mais rien ne peut remplacer le plaisir de l'instant, la beauté des bûches enflammées au milieu d'une étendue de neige, ni le goût de ce thé-là, bouillant, noir et un peu amer, mais qu'aucun nectar de la cour d'Angleterre ne pourrait égaler. Tous les trois rassemblés autour du feu, nous nous taisions, troublés par la même sensation, gagnés par le plaisir un peu animal du corps qui se repose, se gorge de chaleur, se réchauffe au liquide brûlant.

Si un tel feu était pour nous l'occasion d'une halte, il pouvait devenir la condition de la survie, si l'on se perdait ou lorsque l'on avait pris un malencontreux bain d'eau glacée. Alors chaque minute, chaque geste devient essentiel, quand la nuit tombe, que les vêtements gelés rendent les mouvements difficiles et que le froid engourdit l'instinct vital. Dans un milieu aussi hostile, la moindre erreur peut être fatale, les conditions climatiques extrêmes ne laissant pas de deuxième chance. Avec mon harnais de raquette de rechange, je gardais toujours précieusement des allumettes ou un briquet tenus au sec lorsque je partais seule en tournée.

En plein hiver, il était assez difficile de se perdre puisque à tout moment les traces de raquettes indiquaient le chemin de retour. Mais une forte chute de neige ou un vent violent pouvait les effacer. Alors fallait-il se fier à de multiples indices parfois trompeurs, l'éclaircie du chemin, la neige plus tassée, la courbe d'une montagne, et tel profil étrange d'arbre remarqué en d'autres circonstances! Car, hors la force de l'habitude, il était très facile de perdre sa direction sans s'en rendre compte.

Un matin moins froid, je partis poser des collets; toute à mon ouvrage, je marchais les yeux au sol, pour voir les trails empruntées par les lièvres et trouver les bons emplacements. Marchant à travers bois, je m'arrêtais parfois pour couper les bâtons nécessaires à fixer le petit lacet de cuivre, rétrécir adroitement la trouée pour forcer le passage, avançant par petits sauts dans la forêt qui, à cet endroit, était assez ouverte. Aucun sentier n'était tracé, et je m'apprêtais à faire demi-tour, les pieds et les doigts engourdis de froid, quand j'aperçus sur ma gauche, fraîche et bien marquée, une autre trace de raquettes. Intriguée, je la suivis pour me retrouver... à mon point de départ. J'avais bel et bien marché en rond et, si la situation en plein hiver avec un ciel dégagé n'était que cocasse, elle aurait pu devenir plus inquiétante l'été où les points de repère sont plus masqués. Dans le bois serré, les obstacles de broussailles, d'arbres renversés sont autant de trompe-l'œil pour l'orientation.

En hiver, le danger le plus présent était de tomber à l'eau, surtout au début de l'hiver quand la glace est encore mince. Plus tard dans la saison, un lac peut recouvrir d'une épaisse couche de neige des trous d'eau chaude ou des poches de *slush* [1]. A certains endroits, la glace est plus fragile, aux abords d'une cabane de castors, à la décharge du lac où le courant sous-jacent est plus fort. Si les renards, les loups, les chiens de traîneau semblent en avoir une connaissance instinctive, seule l'habitude préserve l'homme. Une telle mésaventure peut mettre rapidement la vie en danger ou provoquer une gelure partielle définitive. Il m'était arrivé, heureusement en faible profondeur et près de la maison, de prendre un bain de pieds involontaire. J'avais pu vite rentrer, sinon il eût été indispensable de monter un feu, enlever bottes et chaussettes pour les faire sécher, frotter les pieds de neige pour réactiver le sang.

Mais l'idée de ces dangers ne me troublait pas, pas plus qu'en ville les risques de la circulation. Je ne pouvais comprendre qu'ils pussent inquiéter autrement mon amie, car ils faisaient partie intégrante de ma vie présente. Peu après le Nouvel An, elle reprit le train pour Montréal où je la rejoignis quelques jours après. Sans enthousiasme, je retrouvai la ville, le bruit, la foule et un autre visage de l'hiver, la neige grise et sale, le froid pénétrant au travers de vêtements trop légers, l'ambiance d'après les fêtes. Malgré les soirées entre amis, les jours me semblaient vides et sans histoires. Des souvenirs de Paris me revenaient avec précision, j'en éprouvais une vague

---

1. Slush : neige à moité fondue et cristallisée, résurgences d'eau sous la neige provoquées par le poids de la glace.

nostalgie comme si, de loin, cette existence que je connaissais trop bien perdait de sa monotonie. D'un autre côté, le Bois m'appelait avec une puissance qui m'effrayait presque. J'avais terriblement besoin de solitude pour réfléchir, retrouver la magie des jours sans questions. Je repartis assez vite vers Nakane, soulagée de n'être plus confrontée à un choix qui me dépassait.

Le train me devenait familier et, en remontant vers Nakane, je découvris avec étonnement que j'étais en quelque sorte entrée dans la légende d'un monde étrange et indéfinissable. Pour le barman qui m'abreuva de café tout au long du voyage, pour le contrôleur qui me reconnut, j'étais « la Française qui passe l'hiver dans le bois » et faisais partie des habitués que plus rien n'étonnait vraiment.

Si le train partant de Montréal ressemblait encore à un de ses cousins classiques de grande ligne, avec des horaires, un personnel tiré à quatre épingles, des voyageurs respectant les espaces non-fumeurs et les places assises, il était frappé d'un envoûtement mystérieux dès qu'il quittait les zones habitées. Apparaissaient des figures étranges, Indiens basanés parlant en dialecte, pêcheurs ou chasseurs déguisés comme pour un safari avec habits de camouflage, chapeaux de cow-boy et couteau à la ceinture, et les traditionnels bûcherons ou trappeurs avec leurs lourdes bottes d'hiver et leurs épaisses parkas. Le train pouvait s'arrêter à tout moment, pour déposer un passager ou sur un simple signal lumineux d'un voyageur imprévu, loin de toute agglomération, en plein bois, où rien n'indiquait même une habitation humaine. Refuser d'embarquer quelqu'un eût été, dans ces contrées sauvages, un cas flagrant de non-assistance à personne en danger, et il était d'usage, été comme hiver, d'embarquer et de débarquer où l'on voulait. L'horaire se dissolvait avec la discipline, la nouvelle équipe des contrôleurs affrontait les retards avec bonne humeur, un flegme nonchalant qui faisait se dénouer les cravates, s'incliner gaillardement les casquettes, blaguer sans gêne avec les voyageurs. Devant la précision des heures d'arrivée et de départ établies, 10 h 06, 4 h 17, nous étions secoués d'un grand rire complice et haussions les épaules avec une certaine commisération pour ces malheureux urbains qui n'avaient jamais connu le Far West. Car le wagon avait de fortes ressemblances avec un saloon, la liesse d'un temps de repos, les bouteilles qui circulent de main en main, la cigarette qu'on écrase non dans la sciure mais sur la moquette. Et puis, parfois, le ton montait, les bagarres éclataient ; quelquefois, les contrôleurs devaient intervenir pour calmer les esprits où saisir par les bras et les jambes un voyageur trop soûl pour descendre, qu'ils déposaient alors sans ménagement sur le quai d'une gare ou le plus souvent sur le banc de neige d'un arrêt facultatif. Parfois le train était immobilisé en pleine forêt pour des raisons qui eussent rendu fou le moindre planificateur ; une motoneige bloquait la voie, on devait ramasser des Indiens qui étaient en retard, un « marchandises » devait « croiser » une heure plus tard, ou les castors avaient *damé* [1] près des rails qui s'effondraient au dégel. Parfois le barman

---

1. Damer : construction d'un barrage qui, inondant la voie, lamine le talus de sable sur lequel sont posés les rails.

en profitait pour laisser la cafétéria ouverte toute la nuit, un contrôleur jovial et passionné de comédies musicales faisait chanter les voyageurs pour leur faire passer le temps. Il arriva même que dans le feu de la conversation un arrêt fût oublié et que le train dût faire marche arrière sur plusieurs kilomètres. Mais même quand tout était calme, quand le voyage se déroulait sans incident majeur, il restait la connivence chaleureuse, les conversations vives au creux de la nuit, le partage d'un mystère que nous évoquions du bout des lèvres, ce monde solitaire, et austère du Bois. Le train allait à une allure de diligence, mais on y voyageait beaucoup, de lacs en lacs, de trails en trails, d'histoires en mythes.

C'était un petit train, parfois juste un wagon durant l'hiver, et jour après jour il allait et venait sur le même parcours. Aussi un retard important ou un bris majeur bouleversait la cadence, et pendant plusieurs jours le train ne passait plus ou alors les horaires devenaient totalement farfelus. Mais c'était dans bien des cas le seul lien possible avec la ville et les secours en cas d'urgence. Et s'il était courant de le couvrir d'injures lorsqu'il fallait le guetter durant des heures par des froids polaires, il n'en restait pas moins « le Train », celui de toutes les aventures et de la vie marginale des coureurs des bois.

— Claude est allé faire ses commissions il y a quelques jours. Il m'a dit qu'il s'ennuyait de toi... m'avait déclaré le contrôleur dès qu'il m'avait aperçue, avec un clin d'œil gentiment goguenard.

Je découvrais combien petit et amical était le milieu du bois.

Dès le lendemain de mon arrivée à Nakane, je reprenais le fil où je l'avais laissé.

Le ciel était couvert, d'une lueur presque mauve; de lourds nuages sombres couraient dans le vent, la température était étonnamment douce pour un mois de janvier, l'atmosphère pleine de mystères, propice aux apparitions et aux esprits vagabonds. Mes raquettes s'enfonçaient dans la neige lourde avec un froissement soyeux, les oiseaux semblaient plus silencieux que de coutume. Je perdis peu à peu la notion du temps, fondu dans le ciel et le silence, il me semblait être là depuis très longtemps, entre ces arbres ployés dans la pénombre. Dans ma tête, le ciel faisait glisser des écharpes de brume, impassibles et obscures, la neige s'écrasait en plaques molles sous les coups de vent qui faisaient frissonner les arbres. Plaquée au sol, la Nature attendait, de chaque parcelle de vie qui l'animait, la tempête en route.

Une émotion extrême me submergea, éclata en palpitations presque douloureuses, m'emplit tout entière d'un néant délicieux où j'eusse voulu me fondre, me dissoudre. Un instant suspendue dans l'espace immense, délivrée, vaste et profonde comme la vie sauvage.

Mais déjà l'extase m'échappait, se repliait comme une vague devant mes pensées trop brusques, redevenait arbre et neige et ciel. Et moi, de nouveau étroitement contenue dans ma peau, éblouie mais inquiète de comprendre, de décrypter cette onde lumineuse déjà disparue, me laissant au fond de l'âme un miroitement faible.

La tempête que les sombres couleurs du ciel semblaient présager ne vint pas, mais les jours suivants le froid devint saisissant. Chaque matin, le feu réchauffait lentement la maison et au-dessus de nos tasses de café nos bouches soufflaient de petits nuages de vapeur. La pompe à eau renâclait à verser un mince filet d'eau, la neige avait la légèreté de la poudre. Les animaux se terraient, aussi pouvions-nous paresser un peu. Claude devait partir quelques jours pour Montréal où je n'avais pas envie de le suivre. Nous profitions de ces journées un peu désœuvrées pour parler et mettre au clair les dernières recommandations avant son départ.

Un soir, la nuit fut soudain si pleine d'étoiles qu'il nous fallut sortir et marcher malgré le froid qui nous mordait les joues. Dans un coin de ciel naissait une aurore boréale, fragiles raies de lumière blanche et dansante, s'effaçant pour renaître un peu plus loin au travers des milliards de points scintillants. Les sourcils et les cils se raidissaient de givre qui durcissait nos visages comme un masque. A côté de moi, la présence silencieuse de Claude était rassurante et douce, j'aurais voulu effacer les prochains jours. Mais peut-être dans ma solitude prochaine, allais-je trouver le lien entre l'émerveillement de ma vie quotidienne et mon incapacité à renoncer complètement à ce que j'avais connu jusque-là. Je me demandais parfois si je rêvais, si ces jours étaient autre chose qu'une étroite parenthèse, une expérience profonde mais circonscrite. Certainement me faudrait-il bientôt retrouver les contraintes, les obligations d'une vie responsable et peut-être, au prix d'un immense sacrifice, laisser cette part de moi qui rêvait sous les étoiles.

Avec l'approche du départ, les recommandations de Claude se perdaient dans une angoisse diffuse, mais une force en moi refusait de partir avec lui, m'empêchait de me dérober à cette nouvelle épreuve. Après tout, ce n'étaient que quelques jours, une semaine ou deux tout au plus, sans parler à personne, ni partager les tâches. Sous le regard sévère de Claude, je m'exerçais à tendre les pièges, écorcher les martres, dépouiller les lièvres sans son aide.

— Si ça ne va pas, tu n'hésites pas, tu reprends le prochain train, n'est-ce pas, tu me promets ? insistait-il, un peu inquiet.

— Mais si *quoi* ne va pas ?

— Je ne sais pas, il n'y aura que toi pour le savoir. Si c'est trop dur, si tu ne te sens pas bien...

— Mais pourquoi ne me sentirais-je pas bien ? Tu ne te sens pas bien, toi, quand tu es tout seul ?

— Oh! moi, c'est différent, j'ai l'habitude. La solitude ne fait peur qu'à ceux qui craignent de se retrouver face à eux-mêmes.

Ce face-à-face ne m'inquiétait pas trop, j'avais du travail et des livres pour me distraire. Sans doute Claude allait-il me manquer, mais à la fin de l'hiver nos chemins allaient certainement diverger, aussi une telle séparation était-elle bénéfique pour enrayer un attachement de plus en plus vif.

— Fais bien attention quand tu tends le gros piège à castor ; si tu te prends le bras dedans toute seule, tu ne seras pas capable de t'en défaire...

Et il me faisait m'exercer à nouveau avec une grosse corde servant de nœud coulant pour fermer les ressorts.

— Si la trail du troisième lac est trop loin, tu n'auras qu'à fermer les pièges. Et si d'ici quelques jours tu n'as pas pris de castor au lac à l'Ours, tu peux enlever le piège, j'en poserai un autre en remontant.

Sa sollicitude m'agaçait un peu, j'avais presque hâte qu'il partît pour ne plus me troubler d'inquiétudes vagues.

Et pourtant que savais-je de la solitude. Si ce n'est de l'avoir désirée, lorsque au milieu de la foule j'aspirais à être vraiment seule avec mes pensées inexprimables et la fatalité de ma différence ? Quelques images d'ermites décharnés et un peu délirants, des visages de moines rarement radieux et l'idée très intellectuelle qu'elle devait mener à la sérénité...

Le froid semblait installé pour de bon. Le jour du départ, j'accompagnai Claude attendre son train, dans la nuit. Nous l'entendîmes bien avant de le voir apparaître, l'écho rebondissant de montagnes en montagnes dans le silence glacé ; puis ses phares éclipsèrent la lueur des étoiles. Tout auréolé de lumière et de vapeur, il semblait gigantesque. Notre petit fanal balancé à bout de bras était dérisoire mais le fit pourtant s'arrêter dans un grand crissement de freins. Noyée dans le brouillard blanc, je sentis Claude m'embrasser une dernière fois, l'entrevis me faire un signe de main et s'engouffrer dans le wagon. Le train lança un sifflement strident en signe de salutation et reprit sa route.

Pour la première fois, je me retrouvais vraiment seule...

4

Rêver un impossible rêve, porter le chagrin des départs,
Brûler d'une impossible fièvre, telle est ma quête,
Suivre l'étoile, peu m'importe les chances,
Peu m'importe le temps et ma désespérance...

Jacques Brel

La maison était chaude, j'ouvris les portes du poêle pour contempler le feu qui lançait des lueurs rougeâtres sur les murs. Je n'avais plus sommeil, il était bon de rester là, simplement, attentive aux mille bruits de ces pièces vides, de fumer une cigarette en sentant la solitude rôder, tourner sur elle-même comme un animal cherchant sa place. J'avais le désir de faire place nette, de dissiper les odeurs de vie commune, de marquer ma retraite par quelque purification extérieure. Mais il était tard, l'obscurité était propice à ma rêverie.

Finalement, je remis des bûches dans le poêle et montai me coucher, non sans avoir vérifié à plusieurs

92

reprises la fermeture des portes et la modération de l'embrasement des écorces, qui crépitaient derrière les épaisses parois de fonte.

Au réveil, les vitres étaient couvertes de belles arabesques de givre, il faisait particulièrement froid. Le feu mit du temps à repartir et à réchauffer la maison, la pompe résista un bon quart d'heure avant que la pression de l'eau ne fît céder les blocs de glace le long des tuyaux. Il faisait un beau ciel clair et dégagé, la neige resplendissait sous le soleil mais le thermomètre indiquait moins 28 °C et le vent soulevait sur le lac des tourbillons de poudre. L'atmosphère était lisse comme un galet poli et rond.

Je rentrai un peu de bois dans le couloir, lus un moment en buvant mon café puis me décidai à sortir.

Le vent avait recouvert les pistes et me cinglait le visage, coupait la peau des mains mises à nu pour lacer les courroies des raquettes. Je pris la direction du lac à l'Ours où nous avions tendu un piège pour le castor, et partis au travers du vieux bûcher.

La trail, moins abritée, avait disparu sous les rafales de poudre, et la marche était pénible et fatigante. Mais j'aimais l'accord des couleurs sous un ciel sans nuage, le graphisme des branches dépouillées des bouleaux sur le lapis-lazuli de l'horizon, la tache verte des jeunes conifères sur le blanc immaculé de la neige. Le regard pouvait s'épandre librement vers les montagnes qui jalonnaient le lointain, le ciel se déployait de bord en bord. Et j'avais besoin de sentir mes muscles se tendre, mon souffle s'accélérer, la sueur mouiller mon visage malgré la bise, peut-être pour alléger un peu le silence et l'austérité de ces paysages qui me frappaient particulièrement de leur total dénuement. A chaque pas, j'enfonçais profondément dans la neige, le sac à dos me sciait les épaules malgré l'épaisseur de la parka et la *traîne sauvage*[1] heurtait régulièrement l'arrière de mes raquettes.

Après trois heures de marche épuisante, j'arrivai enfin au lac. Pour tendre un piège l'hiver sous la glace, les points stratégiques étaient les sorties de cabane et les couloirs empruntés par les castors pour aller s'alimenter à l'amas de bois submergé. Pour les petites familles, comme au lac à l'Ours, le piégeage aux sorties présentait le risque d'anéantir la tribu. En plus d'être contraire à une certaine logique écologique, la disparition des castors sur ce lac-là risquait de provoquer à moyen terme une décrue considérable du niveau d'eau, puisque le barrage, long d'une bonne dizaine de mètres, ne serait plus entretenu. Aussi avions-nous tendu « au couloir », où le va-et-vient continuel des castors empêchait la glace de devenir trop épaisse. Mais nous n'y avions encore rien pris. Parfois, les castors, pressentant le danger délaissaient une voie habituelle, aussi ne nourrissais-je pas trop d'espoir.

Pour protéger le piège et empêcher que la glace ne se reformât trop vite, nous couvrions le trou d'eau de branches d'épinette et de neige isolante. Mais le vent de ces derniers jours avait balayé la neige et, d'après la couleur opaque de la glace, l'eau semblait y avoir regelé sur plusieurs centimètres. Puisque le couloir, apparemment, n'était plus fréquenté, il ne me restait qu'à enlever le piège. Il me fallait ouvrir un trou

---

1. Traîne sauvage : traîneau sans patins, à l'avant recourbé, que son fond plat permet de tirer aisément sur la neige.

dans la glace assez large pour le sortir, mais j'avais du mal à manier la hache qui se plantait de biais et m'envoyait des éclats au visage. A peine avais-je réussi à creuser une cavité de la grandeur d'un bol à soupe que la pointe de la hache atteignit l'eau qui remplit le trou en glougloutant. Chaque nouveau coup de cognée faisait gicler des gerbes d'eau qui gelaient aussitôt sur mes cheveux et mes vêtements en mille gouttes scintillantes. Enfin je pus dégager un trou d'eau noirâtre où j'essayai de distinguer la *barrure* [1] supérieure du piège. Je n'apercevais rien que la surface moirée, sans doute un vieux castor rusé était-il parvenu à fermer les ressorts avec une branche sans se faire prendre.

Saisissant les deux piquets verticaux qui fixaient le piège, je tentai de les sortir mais ils semblaient fixés dans le sol, bloqués dans une gangue de glace et de neige cristallisée. A tout hasard, je pris un bâton pour sonder l'eau; alors je heurtai une masse compacte et élastique... Un castor! Mon premier castor m'attendait là, à quelques centimètres, il me fallait absolument le sortir.

Mais il alourdissait le piège et malgré tous mes efforts, arc-boutée sur la glace où mes pieds dérapaient, je ne réussis à le lever que de quelques centimètres. La longue marche et mes efforts à la hache semblaient avoir absorbé toute mon énergie. J'avais oublié la vieille théière et le thé qui m'eût permis une pause indispensable, j'avais faim, j'étais trempée des pieds à la tête et, sous le vent aigre, je commençais à frissonner malgré les épaisseurs de laine et de duvet de mes vêtements.

_____

1. Barrure : crochet de métal qui maintient le piège tendu.

Je luttai encore un moment contre la fatigue et le découragement, exaspérée de ce cadeau à portée de main mais inaccessible. Mes bras étaient morts, plusieurs fois je glissai et n'eus que le temps de me jeter de côté pour ne pas tomber à l'eau. Je dus m'avouer vaincue, furieuse contre moi-même, écœurée de mon manque d'expérience et de mon peu de résistance. Je recouvris soigneusement le trou de branchages, laissai les outils à l'abri d'un arbre et fis demi-tour vers la maison.

A mon arrivée au camp, mon reflet dans le miroir me fit peur. Livide, les cheveux transformés en baguettes par le gel, j'avais l'air d'une rescapée ou d'une sorcière. J'emplis le poêle, où ne restaient que quelques braises, de bûches bien sèches, me déshabillai et, m'enveloppant d'une couverture, me couchai à côté.

Quand je me réveillai, il faisait déjà nuit et j'avais une faim de loup. Le thermomètre restait figé à moins 28 °C, mais le vent semblait s'apaiser. Mon repas fut vite prêt et, une fois rassasiée, je commençai à me prélasser dans ma solitude toute fraîche, toute tension physique libérée par mes efforts de la journée.

Inconsciemment, ma perception du temps et du silence s'était modifiée. Les sons, les odeurs, les réflexions qui traversaient mon esprit, arrivaient sans protection, à l'état brut. Le tic-tac de la pendule devenait aussi obsédant que l'égouttement irrégulier d'un robinet, je la fis disparaître dans un tiroir sous quelques chiffons. Les meubles, les objets les plus usuels perdaient leur aspect familier, me frappant par la densité de leur présence. La maison était encerclée de noirceur, mais je ne sortis pas pour regarder les étoiles. Dehors c'était encore l'inconnu, il me fallait d'abord apprivoiser l'espace intérieur. La lampe créait une petite zone de clarté apaisante et bienfaisante, des souvenirs très anciens montaient à la surface de ma conscience comme des bulles, se paraient de couleurs irisées puis s'enfonçaient de nouveau dans l'oubli. Les tensions s'apaisaient, les ombres se tenaient loin, tapies autour de la maison où régnait une liberté profonde. Dans cet espace reculé, aucune force extérieure, aucune puissance contraignante ne se faisait sentir, si ce n'était l'évocation de mes propres démons intérieurs et ma peur de l'inconnu. Il y avait l'absolue nécessité de reposer mes muscles fatigués, de tenir le poêle chaud, de ne pas gaspiller de nourriture, faire du pain quand cela était nécessaire et rester maître de mes pensées un peu tumultueuses. Les réminiscences d'émotions tendres, les éclairs de révolte, les choix draconiens du futur étaient tenus en lisière par cette nuit qui avançait, épaisse et uniforme, indifférente.

Le lendemain, le vent avait cessé, mais la température n'était montée que de quelques degrés. Après un solide déjeuner, je repartis vers le lac à l'Ours, bien décidée à rapporter ce terrible castor.

La piste était de nouveau en grande partie effacée, mais j'étais moins chargée que la veille, n'ayant pris qu'une lourde barre de fer pour servir de levier et défoncer la glace sans trop m'asperger.

Sous le tapis de sapinage, l'eau avait déjà reformé une pellicule glacée, mais j'en vins à bout facilement et, à force de ho! hisse! et d'efforts, le castor finit par arriver sur la neige. Il était moins gros qu'il ne m'avait paru dans l'eau trouble, peut-être une dizaine de kilos, mais je n'en entonnai pas moins un chant barbare et exubérant en dansant autour de lui. Je ne pouvais m'arrêter de flatter son corps rebondi, d'observer avec intérêt sa queue plate et coriace, ses incisives jaunâtres, la forme palmée des pattes. Jamais la Nature ne m'avait offert d'aussi beau cadeau, des larmes d'attendrissement me montaient aux yeux.

Mais il fallait penser au retour, attacher solidement mon castor sur la traîne, rassembler les outils dans le sac à dos. Je dus chercher un moment les pinces dont je me servais pour tordre le fil de fer ; posées par erreur à côté du sac, directement sur la neige, elles s'y étaient englouties par effet thermique et il me fallut fouiller à quatre pattes comme un chien pour les retrouver. Mais rien ne pouvait réussir à amoindrir mon euphorie, ni quelques maladresses, ni le froid traversant mes gants mouillés, ni la marche longue et pénible du retour. Ma joie, ma fierté d'avoir finalement réussi seule à rapporter un castor ne me laissaient qu'un regret, comme une crispation passagère, c'était de conserver ces sentiments pour moi seule, sans personne avec qui les partager.

A mon arrivée à la maison, j'installai mon castor à la chaleur de la pièce pour qu'il ne gelât pas et pour le plaisir de l'admirer durant la soirée. Je me couchai de bonne heure et dormis d'un sommeil de plomb.

« Petite journée, demain ! » m'étais-je promis, pour récupérer mes forces et avoir le temps de *plumer* [1] le

---

1. Plumer : écorcher, enlever la peau d'un animal à fourrure.

castor. Mais au matin il faisait un temps superbe, sans vent, un beau ciel dégagé au-dessus de la neige scintillante. Je ne pouvais résister au plaisir d'être dehors, et décidai de profiter de cette température idéale pour aller poser des pièges au lac du Huard. Après le tour des collets dont je rapportai un lièvre, j'entamai la montée pour le lac qui se trouvait à deux bonnes heures de marche. Les pistes fraîches étaient nombreuses et j'hésitais longuement avant de choisir mes emplacements. Après tout ce n'était pas si mal; je me récitais la liste des détails à ne pas oublier, bien fixer le piège, assurer la chaîne, ne pas laisser mes doigts trop près des ressorts, dissimuler autant que possible les traces de mon passage. Devant la piste fraîche de mes raquettes, je me demandais en souriant quelles images terrifiantes de monstres les animaux pouvaient imaginer.

Vers la fin de l'après-midi, je m'attaquai au travail d'écorchage. Me reportant aux instructions de mon livre de trappe, j'avançais tout doucement, avec la crainte d'abîmer la belle fourrure d'un brun sombre, aux reflets soyeux. Une couche épaisse de graisse adhérait à la peau, qu'il fallait racler au couteau, sans couper la racine des poils; aux abords des pattes, le cuir était plus fin et se perdait en replis; de petites puces nichées dans la bourre où elles trouvaient chaleur et oxygène, même quand le castor plongeait, couraient sur ma table. Mais une fois le travail terminé, je n'étais pas mécontente du résultat; la peau avait la belle forme ovale exigée, un petit trou près d'une patte soigneusement recousu, et les clous qui maintenaient le cuir sur la planche de séchage semblaient régulièrement espacés. Restait à débiter, pour ne rien laisser perdre de la viande ni des glandes, leurres efficaces pour piéger d'autres espèces. Portant les noms étranges d'*huileux* et de *tondreux*, elles sécrétaient une gomina naturelle pour les unes, et de quoi dégager de puissantes communications olfactives pour les autres. Leur odeur un peu écœurante me collait aux doigts, je les suspendis pour sécher, avec beaucoup de précautions. La chair était d'un beau rouge sombre et, m'en réservant un morceau pour faire un ragoût le lendemain, je l'empaquetai soigneusement pour la faire geler dehors.

Autour de moi, la solitude était compacte. Le temps n'était plus fluide, mais coupé en morceaux distincts, au gré des activités. Certaines périodes de la journée étaient légères et exaltantes, d'autres pesantes et interminables.

Les tournées était réfléchies et graves, les nuits peuplées d'impressions, les repas limités à une simple corvée. Tant que je n'avais pas décidé les activités de la journée, les matins étaient régulièrement maussades, et seules de grandes marches venaient à bout de mon trop-plein d'énergie. Sous le ciel, au milieu des arbres, le jour coulait sans à-coups ; balancées par le rythme de la marche, mes pensées trop présentes se dissolvaient au grand air, l'excitation intérieure s'apaisait dans l'exercice musculaire. Si j'eusse souhaité parler à quelqu'un, j'appréciais cependant ce silence et ce recueillement.

Mais dès la nuit tombée, les tâches indispensables effectuées, je ressentais, par vagues successives, un mélange insolite de bien-être et d'inquiétude sourde. Pour la première fois, je découvrais la solitude profonde, non celle qui nous accompagne lorsque

100

entouré des autres nous nous lovons dans notre propre résonance, mais la sensation d'être bel et bien à l'écart du monde. Les minutes, les gestes, les pensées devenaient pesants, quelques mots prononcés à voix haute rebondissaient comme des échos ou des ricochets sur l'eau dormante. Ils ne s'imprimaient nulle part, restaient suspendus en provoquant d'étranges remous. Parfois cet isolement semblait ne pas même exister, n'être qu'une création de principe. Se dire « Je suis seul » comme « Il fait beau » sans regarder dehors. Et d'un seul coup, idée lumineuse qui se cristallisait après avoir longtemps erré à la surface de la conscience, la solitude était là, troublante et absolue.

Dans la densité lisse de l'Univers, ma place semblait s'être effacée, aucune trace ne marquait plus les limites de mon existence ni les turbulences des pensées que d'autres, peut-être, avaient pour moi, ni le frémissement de l'air où je respirais. Les réalités matérielles de ma vie quotidienne semblaient gommées, uniformisées; je me sentais à l'envers des choses, de l'autre côté du miroir. Et pourtant, dans mon espace-temps à moi, je vivais, marchais, rêvais, respirais avec une intensité obsédante. Ce n'était ni agréable ni désagréable, cela *était*, simplement. J'étais une poussière, mais j'occupais tout l'espace de ma vie, loin du regard des autres, avec ma seule certitude d'exister.

Et puis une certaine habitude s'installa, les journées reprirent leur rythme familier et tranquille; je me contentais de faire le tour des collets et des pièges les plus proches, avec une température qui oscillait dans les écarts de saison entre moins 10 °C et moins 20 °C.

Le temps descendait vers la nouvelle lune et le mince croissant se levait de plus en plus bas sur l'horizon. Les nuits étaient d'encre et les journées paisibles et occupées.

Un nouveau quotidien s'était instauré, auquel je me soumettais comme à une règle monastique. Se lever le matin de bonne heure, faire repartir le poêle en préparant le café, déjeuner en feuilletant une revue ou un livre d'éthologie ; puis il fallait rentrer du bois, tirer de l'eau pour remplir les seaux que je portais à la salle de bains, balayer la salle principale et la galerie souvent couverte de neige. La période de clarté se passait en tournées diverses, où d'éventuelles prises me donnaient du travail pour la soirée avec, quand cela était nécessaire, un peu de lessive ou la confection d'un pain. Le reste du temps était studieux et bien équilibré entre lecture et écriture.

Une journée, je pris un nouveau castor dans un autre lac, nettement plus gros que celui du lac à l'Ours, je le sortis de l'eau et retendis le piège sans difficulté. Sur le chemin du lac du Huard, je pris une martre que le soir je plumai sans erreur. Un jour suivant, je trouvai un geai bleu prisonnier d'un piège, que le gel semblait avoir pris de surprise. Déplorant cette mort inutile, j'admirai la beauté du plumage, le naturel de la posture dans la mort, sans image de décomposition, car le froid arrêtait les vibrations de la vie mais en gardait les apparences.

Le rituel quotidien m'apaisait, la maison reluisait de propreté, les peaux étaient suspendues à sécher, le poêle ronronnait doucement. Le soir, parfois, juste avant de regagner mon lit, se glissait une inquiétude vague, une angoisse diffuse que je sentais rôder autour de la maison, me faisant craindre un incendie ou une agression extérieure. Mais les portes étaient bien cadenassées et le feu prisonnier de sa boîte de fonte. Très vite, la tranquillité revenait, les nuits étaient trop noires pour aller me promener, le temps trop lent pour réfléchir, et puis, pourquoi troubler cette quiétude raisonnable, ce calme mêlé d'un ennui latent...

Ainsi ce n'était que cela !...

Une nuit, je me réveillai transie ; le froid était subitement intense. Le vent faisait craquer la maison, pénétrait par tous les interstices en mugissant. Le poêle était presque éteint, quelques braises y rougeoyaient encore. J'ouvris en grand les prises d'air, enfournai des écorces de bouleau et des bûches bien sèches et refermai les portes. En un instant, l'écorce s'enflamma en un crépitement sec, s'embrasa en longues flammes rouges qui, léchant l'intérieur de la cheminée, incendièrent la multitude de scories accrochées aux tuyaux. La tôle vira à l'incarnat, toute la maison se mit à vibrer autour de la cheminée qui menaçait de fendre. Affolée, je courus au deuxième étage où des flammes sortaient déjà d'un trou d'aération dans le mur. La maison grondait comme une turbine, les planches craquaient dans la chaleur subite, l'édifice, tout entier de bois, allait s'enflammer d'un instant à l'autre. Anéantie, je remplissais des seaux d'eau, mais l'ouverture des portes de fonte risquait de créer un appel d'air supplémentaire. Je pensai soudain à fermer les bouches d'aération et attendis, en me tordant les mains, que le feu s'adoucît ou qu'il prît dans toute la maison.

Peu à peu, il sembla perdre de sa rage, les tuyaux prirent une couleur bordeaux puis gris sale, la cheminée n'eut plus que des hoquets tandis que des gouttes de suie coulaient le long du mur. Le feu reprit son aspect apprivoisé de cheminée de campagne, bienveillant et inoffensif. Encore tremblante d'avoir frôlé le pire par ma seule maladresse, je me rendormis longtemps après, l'oreille tendue vers les petits grésillements suspects, la gorge serrée.

Au matin, le vent était toujours là, gémissant aux angles de la maison, s'infiltrant par chaque coin de porte, chaque cadre de fenêtre. Je montai cependant au lac du Huard, pour secouer mes peurs nocturnes et dissiper mes pensées parisiennes dont j'avais presque honte tant elles étaient, dans ce cadre, incongrues.

Plongée dans des réflexions amères et obsédantes, je remarquai à peine que le vent prenait plus d'ampleur et commençait à se déchaîner même sous le couvert des arbres. Soudain, une claque formidable me tira de ma rêverie maussade, la bourrasque fit geindre les troncs et balaya la neige en tourbillons. Les branches et les troncs pliaient et s'entrechoquaient, des craquements secs me faisaient sursauter tandis qu'à quelques mètres de moi s'écrasait un arbre dans un fracas épouvantable.

— Fais bien attention si tu te fais prendre par une tempête en plein bois. Surveille les arbres morts qui peuvent tomber sur toi, m'avait dit Claude, et surtout essaie de rejoindre un lac le plus vite possible.

Trop obnubilée par moi-même, je n'avais rien

senti venir et me retrouvais en pleine tourmente sans en avoir perçu les prémices. Les flocons pris de folie m'aveuglaient et me glissaient dans le cou, les manches, les bottes. Je me sentis soudain très seule, très fragile devant le mauvais temps qui donnait sa mesure.

La maison était encore loin, il me restait deux lacs à traverser et quelques kilomètres de bois. Sur l'espace dégagé des étendues d'eau, je devais parfois marcher à reculons tant les bourrasques cinglantes me coupaient le souffle.

J'étais plus étonnée qu'apeurée de cette violence subite qui me secouait sans ménagement ; le vent, en rafales, se heurtait à moi comme à un bois mort et me dépassait. Toutes mes pensées de ces derniers jours semblaient s'agglutiner en un bloc solide qui m'écrasait d'évidences. Dans cette tempête, personne ne pouvait être ni ce qu'il se reprochait d'être ni ce qu'il était pour les autres. Il ne s'agissait plus de faire le point, de penser calmement aux destinées humaines, mais d'être, au sens le plus primaire du terme, comme un animal, avec un corps si frêle et un esprit, au bord de l'écœurement, trop souvent absorbé par ses complexités, dans des tâches futiles, dans des rêveries stériles pour sentir combien tout était absurde.

L'humain n'était-il pas toujours un peu déplacé, préoccupé de problèmes artificiels, d'une reconnaissance sociale insignifiante alors que, déjà, il était au creux d'un tourbillon qui le ballottait sans égards ? Les faux-semblants, les repères sociaux, toutes les justifications d'une existence éphémère giclaient devant moi en flocons déchaînés. Nous avions la présomption de croire que nos actes, notre valeur au sein de la société, nos biens matériels avaient un sens impérissable, comme la rose pour qui le jardinier est immortel. Quelle ridicule supercherie alors que la vie n'était rien d'autre qu'une respiration, une survivance biologique! Il n'y avait plus de réel que le froid, la neige, le vent, quelques traces anodines qui s'effaçaient, marques d'une vie multiple, terrée un instant mais qui bientôt reprendrait souffle au plein cœur du présent. Dans le bois et le silence qui couvait sous les sifflements de la bise, je n'étais rien qu'une poussière fragile et précaire.

A l'abri de la maison, je tentai de tenir loin de moi ce désenchantement, cette sensation douloureuse de m'affaisser en moi-même. A peine avais-je goûté au désir de vivre que tout semblait dénué de sens. Je cherchais à m'occuper, à détourner mon esprit de ce vide absurde par mille petits gestes du quotidien. Mais les livres me tombaient des mains, les peaux n'exigeaient aucun soin, ma miche de pain était à peine entamée. Les minutes s'écoulaient, interminables et froides.

Était-ce cela qu'il me fallait découvrir, le non-sens de toute chose, l'absurdité de n'être que de minuscules particules à traverser l'univers indifférent ? Le monde s'éclairait pour moi d'une lumière crue, dénuée d'ombres, tout était si dérisoire. Mais plus encore que la prise de conscience de ce néant, de ce que la vie avait de totalement arbitraire, m'indignait la pensée de n'abandonner mes fausses certitudes que pour les retrouver dans quelques mois au pied de mon lit, faussement vierges, négligemment mêlées

106

aux sons d'une radio, aux lignes d'un journal. Alors que plus que jamais le sens m'en échappait, devrais-je me plier à une vie factice, derrière des murs de bureau ou d'immeuble, des vitres de métro, sous l'absurde protection de ce que nous appelons civilisation ? Et pourtant qu'y avait-il d'autre au-delà de cette existence protégée des incertitudes que le vide, la perception brutale et pourtant saine que l'humain n'était que le rythme de sa respiration qui, un jour, s'éteindrait ? Mes éclairs de joie, les instants de grâce qui m'avaient bouleversée n'étaient que des moments de plénitude qu'un chien, qu'un écureuil pouvaient connaître, le ventre plein, les dangers momentanément écartés, parce qu'un rayon de soleil leur chauffait le pelage.

Claude était parti depuis une semaine, sans doute demain ou après-demain serait-il là pour écarter ces pensées amères. Mais j'avais touché du doigt une vérité blessante, difficile à oublier et qui rendait même la mort dérisoire. Né d'une explosion cosmique, l'homme était acheminé en dépit de lui-même vers le vide, comme des grains de sable roulés et polis par les vagues. Aucun dieu tutélaire et attentif ne nous observait, les religions n'étaient que les fruits de l'imagination humaine apeurée, incapable d'assumer sa propre vacuité.

L'existence était absurde, mais c'était presque rassurant, puisqu'il n'y avait rien à chercher, rien à découvrir. Il fallait apprendre à se résigner, à s'entourer de plus d'agréments possible, moraux autant que physiques, pour profiter au mieux de la seconde d'éternité qui nous était impartie.

Le lendemain, le froid et le vent m'avaient retiré un peu plus de confort. La pompe était définitivement gelée ainsi que les tuyaux d'évacuation d'eau et des toilettes. C'était presque agréable de m'occuper de choses urgentes, creuser un trou dans la glace, rentrer du bois qui, dans ces moments de grand froid, fondait à vue d'œil.

Le temps s'était dégagé et je repartis vers le lac à l'Ours pour retendre le piège. Au moment où je traversais la voie ferrée retentirent derrière moi plusieurs coups de klaxon. Les ouvriers de la compagnie ferroviaire se promenaient dans leur petit camion sur rails.

— Eh! salut. C'est toi la fille de Nakane?

Ils m'observaient avec une extrême curiosité, comme si j'eusse été un ermite reclus depuis plus de vingt ans.

— Oui, du moins je pense!

— Veux-tu qu'on t'emmène un bout?

— Non, merci. J'ai ma tournée à faire.

— Ah! tant pis... Ils semblaient déçus. Claude a laissé un message pour toi au village. Il ne remontera que dans une semaine.

— Bien, merci.

Je gardai pour moi ma déception et ma lassitude soudaine.

— T'es sûre que tu ne veux pas embarquer avec nous autres?

— Non, merci bien.

Et je coupai court à la conversation en reprenant ma marche. J'entendis la petite voiture s'éloigner, riant sous cape de l'étonnement peint sur leurs trois visages.

108

J'étais trop préoccupée de mes réflexions pour pouvoir échanger de banals propos avec des inconnus. La présence de Claude m'eût été douce, mais je sentais bien que ce que je ressentais était pour d'autres intraduisibles. Être seule était simplement d'être accompagnée de moi-même, et mon univers se peuplait davantage de la sensation de ma propre existence que d'un échange de phrases toutes faites. Déjà ils s'effaçaient de ma mémoire comme de nouveaux mirages de mon esprit agité.

La tempête reprit alors que je faisais demi-tour. Dans le bois, le sol avait des apparences de surface lunaire, bouleversé, troué, méconnaissable. Les arbres ne gémissaient même plus, comme lassés de ce vent qui, de nouveau, les fouettait en tous sens.

Arrivée à une courbe du sentier, un spectacle inattendu m'arracha un cri de surprise; au milieu d'un tourbillon de flocons se déployait une effervescence encore plus vive. Un lièvre, venant tout juste de se prendre au collet, tentait désespérément de s'enfuir. J'éteignis cette dernière lueur de vie dans un univers de neige déchaîné, comme en un geste propitiatoire. Je me sentais le seul point stable dans cet espace mouvant, cette révolte de la nature, si totale que j'eusse voulu m'y fondre, me répandre en mille particules dorées. Le ciel recouvrait la terre, ou peut-être était-ce la terre qui était montée si haut, si haut qu'elle avait étouffé le soleil. La lumière était opaque, chaude, étouffante. Je m'abandonnai à cette blancheur, marchant presque mécaniquement, si épuisée de cette oppression mentale que je lâchai prise, laissai mes pensées s'emplir de vide. Peut-être en montagne ou en mer aurais-je lâché la corde salutaire, non par désir de mort mais par « arrêt de l'arbitre », par conscience passive de la vanité des choses. Mais je n'avais qu'à mettre mes raquettes l'une devant l'autre, mue par le rythme même de ma respiration.

A peine avais-je rejoint la maison que le paysage entier se mit à bouillonner. L'air prit une teinte blafarde sous le vent qui couvrait le silence, ployait les arbres. Et puis soudain, caprice du ciel, un coin de soleil et de nuages apparut, tout l'horizon se teinta de rouge et de bleu, d'étranges ombres se mirent à danser, le lac devint irréel à force d'être éclairé trop crûment. Les arbres gémissant prenaient des teintes d'automne, ocre, vert et bleu, chaque détail se dessinait avec une acuité extraordinaire. On aurait dit l'aube d'un cataclysme, comme si toute la terre allait se jeter au-devant du ciel dans un grand frisson de colère. L'attente se fit palpable, un souffle puissant et aigre dessinait sur la neige des traînées roses et grises. Puis en un éclair tout s'obscurcit, la lueur se fit couteau chauffé à blanc, il n'y eut plus d'arbres ni d'île, tout disparut dans un suaire opaque.

Le nez collé à la fenêtre, je restais fascinée, émerveillée de ce déchaînement, oubliant tout ce qui n'était pas vent et neige, suspendue dans un univers trop large.

Alors, du fond de ma solitude et de ma détresse, jaillit une extraordinaire et lumineuse extase. En une fraction de seconde, l'euphorie m'envahit, me bouleversa, baigna mon visage de larmes. Et un immense rire éclata en moi, celui des matelots criant *Terre!* après de longues semaines passées en mer. Ce que je cherchais, obscurément, désespérément, depuis si longtemps, était là, si proche, comment pouvions-nous l'ignorer ? Il avait fallu la sensation d'anéantissement, ce goût amer du rien, ne plus exister que par soi-même, ne plus avoir d'existence sociale, de regards extérieurs pour certifier que vous *êtes*, petite poussière ne laissant aucune trace durable dans l'homogénéité du bois, pour découvrir que la Grâce était au moment présent en plein cœur de moi-même. Je voulais changer le monde, je désespérais de cette humanité à genoux dont j'attendais cependant le bonheur. Cadenassée en moi-même, je rêvais de découvrir une terre promise, un paradis perdu, un Eldorado où, enfin, j'aurais pu vivre. Mais alors je me détournais de moi. Je répandais aux quatre vents, en vains efforts, toute l'énergie qui aurait été nécessaire à me faire naître.

En un instant, tout m'était devenu clair; mon passé se dissolvait, le futur n'était plus, il n'y avait qu'un présent où j'étais neige et vent, étonnamment vivante, en une harmonie indicible avec ce qui m'entourait.

Puis lentement je repris mes contours, je sentis mes mains moites, la froideur de la vitre où je m'étais appuyée, je vis que le vent s'apaisait et que montait l'obscurité de la nuit.

Mais la brûlure ne disparut pas, elle se replia en moi pour s'établir en paisible évidence. Je ne cherchais pas à la nommer, cette lumière qui du fond de moi avait fusé pour me fondre dans la tempête, le vent, la prodigieuse énergie de l'univers. Cette puissance radieuse m'englobait mais me dépassait, faisait partie de moi mais m'incluait dans une harmonie plus vaste dont je ne pouvais percevoir les frontières.

Dieu, Amour, Humanité, Étincelle de vie, qu'importe... Cette lumière écrasait la peur, le doute et la désespérance. Elle ne pouvait s'éteindre, disparaître, malgré notre désir trop humain de tout saisir, de vouloir comprendre par la froide analyse. Mon plus incessant devoir était de la laisser grandir et casser mes habitudes, bouleverser mes certitudes, pour me rendre plus transparente, plus digne.

La nuit était tombée, les dernières rafales de vent avaient lavé le ciel et je sortis sous le firmament. Le regard montait, montait, se perdait dans les milliards d'étoiles scintillantes, où certainement d'autres êtres pensants devaient essayer de comprendre, de survivre.

« *Quand tu regarderas le ciel, la nuit, puisque j'habiterai dans l'une d'elles, puisque je rirai dans l'une d'elles, alors ce sera pour toi comme si riaient toutes les étoiles.* » (Saint-Exupéry.)

Ma religion, la source de ma vie spirituelle, était ici neige et glace, fatigue et émotion devant la bête prise au piège, devant l'oiseau qui s'arrêtait et me regardait d'un œil rond rempli d'étonnement. Elle était la peau de castor qui séchait sur le mur, le feu qui ronronnait doucement dans le poêle, faussement apprivoisé, et tous ceux auxquels je pensais avec tendresse. C'était le cœur du présent, la dignité de l'instant où chaque geste prend l'aspect d'une prière.

Je commençai à lutter contre mes peurs, réflexes crispés pour se protéger de la vie, pour couver mes propres insuffisances. Me lancer en plein bois plongé dans la noirceur, avec les bruits inquiétants, l'obscurité noyant les formes et les contours, était encore au-dessus de mes forces, mais je m'obligeai à marcher lentement autour de la maison. Chaque jour, j'apprendrai à m'éloigner un peu plus des lumières. Ce soir-là, je ne barricadai pas ma porte avant d'aller me coucher, détails insignifiants mais qui me préparaient à accepter l'Inconnu.

Le lendemain, mon rituel du matin fut empreint de sérénité. Il me semblait devoir être attentive à chaque geste, verser l'eau bouillante sur le café, couper une tranche de pain, manger en savourant chaque bouchée, pour laisser mon esprit paisible comme l'eau, ne pas troubler par une agitation cérébrale l'éclat de mon émotion de la veille. Ne rien changer à l'écoulement du jour, mais le vivre avec plus d'intensité.

Je montai au lac du Huard déneiger les collets et les pièges ; le vent était totalement tombé, le ciel avait retrouvé sa belle couleur outremer, mais la tempête avait laissé ses empreintes. La neige collante et mouillée s'affaissait par plaques et alourdissait les raquettes ; par moments, de longs frissons parcouraient la forêt parsemée de branches brisées, d'arbres couchés au travers de la trail. Et pourtant la vie du bois s'était ranimée, mille petites pattes avaient repris leurs courses, oublieuses des jours tourmentés à rester cachées à l'abri d'une souche ou d'un terrier. Je repérais les emplacements par la force de l'habitude, sous l'épaisse couverture de neige compacte. La tournée fut longue et fatigante, et je retrouvai la maison avec satisfaction.

Là, les membres détendus et pesants de fatigue, je laissai mes pensées reprendre leur vol tandis que lentement le jour s'obscurcissait, envahissant la pièce d'une ombre protectrice et qu'à l'horizon apparaissait, scintillant et délicat, le dernier quartier de lune.

Je pensais à Claude dont l'arrivée prochaine me réjouissait, mais sans hâte inquiète, avec une émotion calme. Ce qui nous rapprochait me devenait plus clair et j'y voyais désormais non plus le risque de perdre ma personnalité au profit de l'harmonie du couple, mais la chance de poursuivre ensemble la même recherche. Une partie de moi, la plus intense, avait commencé à vivre, et j'éprouvais une grande joie de pouvoir la partager avec quelqu'un qui m'était cher. Qu'il eût déjà ressenti ce que je venais de découvrir me semblait évident, et je lui savais gré de l'avoir gardé secret, pour me laisser seule m'en pénétrer. Que le sentiment qui nous liait fût de l'amour, que le futur nous réservât ou non des aventures communes était moins important pour moi que le fait de savoir que son existence m'émouvait, au sens premier du terme, m'aidait à avancer.

Car je ne doutais pas que les jours prochains connaîtraient de nouvelles inquiétudes, de nouveaux doutes. Je n'avais pas trouvé le bonheur, une terre définitive où me coucher pour dormir, mais une force pour aller de l'avant, pour apprendre aux travers des obstacles à vivre plus proche, plus digne de la Grâce que je portais en moi. Je n'étais pas cuirassée contre la peur ou le découragement, je devinais que je devrais même m'y exposer. Je pressentais des combats plus rudes que ceux que j'avais connus jusque-là, des heures amères qui, toujours, me pousseraient de l'avant. Ces douleurs, il me faudrait apprendre à les aimer, comme les contractions d'un accouchement. Je pensais à tous ceux qui se débattaient dans l'angoisse de vivre, et je m'avouais que c'était une chance de ne connaître ni confortable ennui, ni acceptation résignée de ma misère morale. La douleur nous poussait un jour à briser ce qui nous tenait à genoux, une force obscure nous entraînait vers la lumière que nous gardons enfouie en nous. Des phrases lues ces derniers jours me revenaient avec force en mémoire comme des messages prémonitoires : « *On n'est pas grand dans la satisfaction de soi-même. L'homme qui voudrait penser purement avait d'abord à être... Mais hélas! comment faire aujourd'hui pour démêler en soi ce qui est nécessité et ce qui est contingence, ce qu'on a hérité tel quel et ce qu'on s'est acquis à soi-même, ce qui en nous exprime vraiment l'être et ce qui n'exprime que l'être social ?... On ne pense pas d'occasion.* (C.F. Ramuz.)

Parce qu'il poursuivait la même quête, par ce que je sentais en lui d'inflexible, la présence de Claude à mes côtés, dans mes pensées écartait de moi mes propres complaisances. Notre relation me semblait fondée sur le partage d'une même recherche, et, si elle m'apportait une profonde joie du cœur, elle devenait aussi un peu le témoin de mon évolution. Ainsi ma tendresse, libérée des craintes d'être à nouveau prise au piège, pouvait s'épanouir librement.

Les tâches quotidiennes rythmaient ces journées de réflexion profonde. Chaque matin, il fallait rouvrir le trou dans la glace où je puisais mon eau, mesurer les bûches à brûler pour, d'après la température, n'en consommer que le strict nécessaire, tenir une bouilloire pleine sur le poêle pour ne jamais manquer d'eau chaude. Les tournées me devenaient familières mais jamais monotones, car chaque jour quelque chose y avait changé. Là, un collet avait été déplacé, plus loin se promenait un renard qui, plus matinal que moi, risquait de s'emparer de mon gibier ; à tel endroit, les traces de martres se faisaient plus rares, aussi était-il plus prudent de déplacer les pièges pour quelque temps. Les mésanges se montraient en plus grand nombre, attirées par les morceaux de gras de castor. Tant de choses à apprendre, tant de mystérieux signes à déchiffrer, tant d'émotions simples à ressentir... J'en perdais presque le goût de lire, d'écrire, pour ne pas me soustraire à cette force de vivre.

J'aimais plus particulièrement le début et la fin du jour.

En hiver, surtout en décembre et en janvier, le matin est paresseux. Même si nous gardions l'heure d'été pour profiter davantage des moments de clarté, je me levais aux petites heures du jour. Ces instants du matin étaient empreints d'une totale liberté, ouverts à toutes les aventures, sans contraintes. Le temps de sentir la maison se réchauffer, de déjeuner tranquillement en regardant le lac, et la lumière avait affirmé l'humeur de la journée.

Et la mienne s'y adaptait. Faisait-il beau ? Les arbres se tenaient bien droits vers le ciel, leurs longues ombres zébrant la surface du lac, le ciel était limpide, d'un bleu pâle qui deviendrait plus soutenu avec l'éclat du soleil. Il faisait froid mais un froid sec qui piquait les joues, pinçait chaque coin de peau mise à nu. Les jambes me fourmillaient, la maison semblait trop étroite, trop sombre, j'avais hâte de sortir malgré le froid, d'entendre mes raquettes crisser, les yeux éblouis par la réverbération, pour le plaisir des couleurs, de sentir mon corps se réchauffer dans la marche, pour deviner l'approche d'un lac aux longs rayons qui perçaient le rideau des arbres.

Si le temps était à la neige, le ciel obscurci de gros flocons qui descendaient mollement, la température plus clémente mais humide, rien ne pressait pour sortir. C'était la journée du pain, qui se réchauffait entre les mains durant le pétrissage, gonflait comme un ballon bien à l'abri des torchons à la chaleur du poêle, puis durant la cuisson parfumait la maison d'un arôme inimitable. Une journée paresseuse à lire, rêver, s'occuper des menus travaux de la maison. Dans l'après-midi, j'allais marcher dans la neige fraîche, au milieu des arbres tout emmitouflés de blanc, comme brossés à larges traits, découpés par un épais pinceau. Les pas restaient silencieux, la vie étouffée sous la molle blancheur, et au milieu du désert blanc s'inscrivait la solitude de mes traces.

Et si le ciel était maussade, plus gris que blanc, uniformément couvert de nuages, les arbres semblaient respirer sans hâte, et les animaux vaquaient à leurs petites occupations ordinaires. Ni grandes marches épuisantes, ni heures paresseuses, le nez collé à la vitre à regarder le lac s'enrober de blanc. C'était une journée raisonnable, avec pour le matin et l'après-midi le modeste tour des collets et pièges les plus proches.

Après deux ou trois jours de beau temps, j'espérais la neige pour souffler un peu, économiser le bois, préparer mes fourrures. Mais si le temps restait à la neige quelques jours, la maison devenait une cage dont je m'échappais, alors que je devinais les pièges vides, les collets en vain débarrassés de leur couverture de neige.

Chaque fin d'après-midi, quand mes courses ne m'avaient pas entraînée trop loin, me retrouvait blottie dans un fauteuil à regarder la lumière s'obscurcir et disparaître. Parfois un magnifique coucher de soleil striant le lac de rouge et de jaune, parfois le simple amenuisement de la clarté, progressif et imperceptible, jusqu'à la complète noirceur. Lentement les arbres perdaient leurs contours, se mêlaient en une masse opaque, l'île devenait sombre jusqu'à s'évanouir dans le lac et, si le temps s'était dégagé, les étoiles dans le ciel apparaissaient une à une. Chaque jour, je retardais le moment d'allumer la lampe qui me ranimait à la pensée objective et consciente, aux actes humains pratiques, remettre du bois dans le poêle, préparer le repas. Ces heures secrètes laissaient mes pensées s'étendre, se déployer comme dans les rêves, sans danger d'en perdre la maîtrise, car la nuit, appelant la clarté de la lampe, ramenait aux réalités terrestres.

L'alternance du jour et de la nuit, les variations atmosphériques, le rituel quotidien créaient une ligne de repères, une barrière me protégeant de l'exaltation. Les menues tâches pratiques, les obligations humbles de la vie au jour le jour me maintenaient dans la réalité du présent, et mes pensées en gardaient un caractère très concret.

Mais le retour de Claude approchait et, déjà, l'attente, impatiente et joyeuse, mettait fin à cette sérénité. A pouvoir choisir, peut-être aurais-je prolongé ces quinze jours de solitude pour mieux ressentir ces émotions nouvelles mais l'idée même de sa venue y mettait un terme. Pour ressentir pleinement l'ivresse d'être seul, il faut bannir l'inquiétude ou l'espérance du futur, il faut être sans désir.

Le compte à rebours faisait entendre à nouveau son cliquetis obsédant; émue et un peu nostalgique, je savourais cette dernière soirée à laisser monter la nuit qui nous réunirait.

5

Ainsi donc, nous figurer que nous entrerons au ciel sans entrer en nous-même pour nous connaître, pour découvrir notre misère et les bienfaits de Dieu, (...) c'est une folie.

Thérèse d'Avila

Au milieu de la nuit, le train de nouveau s'arrêta. Cette fois-ci, ce fut moi qui vins à sa rencontre, qui le précédai dans la maison où le poêle répandait une douce chaleur. De simples amoureux, nous nous retrouvions complices, partageant un même secret qui se bousculait en un torrent de mots sur mes lèvres et brillait en une lueur chaude et caressante dans son regard. Si quelques heures avant son arrivée une question, dérangeante comme le bruit d'un moustique au seuil du sommeil, m'avait troublée : « Comprendrait-il, partagerait-il », je riais maintenant de ces inquiétudes devant l'évidente et lumineuse communion qui nous réunissait. C'était doux et exaltant de me livrer à cet amour comme une fleur s'offrant à la rosée matinale et de sentir que ce qui, en moi, vibrait le plus dans cette tendresse était mon devenir, la pousse vigoureuse qui venait d'éclore et plongeait en moi ses racines. Il n'y avait plus ni mots ni gestes, ni attente, mais une émotion dense et profonde comme au-dehors la nuit scintillante d'étoiles glissant vers l'aurore.

Mais le lendemain les réalités quotidiennes nous ramenèrent à des préoccupations plus terrestres. Après le déjeuner, Claude s'employa à dégeler la pompe et les écoulements à force de chalumeau, de chaufferette descendue dans le puits et d'eau chaude. En fin d'après-midi la pompe reprenait vie, mais les tuyaux d'évacuation restaient pris dans la glace et il fallut installer une autre toilette à l'étage branchée sur une deuxième canalisation.

C'était une journée de beau temps perdue, mais au moins retrouvions-nous un minimum de confort. La tempête, plus que le froid, avait été la cause de ce gel en soufflant la couche de neige isolante et protectrice qui couvrait la base de la maison. Ainsi, à l'exemple des animaux qui creusent un abri sous la neige pour se protéger du froid, nous prîmes le temps de pelleter un remblai de neige tout autour de la maison pour lui garder les pieds au chaud.

Dès les premiers jours, j'éprouvais une grande joie mais troublée de mélancolie à m'adapter à un nouveau rythme, aux moments partagés, aux longues conversations. Si la vie quotidienne devenait moins exigeante, l'intensité s'en trouvait déplacée. De nouveau, je pouvais profiter des moments douillets du matin quand, bien au chaud dans mon lit, j'entendais Claude réactiver le poêle et préparer le déjeuner.

L'activité des journées se décidait à deux et, si nous parcourions bien des tournées ensemble, nous nous réservions le plaisir de partir de temps à autre chacun de notre côté. Les repas redevenaient une fête, dont la préparation prenait du temps mais dont le partage était joyeux ; plaisir de se mettre à table devant de belles assiettes, de prendre un verre en discutant passionnément de métaphysique, d'allonger les jambes sous la table avec le sentiment d'un juste rassasiement. Joie d'annoncer à l'autre la bonne nouvelle d'une prise, de lui raconter certains détails de la tournée, la couleur d'un arbre au détour du chemin, un oiseau aperçu, l'histoire d'une poursuite déchiffrée sur la neige. Gaieté de chahuter, de défouler un trop-plein d'énergie en bataillant pour rire, de redécouvrir les taquineries et une allégresse enfantine. Je passais de la gravité austère à un enjouement presque frivole, et c'était une brise fraîche sur un front en sueur. C'était l'heure de la récréation et je m'y abandonnais sans remords.

Bien sûr, nous parlions beaucoup de ce qui m'était apparu de façon frappante durant mes semaines solitaires, mais dans nos conversations cela devenait familier, naturel. Ainsi, il nous semble aujourd'hui évident que la terre est ronde, en rotation autour du soleil, que nul ne peut arriver au bout du plateau du monde, alors que cette figuration était pour nos ancêtres insolite, bouleversante pour leurs systèmes de pensée, leurs croyances, la place qu'ils s'étaient attribuée au sein de l'Univers. De même, j'étais passée très vite d'un étonnement profond à l'acceptation calme d'une évidence. Aussi certainement que le soleil que je regardais descendre à l'horizon allait renaître le lendemain à l'autre extrémité du ciel, je vivrais désormais avec cette lumière au fond de moi et l'obligation consciente d'en être digne.

Mais si, en un instant éminemment troublant, cette Grâce m'était apparue dans toute sa splendeur, au fil des jours, elle était devenue vacillante, fragile et irrégulière. J'en étais un peu troublée et je blâmais la faiblesse de mon authenticité, l'inconstance de ma discipline personnelle. Cependant, si maintenir cette concentration et demeurer vigilant était exaltant, c'était aussi impossible que de fixer le soleil sans ciller. Mon impatience s'énervait de cette pause, de l'insouciance avec laquelle je me laissais vivre sans trop réfléchir. Mais sans doute cela me permettait de tirer les conséquences conscientes de ce bouleversement et de reprendre mon souffle comme après une longue course. Aussi me laissais-je guider par le rythme des jours, m'imprégnant de l'harmonie qui m'entourait, et me livrais avec une joie enfantine aux projets d'avenir que Claude et moi élaborions.

Si, sans nous l'avouer de façon claire, nous envisagions l'un comme l'autre de poursuivre un chemin commun, nous n'étions pas prêts, par expérience, sagesse ou crainte, à nous établir ensemble en sacrifiant ce qui semblait essentiel à l'un ou à l'autre. L'idéal eût été de nous installer définitivement à Nakane ou ailleurs dans le bois, pour y poursuivre une vie proche de la nature. Mais en l'absence de ressources financières extérieures, c'était impossible. La vente des fourrures, la pêche et la chasse ne pouvaient suffire à couvrir nos besoins en vêtements, nourriture, frais de propane et les incontournables impôts. Pourtant, il n'y avait pas si longtemps, des familles entières, isolées ou regroupées en village comme à Nakane, subsistaient avec un coin de bois, un coin de terre défrichée à grand-peine. En plus des maigres produits de leur culture, elles vivaient de coupes de bois, de trappage et d'élevage. Personne ne mourait de faim, les enfants, fréquemment plus d'une dizaine, étaient vêtus chaudement, si ce n'était élégamment, et, quand les chemins n'étaient pas trop mauvais, chacun revêtait ses plus beaux habits pour rejoindre le dimanche l'église la plus proche.

Nous connaissions trop le milieu du bois pour rêver d'un « bon vieux temps » idyllique et nous n'ignorions pas qu'en ces temps d'autonomie forcée la vie était rude. Les hommes travaillaient dur, partaient bûcher pour de longues périodes, sans machinerie, avec les chevaux qui sortaient le bois et aidaient à défricher. La *boucane* [1] pour se protéger des mouches, les immenses dortoirs sans confort des camps de bûcherons et, avant l'arrivée des réfrigérateurs, une alimentation basée sur les *beans* [2], le pain, le gros lard et les patates. Pour les femmes, il fallait savoir tout faire, nourrir d'énormes tables affamées avec peu de moyens et beaucoup d'ingéniosité, coudre et rapiécer, charrier l'eau et le bois, laver tout le linge à la main, même l'hiver. Les plus faibles, les natures délicates n'y résistaient pas et, dans ce milieu exigeant et impitoyable, périssaient d'ennui ou d'épuisement.

Mais nombreux étaient logés à la même enseigne, l'entraide était vive, les désirs à la hauteur des ressources. Même si nous avions limité nos besoins et

---

1. Boucane : fumée épaisse.
2. Beans : haricots secs, généralement cuisinés au lard.

accepté un confort réduit au strict minimum, il nous était aujourd'hui impossible de vivre dans une telle autarcie. En suppléant aux dangers de l'insécurité, en remplaçant la solidarité communautaire, l'État a aussi alourdi les charges et créé des structures qui encadrent étroitement l'individu. Les bûcherons sont équipés de lourdes machines performantes mais coûteuses, le prix des fourrures a chuté vertigineusement du fait de l'élevage, de la création de fibres synthétiques et des campagnes écologiques, la chasse et la pêche sont très réglementées. Nous étions loin de l'époque où une peau de lynx rapportait plusieurs centaines de dollars alors qu'un sac de farine coûtait à peine quelques sous, et où on troquait une fesse d'orignal contre un gros sac de sucre. Ce qui permettait à des familles d'autrefois de vivre dignement les laissait aujourd'hui bien en dessous du seuil de pauvreté.

Cette voie-là, simple et évidente, nous était donc fermée.

Alors restait l'Aventure, l'évasion de quelques mois gagnés sur la grisaille. Nous commencions à parler du Yukon, terre qui nous fascinait également tous les deux par ce qu'elle renfermait, en plus marqué, ce qui nourrissait notre recherche à Nakane. Là-bas, les paysages étaient d'une beauté encore plus austère, les conditions de vie plus difficiles, la solitude plus complète.

En nous vibrait cette aspiration à l'Inconnu, cette soif de terres nouvelles et libres, qui, quelques années auparavant, nous auraient lancés à la conquête de l'Ouest, vers des contrées vierges.

Mais le monde ne recelait plus beaucoup de secrets

inviolés, plus beaucoup d'espace où il n'y eût pas, au détour d'un sentier, une pancarte vantant Coca-Cola. Peut-être, aussi, n'étais-je pas prête à me lancer dans une aventure irréversible sans avoir programmé de retour. Les temps avaient changé, l'habitude du confort, de la sécurité, de tout ce qui me protégeait de la faim, de l'extrême pauvreté, de l'imminence de la mort me fragilisait, me retenait plus fortement que la peur de l'incertain qu'avaient affrontée les aventuriers des siècles précédents. Étaient-ils plus courageux, plus déterminés, plus prompts à partir à l'aventure, ou le sacrifice du départ était-il moins douloureux, les chaînes de la sécurité moins lourdes ? Ces chaînes, je me sentais trop faible encore pour les arracher d'un coup sec, et ne pouvais envisager pour le moment que de les limer progressivement, maillon après maillon. Aussi, le projet d'une expédition de quelques mois au Yukon me convenait-il, rendait mon retour à Paris plus supportable, la fin de mon expérience nakanienne moins douloureuse et me laissait du temps pour assimiler ce que ces dernières semaines m'avaient apporté.

Pour une telle aventure, il fallait de l'argent, beaucoup d'argent. Mais, ainsi vu de loin, supporter quelques mois en France où il me serait plus facile de gagner les fonds nécessaires était acceptable, pour retrouver en plus intense et sur une longue période Claude et le bois.

Ce qui se passerait à la fin de l'expédition, nous laissions cela à l'avenir. La découverte de la lumière intérieure m'avait appris que la vie était riche en hasards propices et inattendus, que le temps faciliterait des choix d'abord jugés insurmontables. La recherche de l'authenticité, de la vérité consistait sans doute à s'ouvrir à l'imprévu avec confiance, à savoir passer les rênes à une logique supérieure qui nous dépassait.

Nos retrouvailles furent interrompues par l'arrivée d'une amie de Québec, qui ressentait le besoin de venir passer de temps à autre quelques jours dans le bois pour reprendre contact avec ses émotions profondes et ses racines héritées, disait-elle en riant, d'une aïeule indienne. Cette attitude était loin d'être la plus courante dans un pays où la fascination qu'éprouvaient les Européens pour la forêt sauvage amusait mais agaçait souvent. Effet d'habitude, refus d'être à jamais considérés comme des aventuriers, fiers et courageux mais un peu rustres, désir de faire valoir des qualités plus intellectuelles, les Québécois ne voyaient souvent, dans ce milieu qui pour moi était mystère, énergie profonde et liberté, qu'un synonyme d'inconfort, de mouches, de froid, d'emprisonnement dans l'ennui et la monotonie.

— Mais franchement, qu'est-ce qui vous attire tellement, vous autres, dans le Bois ? m'avait-on souvent demandé sur un ton un peu moqueur.

— L'Espace... répondais-je toujours.

L'espace géographique mais aussi l'espace pour réfléchir, pour s'écouter vivre.

Notre amie Danielle comprenait mon enthousiasme, ma joie passionnée de vivre cette expérience riche et originale, mais ne pouvait croire que cela pût constituer l'amorce d'un virage irréversible. Elle y voyait, pour elle comme pour moi, des vacances formidables et m'exhortait à la prudence. Mais en moi un esprit malin faisait la sourde oreille.

Sa bonne humeur, sa gaieté communicative rendaient l'ambiance de notre trio très agréable. Au gré des conditions climatiques, nous poursuivions ensemble nos tournées et, chaque jour, j'approfondissais mes connaissances.

Au lac à l'Ours, il fallut changer le piège de place, pour le placer de l'autre côté de la cabane où la glace était plus mince. Une nouvelle fois, je n'avais pu sortir le piège, vide cette fois-ci, et étais revenue à la maison, épuisée, trempée et furieuse contre moi.

Un jour, nous nous attaquâmes à l'énorme tas de lièvres que nous avions accumulés au fil des jours et que nous laissions congeler au-dehors. La peau s'enlevait comme un gant, mais le poil s'envolait partout, et le cuir était si mince qu'il était étonnant que les lièvres ne fussent pas lacérés par toutes les branches pointues à travers bois. Coupée en spirale, tressée puis cousue, la fourrure constituait cependant une étoffe solide dont les Indiens se servaient pour les couvertures, les habits, les couches... A cette seule idée, le nez nous chatouillait, tant il était déjà difficile de se débarrasser de ces « maudits » poils qui collaient à la viande et aux mains.

Notre amie semblait très impressionnée par le gros castor que j'avais pris durant ma période solitaire et que nous avions laissé geler. Comme nous, elle en avait aperçu l'été, à l'eau, mais pour la première fois elle pouvait l'examiner en tous sens.

En effet, le castor au physique débonnaire est remarquablement adapté à son milieu, notamment aquatique. Ses formes arrondies et pleines, ses pattes arrière palmées en font un nageur émérite. Capable de plonger en apnée durant une quinzaine de minutes, il peut refermer ses lèvres très élastiques en arrière des dents et poursuivre sous l'eau, sans difficulté, ses menus travaux. Il est l'animal de base pour le trappeur, tant pour sa chair délicieuse que pour ses glandes odoriférantes et la solidité de son cuir. Ses barrages peuvent servir de modèle aux meilleurs ingénieurs et l'aménagement qu'il fait de certains cours d'eau permet le développement de tout un écosystème faunique, où il joue le rôle d'un bâtisseur pacifique.

J'avais hâte, maintenant que ses caractéristiques physiques m'étaient plus familières, de l'observer l'été, construisant sa cabane, ou bien assis, rongeant un gros arbre qui s'écroulerait dans un grand craquement.

Imaginer nos maisons construites en pain rassis était une transposition à peine exagérée de la réalité quotidienne du castor qui n'utilise pour sa cabane que de vieux bois déjà rongés ou trop secs pour être appétissants. Pour la même raison, les piquets fixant nos pièges devaient être en bois d'épinette ou de feuillu écorcé, tandis qu'une branche de bois vert pouvait servir d'appât.

Le castor, dans son comportement et sa vie sociale, représente un exemple extraordinaire d'adaptation aux contraintes extérieures, pouvant aller jusqu'à la stérilité pour les femelles quand la nourriture devient trop rare, et j'y voyais un modèle de clairvoyance pouvant inspirer nos sociétés actuelles.

Mais la persévérance des castors, l'entrain et la rapidité avec lesquels ils établissent leurs colonies posent malheureusement le problème de la coexistence de l'humain dans un milieu sauvage. Les castors ont-ils choisi un emplacement idéal, riche en écorces nourrissantes, assez plat et traversé d'un cours d'eau ? Le chantier est vite ouvert, les troncs sont traînés jusqu'au lieu d'édification du barrage, colmatés avec de grosses pierres et de la boue qu'ils transportent sur le ventre. Rapidement, le niveau d'eau s'élève, suffisamment pour ériger leur cabane et faciliter leurs déplacements mais inonde, accessoirement, macadam et voie ferrée à proximité. Faire une brèche dans le barrage ne peut suffire à décourager les castors qui n'ont parfois besoin que d'une seule nuit pour réparer les dégâts. D'autres méthodes comme la protection du cours d'eau par un agencement de tuyaux et de grillages ou le dynamitage du barrage au début de l'été finissent par avoir raison de leur obstination, mais, dans ce combat inévitable et inégal, les mesures sont souvent plus draconiennes. Exterminer un colonie en piégeant toutes les sorties d'une cabane, faire sauter la *dam* [1] juste avant l'hiver restent des techniques souvent employées par les compagnies ferroviaires et le génie civil. Dans cette manière expéditive, et certes efficace, de préserver un équilibre naturel où l'homme se réserve une place grandissante, je reconnaissais, avec dégoût la difficulté humaine à gérer l'harmonie.

Pour nous, notre bon gros castor était une véritable manne, dont nous ne laissions rien perdre, à l'exception de la graisse à l'odeur entêtante, remarquable, disait-on, pour le cuir chevelu, et de la queue remplie de gélatine dont les livres de trappe assuraient, sans que l'auteur s'y fût risqué, la haute valeur culinaire.

---

1. Dam : barrage.

Cette joyeuse animation, les journées occupées et les soirées à jouer aux cartes ou aux dominos ne me faisaient cependant pas oublier mon besoin pressant de moments solitaires. Çà et là, je volais quelques instants pour retrouver une douce quiétude, la conscience de ma propre existence. Prise dans le brouhaha de la convivialité, distraite par le plaisir de l'affection partagée, il me semblait alors ne plus m'appartenir et céder à la paresse de ne plus réfléchir. Et pourtant, tandis que je m'éloignais pour quelques heures, je retrouvais avec force la saveur de l'amitié, la pleine mesure de mon affection pour Claude, la force de la vie quotidienne, comme si de les contempler d'un peu plus loin me permettait de les saisir avec plus de netteté.

De Paris, des lettres m'étaient parvenues par l'intermédiaire de Danielle. Pour la plupart, elles me semblaient écrites en un étrange dialecte qui, sans m'être totalement inconnu, avait perdu de ses accents familiers. Je m'effrayais parfois de l'impression de devenir terriblement égoïste, mais peut-être n'était-ce qu'un besoin vital de silence pour entendre l'énergie gronder en moi. Cette rumeur profonde était pour moi si nouvelle qu'elle monopolisait toute ma concentration. Et puis le temps passait vite, si vite que bientôt sonnerait l'heure du départ.

Danielle repartit pour la ville et peu après je décidai d'accompagner Claude dans son voyage de ravitaillement à Kubi.

Depuis quelques jours, le temps était couvert et chaud, la neige commençait à fondre. Passé les limites de notre territoire, il me semblait partir à la découverte. La marche était facile et, en fin d'après-midi, nous arrivions au *dépanneur*[1] de Kubi.

Appeler dépanneur les quelques étagères garnies de boîtes de conserve poussiéreuses était peut-être beaucoup dire, à moins de désigner par ce terme un gros réfrigérateur rempli à ras bord de bières. Par chance, Tilouis était là et il nous accueillit à bras ouverts. Surnommé « Petit », il était plutôt large, un visage rond et plat, des cheveux mi-longs retenus sur le front par un bandeau indien. Les visites par ces temps d'hiver étaient plutôt rares et il semblait enchanté de nous voir.

— La petite fille qui reste à Nakane... Ah ben! Ah ben! Chris de belle fille...! s'exclamait-il en m'examinant de tous côtés. *Ils* m'avaient dit ça qu'il y avait une fille à Nakane. Ah ben!

Très gentiment, il nous prépara à dîner (œufs, toasts et petits gâteaux), en racontant les faits « d'hiver » du coin. Je comprenais par bribes au travers des *sacres*[2] et, quand il s'adressait à moi, je devais me faire traduire par Claude tant son accent était prononcé.

Il avait toujours vécu là, depuis plus de cinquante ans, à proximité de ses deux frères dont l'un venait de mourir et l'autre était fâché pour des raisons obscures. Depuis son petit magasin, il savait tout, les difficultés de la compagnie forestière, les allées et venues de tel ou tel, l'arrivée imminente des gardes-chasses, le loup enragé qui rôdait autour du village. Son épicerie était le confessionnal où la bière déliait les

---

1. Dépanneur : épicerie, épicier.
2. Sacres : jurons. Au Québec, les jurons sont toujours d'inspiration religieuse.

langues et absolvait les péchés, mais l'entraînait parfois aussi dans les soûleries dont il ne se relevait, hagard, que plusieurs jours après. Il est vrai que la solitude devait être grande, emprisonné dans son dépanneur avec, tout autour, un village qui mourait. Descendre en ville, il ne l'envisageait même pas. Il y avait fait déjà quelques excursions pour rendre visite à une de ses sœurs, mais le seul fait d'imaginer la foule pressée d'un supermarché le laissait ahuri et angoissé.

— Ils sont fous, ils sont fous! répétait-il, les yeux écarquillés en hochant la tête.

Pour lui s'étendaient, autour de Kubi, des contrées dangereuses et inconnues de bois sauvages et de villes surpeuplées. Quand le silence devenait trop lourd, la vie trop monotone, il s'enfermait avec ses chiens pour se perdre dans l'alcool jusqu'à reprendre pied ou ce qu'un voisin charitable forçât sa porte. Et pourtant la vie était belle autrefois, le village plein de mouvement, d'Indiens et de bûcherons.

— Y avait du monde icitte, ouais môssieur, assurait-il, les yeux dans le vague.

C'était la belle époque du bûchage au rythme traditionnel, quand Nakane aussi était un village prospère, avec le train qui s'arrêtait tous les jours et l'école des petites classes. Mais partout les machines avaient remplacé les hommes et l'alcool avait rendu les Indiens sans force, sans artisanat, sans espoir. A Kubi ne restaient que quelques maisons isolées, le plus souvent vides, le bruit des énormes bulldozers et un désert que la neige couvrait de son linceul.

Nous lui avions apporté un livre qui décrivait la vie d'autrefois dans les réserves indiennes voisines. Il le feuilletait avec frénésie, poussant des exclamations de joie, sacrant plus que jamais à l'évocation de tel Indien, maître en fabrication de canots en écorce de bouleau, du curé parcourant des milles et des milles en raquettes pour aller porter la bonne parole aux endroits les plus reculés.

— Dans la neige, tout seul avec son chien, c'est assez pour toi!

Il en pleurait presque, en nous gavant de biscuits et de café. Quel maléfice avait éteint d'un coup de baguette magique les voix et les rires, il n'en savait rien, il ne comprenait pas que tout ait pu changer si vite, il ne pouvait s'en remettre.

— J'ai du sang indien dans les veines, déclarait-il en montrant avec une certaine fierté le bandeau indien qui lui ceignait le front.

Mais il n'était pas vraiment des leurs et, de plus en plus, son éloignement le tenait à l'écart des Blancs. Son histoire n'était pas unique; partout au Québec, des villages s'étaient ainsi dépeuplés, par manque de travail et l'attraction sournoise des villes, mais son désespoir était pathétique.

Déjà c'était l'heure de reprendre le train vers Nakane, en espérant que pour une fois il serait à l'heure.

— Et puis, si tu es toute seule, m'affirmait Tilouis sur le pas de la porte, je les ai bien avertis, *les gars*. Pas de folie! Une petite fille toute seule dans le bois, c'est rare, faut en prendre soin, ouais môssieur! C'est de bons gars, ils feront pas de troubles.

Les gars, c'étaient les gens du train, les quelques bûcherons restant l'hiver au campement, tous habitués au bois, à l'isolement. Face à eux, je savais que je bénéficiais d'une totale immunité, grâce à l'éthique tacite de ce milieu où chacun portait à l'autre un vrai respect, parce que nous partagions les mêmes difficultés et qu'à tout moment on pouvait avoir besoin du voisin. De plus, de femmes non indiennes, nous étions peu nombreuses à aimer cette vie, à une époque où les familles de bûcherons avaient le plus souvent rejoint la ville ; aussi étions-nous précieuses et intouchables.

Mais déjà cette mentalité d'entraide avait tendance à disparaître, parce que la vie était moins précaire, que l'homme, pensant n'avoir besoin de personne, devenait plus individualiste. Autrefois, personne n'oubliait qu'il était possible de perdre sa route, tomber à l'eau, avoir un accident en bûchant ou en chassant ; alors il était nécessaire, vital, de trouver du bois, des soins, de l'aide le plus vite possible. Aussi, même les camps fermés pour l'hiver n'étaient jamais cadenassés, il y restait toujours un peu de bois, de la nourriture, des couvertures. J'aimais les vestiges de cet altruisme, même si j'étais consciente de ce qu'il devait aux exigences d'une vie rude plus qu'au bon naturel de l'homme d'autrefois. Encore une fois, le milieu du bois me semblait freiner la tendance moderne vers l'individualisme douillet né de la sécurité apparente prodiguée par l'État-Providence et la société de consommation. Cette perception de la solitude, de la précarité de l'existence rendait plus attentif à l'autre, plus enclin à donner et échanger des services. La vie y gagnait en richesse, en intensité, et au-delà du simple calcul se développaient une chaleur humaine, une tendresse pour cet autre, le frère pareil. Cependant la prolifération des véhicules tout terrain, l'ouverture de nombreux chemins battaient en brèche ce naturel bon enfant, et il devenait aussi fréquent de voir son chalet dévalisé en son absence qu'en ville de se faire lâcher la porte sur le nez dans le métro.

Pour nous, Tilouis n'était ni un ami proche ni un obligé, mais il nous avait ouvert sa maison, préparé le repas, et il savait que, si le besoin s'en faisait sentir, il pouvait compter sur nous. Nous nous quittâmes avec mille amabilités, promesse de nous rendre visite à Nakane et recommandations d'être prudents.

Dès le lendemain commença une période de chaleur printanière, fort inattendue en ce mois de février. Aux nuits encore fraîches succédaient des journées où, en bras de chemise, nous prenions le café dehors et abandonnions pour nos tournées parkas et mitaines. Nos corps habitués aux grands froids vibraient d'une énergie nouvelle, nos profitions de la douceur de l'air comme d'une école buissonnière.

Ce fut d'abord la féerie des arbres nimbés de givre, la magie des petits matins auréolés de gelée blanche. Nous avions ouvert une trail assez loin de la maison ; là où la forêt se résumait en jeunes arbustes et arbres décharnés du fait du terrain marécageux. Le sentier montait et descendait le long de petites collines aux sommets couverts d'une forêt dense mais dont les abords étaient clairsemés comme une jeune plantation. Nous y arrivions de bonne heure pour profiter de la neige durcie par le froid nocturne, et tout autour de nous les frêles arbustes étaient ciselés d'argent, étincelants sous les premiers rayons du soleil. Tandis que nous grimpions vers le haut des

136

collines se dessinaient, sur le velours sombres des épinettes, des dentelles délicates; c'était le Palais des Glaces des contes d'enfants, fragile et silencieux, d'une beauté saisissante et éphémère, que le soleil montant au zénith effaçait en le faisant miroiter d'un dernier éclat.

Les animaux semblaient pris de frénésie; au matin la croûte de neige était sillonnée de traces de pattes petites et grandes, et nous avions fort à faire.

Puis le printemps sembla être arrivé pour de bon, l'air s'enrichissait de mille odeurs nouvelles, de résine, de terre, d'humidité, parfums nuancés et délicats. Les oiseaux voletaient et s'époumonaient, renaissait le chuintement joyeux de l'eau qui sourdait aux décharges des lacs. La neige fondait et devenait en plein midi lourde et collante, les glaces prenaient une teinte noirâtre. Au soleil couchant, les rayons pourpres couvraient d'une lueur violette le lac devant la maison, partagé en deux par la piste blanche de neige tassée que nos raquettes avaient tracée. Au loin, la silhouette ébouriffée des épinettes noires, le tracé délicat des bouleaux formaient un tableau de naissance du monde.

Il devenait difficile de circuler, même nos raquettes s'enfonçaient profondément et la glace était traître. Ma griserie de sentir la chaleur du soleil sur ma peau nue cédait à la crainte de voir ainsi mourir l'hiver, la saison de mes émerveillements et de mes quiétudes.

— Cela ne durera pas, c'est bien trop tôt, prophétisait Claude.

Et pourtant plus d'une semaine avait passé avec des températures l'après-midi atteignant les plus 10° C. Les écoulements de la maison avaient dégelé, nos provisions de viande aussi, le toit était à nu et de place en place la terre apparaissait. Assis sur les marches du perron, nous profitions de la douceur du soleil, dégustant une bière rapportée de Kubi, sans un mot, le corps alangui et les yeux mi-clos.

Et puis, avec la décroissance de la lune, le temps se remit à la neige. Il était temps, notre inactivité forcée commençait à nous transformer en lions en cage.

Après l'euphorie printanière, je retrouvais l'émerveillement des premières chutes de neige. Tous, enfants, adultes, Africains, Islandais, ressentent la fascination de cette blancheur nouvelle, la magie de ces flocons dansants, légers comme des plumes, effleurant le visage levé vers le ciel, fondant en un léger picotement froid au bout de la langue. Toute la Nature respire le calme, le recueillement, les bruits sont étouffés, la lumière pâle et douce. Dans la forêt, des arbres ployés dessinent des arches blanches, chaque branche immobile s'incline mollement vers le sol. Les éventails des conifères supportent de fragiles pyramides, que le moindre souffle éparpille, taches immaculées maladroitement peintes sur le noir des montagnes où courent des nuages légers. Les formes sont pleines comme une caresse, pétrifiées dans leur fourreau blanc.

L'hiver est la saison de l'enfance, de l'enchantement sans réserve.

Il me semblait revivre les premières fois, la première trace dans la neige, la première traversée du lac, comme si le temps s'était replié sur lui-même. Nous pouvions reprendre nos courses.

Un jour, montant vers le lac du Huard, nous aperçûmes au détour du sentier une masse noire et immobile à l'emplacement d'un de nos pièges ; sans doute un de ces gros corbeaux qui venaient voler nos appâts et s'envolaient lourdement à notre approche. Mais plus nous approchions, plus la forme semblait statufiée, pétrifiée par le gel.

C'était un épervier, attiré par le morceau de castor disposé près du piège et dont la patte s'était trouvée coincée par le ressort. Pitoyable, les plumes collées, il nous fixait de ses yeux inquiets et, à notre approche, essayait vainement de fuir. A quelques pas nous délibérions ; fallait-il l'achever ou tenter de le libérer sans trop l'effrayer ? La patte peu innervée, cautérisée par le gel, ne devait pas le faire souffrir mais nous le sentions épuisé de s'être débattu, affolé de voir s'avancer ces humains terrifiants. Pouvait-il survivre ainsi amputé d'une serre, dont il saisissait son gibier lorsqu'il plongeait depuis les airs pour l'emporter vers ses hauteurs coutumières ? Il fallait tenter l'expérience, car nous ne pouvions le laisser là, ainsi affaibli, proie facile pour le premier prédateur venu alors que la lueur du jour se faisait crépusculaire et que ses ailes, poissées de neige cristallisée, ne lui permettaient plus de s'envoler. Enlevant le châle qui me couvrait la tête, nous le jetâmes sur lui comme une vaste cagoule. L'obscurité le rendant immédiatement immobile et sans résistance, nous pûmes le libérer du piège et Claude le descendit, serré contre sa poitrine, lui susurrant des syllabes douces comme à un cheval rétif.

A la maison, nous lui fîmes un perchoir improvisé, à quelque distance du poêle, et il parut s'y sentir en sécurité, n'essayant pas de nous mordre ou de se débattre, comme s'il eût deviné nos sentiments bienveillants. Bien en équilibre sur son unique patte, il essayait de garder un œil ouvert mais, d'épuisement, ses paupières tombaient d'elles-mêmes. Nous marchions sur la pointe des pieds.

Il mesurait plus d'un mètre, les plumes étaient grises avec la gorge et le jabot blancs, les yeux noirs cerclés de rouge. En recouvrant sa vigueur, il devenait majestueux. Dès le lendemain, nous l'installâmes au grenier où il faisait moins chaud et où nos allées et venues ne pouvaient l'effrayer. Nous le nourrissions de martres et de lièvres, et il se montrait peu farouche, se laissant approcher et montant sur le gant de cuir dont Claude se protégeait le poing. Mais sans doute était-il trop vieux pour être apprivoisé et nous ne voulions pas l'habituer à notre présence, à un apport supplémentaire de nourriture alors que nous ignorions où nous serions dans quelques mois. Les animaux sauvages étaient libres de leur vraie nature, méfiants envers l'homme, indépendants et totalement autonomes. Il nous semblait les affaiblir, les amoindrir que de les rendre dépendants de nous, de les transformer en chiens de cirque selon nos désirs égoïstes.

Dès que Maheu, ainsi avions-nous surnommé notre protégé, eut l'air d'avoir récupéré ses forces, dès qu'il put sautiller sur une patte et s'accrocher avec adresse à son perchoir, la lucarne du grenier lui fut ouverte. Une journée entière, il resta perché sur l'embrasure, immobile et solennel; puis, quand la lumière se fit plus sombre, que le ciel se fut teinté de rouge, il prit son vol et il me sembla qu'il décrivit un grand cercle au-dessus de la maison avant de disparaître.

Quelques jours après, le train nous déposa des voisins, trois joyeux drilles venus profiter de la douceur de l'hiver finissant. Ce furent des soirées animées, à s'inviter à tour de rôle comme dans l'ancien temps, raconter des histoires, jouer aux cartes, glisser dans l'euphorie d'une légère ivresse.

Le plus jeune des trois semblait très étonné d'apprendre que, n'étant pas mariée avec Claude, rien ne m'obligeait à rester là, en l'absence, lui semblait-il, de toute réelle distraction. J'avais appris à ne pas chercher à expliquer, à sourire sans un mot, énigmatique, en laissant travailler l'imagination. De ne pas partager les mêmes conceptions de l'existence n'empêchait pas d'établir des relations chaleureuses et sympathiques. La rareté des contacts humains nous permettait de trouver, en chaque personne qui croisait notre route, un intérêt, des qualités qui lui étaient propres. Le seul critère d'appréciation devenait d'être gentil ou de ne pas l'être, prévenant ou grossier, ouvert ou hostile, le reste n'étant qu'une question de degré. Nous ne devenions pas moins difficiles, plus enclins à fréquenter le tout-venant, selon le principe que «faute de grives on mange des merles». Je crois plutôt que l'isolement rend plus humain, moins hautain, plus apte à saisir dans un regard l'étincelle de vie. La personne dont l'embonpoint nous dérange lorsqu'elle est serrée contre nous sur un banc de métro, celui dont les regards appuyés peuvent nous laisser imaginer, dans une rue sombre, de noirs desseins redeviennent dans le bois des êtres simples avec qui il peut être agréable d'échanger quelques mots, de boire un café, à qui il nous fera plaisir de rendre un service, parce qu'ils sont également humains, de la même fibre fondamentale que la nôtre. Alors il s'agit simplement de chaleur humaine, non de préséance.

Mais le plaisir de ces soirées détendues et rieuses n'écartait qu'à grand-peine ma tristesse de sentir le temps fuir et s'approcher le terme de mon séjour hivernal avec Claude. De nouveau, il lui fallait descendre à Montréal, et si l'idée de passer deux nouvelles semaines solitaires ne m'effrayait plus, son départ marquait la fin d'une période heureuse et me rendait plus présent mon prochain retour à Paris.

Allions-nous savoir, malgré le temps et la distance, garder nos liens, réaliser nos rêves de Yukon, continuer ensemble notre recherche ? Ses paroles apaisantes, sa calme assurance d'être toujours là quand je reviendrais ne suffisaient pas à m'empêcher d'appréhender le futur.

Parfois, quand nous étions partis en tournée chacun de notre côté et que je rentrais à la maison avant lui, je pouvais l'observer, traversant le lac en ma direction. Alors, devant sa démarche lente et cadencée, sa silhouette emmitouflée qu'auréolaient les lueurs du couchant, j'étais prise d'une grande angoisse à nous imaginer séparés, et la tendresse me faisait monter aux yeux des larmes qu'il m'était difficile de cacher.

Mais vint la nuit de son départ, et je l'accompagnai jusqu'au train, la gorge si serrée que le moindre mot m'eût fait éclater en sanglots. Le temps s'était mis au diapason, la tempête faisait rage et nous masquait dans des tourbillons de neige. Notre petite lumière était si vacillante que le train passa tout droit, mais un voyageur ou le contrôleur en wagon de queue aperçut la lampe que nous agitions avec frénésie. Il y eut le crissement strident des freins, le ronronnement des machines quand le train recula, la voix douce de Claude me faisant les dernières recommandations, le claquement des portières, des visages blêmes derrière la vitre ; puis de nouveau le silence et la solitude.

Au matin, le ciel était couvert et glauque, pas un souffle de vent pour agiter la cime noirâtre des épinettes, soulever un peu de poudre sur le lac. Dans la maison il faisait chaud, et en bras de chemise je contemplais par la fenêtre le paysage si connu. J'en éprouvais une immense lassitude, sans rien qui pût écarter mes idées sombres devant l'image de ces arbres et de l'étendue du lac dont je ne percevais plus que l'effroyable immobilité, la permanence indifférente qui me renvoyait ma propre tristesse.

Je savais qu'il fallait reprendre les gestes habituels, préparer le café, couper une tranche épaisse dans la miche fraîche, étaler un peu de beurre et beaucoup de miel, prendre un livre peut-être pour peupler ce vide, arrêter de penser que Claude était parti, que le train dans la nuit l'avait emporté. La prochaine fois que ses pas franchiraient le seuil, que sa voix résonnerait en ces murs, où serais-je ? A Paris sûrement, dans un bureau, derrière les vitres d'une voiture, à écouter le faux silence de mon appartement.

Dehors les arbres seraient aussi impassibles, vert et noir, débarrassés de leur neige, l'eau vive et la terre apparente. Ce serait comme si je n'étais jamais venue, comme si avec la neige avait fondu toute trace de mon passage. Mais comment porterais-je en moi la sérénité des journées hivernales qui, déjà, me fuyait et se dérobait ?

Mes yeux contemplaient le paysage familier, le surplomb de l'île aux arbres dispersés, posée sur l'étendue blanche traversée d'une piste de raquettes, la silhouette rouge d'un petit sapin sec, la grosse roche couverte de neige faisant saillie à la décharge du lac, l'arrondi d'une vieille cabane de castors abandonnée.

Les yeux me brûlaient de fixer sans ciller les formes et les couleurs pour en inscrire le souvenir, afin qu'une fois à Paris elles apparaissent derrière mes paupières closes avec la même netteté, dans les moindres détails. Ne rien oublier, l'odeur du bois qui séchait dans le couloir, de la fonte gorgée de chaleur, le goût du café, le chantonnement de la bouilloire, le grincement de la table quand on s'y appuyait, même le tic-tac de l'horloge que je n'avais pas encore cachée dans le tiroir.

Mais j'entendais déjà le claquement des portières, les coups de klaxon, le voisin qui gigote sur la musique rock au-dessus de ma tête et la sonnerie stridente du téléphone.

M'occuper, bouger, sortir, noyer mes pensées tristes dans l'air froid et l'espace. Concentrer mon esprit sur les gestes simples, replacer une bûche dans le poêle avant de partir, rassembler les objets nécessaires à ma tournée, serpe, marteau et clous, un bout

144

de corde, un harnais de rechange, quelques allumettes dans leur boîte hermétique, mon appareil photo emmitouflé dans une écharpe. Dehors je fendis un peu de bois en bûchettes sèches pour redémarrer le poêle le matin, et coupai à la hache des morceaux de lièvres gelés pour les appâts. Un renard avait longé la galerie au petit matin d'un pas tranquille et curieux, les traces étaient bien marquées et régulières. Sortir les raquettes, secouer la neige collée, boucler la courroie des harnais. Les doigts ne s'engourdissaient même pas, il faisait doux, cela sentait la neige.

La *trail* du lac à l'Ours était encore effacée, mais la surface tassée se devinait en dessous. Parfois ma raquette s'écartait un peu de la piste et mon pied s'enfonçait de plusieurs centimètres. Quelques flocons commençaient à voltiger, mais pas un souffle de vent n'agitait les branches souples des aulnes.

Au lac, le piège à castor était vide mais fermé. La saisons s'achevait; seule j'avais assez de nourriture pour les quinze prochains jours, aussi j'enlevai le piège mais laissai les piquets figés dans la boue gelée. Il n'y avait pas eu beaucoup de mouvement ces derniers temps; après la fausse illusion du printemps, les animaux étaient peut-être aussi moroses, lassés de voir à nouveau tomber la neige. Je n'arrivais pas à secouer ma torpeur, et un flot de pensées attristées accompagnait le bruit de mes pas.

Au retour, un billet m'attendait sur la table: « Salut. Roger. »

Le contremaître de l'équipe du rail était passé me faire une visite. Je regrettais de l'avoir manqué, il m'aurait changé les idées avec ses histoires de bois et l'humour avec lequel il parlait de toute chose, y compris de lui-même. Deux, trois fois déjà, il s'était arrêté pour prendre le café quand Claude était là, laissant ses hommes dans leur véhicule sur la voie ferrée. Il avait promis de veiller sur moi pendant l'absence de Claude, même devant mon assurance de ne manquer de rien. Bah! il était gentil et peut-être serait-il d'un précieux secours si mon humeur restait aux regrets.

Le lendemain, de bonne heure, il était déjà là ; je le soupçonnais d'avoir modifié l'emploi du temps de son équipe, car ils passaient rarement deux jours de suite au même endroit. Je lui offris un café, il retira ses gants et son casque ; il semblait un peu mal à l'aise, c'était la première fois que nous nous trouvions seul à seul. Il m'avait apporté un paquet de cigarettes et le sucre que je lui avais demandés la semaine d'avant.

— Et puis, Roger, descends-tu bientôt en ville ?

— Dans trois jours. J'ai hâte... pis j'ai pas hâte. Mais ma blonde s'ennuie de moi...

— Est-ce qu'elle monte te rejoindre dans le bois de temps en temps ?

Kubi, c'était presque de nouveau le bois, tant le village était déserté.

— Ah non, non !

Il avait une façon comique de remuer les sourcils quand il parlait.

— Pas de danger, c'est une vraie fille de ville, pas comme toi. Mais c'est une fille comme toi qu'il me faudrait. Ah, misère ! on en ferait des tournées, pis des lacs, pis des aventures...

Je riais de bon cœur ; ces déclarations étaient deve-

146

nues habituelles et faites avec tant d'humour que je ne pouvais me sentir gênée. Mes sourires ironiques lui faisaient secouer les épaules d'un air découragé.

— Mais c'est vrai! D'ailleurs, j'ai rêvé de toi toute la nuit, vrai comme je te parle...

— Ça te passera, Roger, t'inquiète pas. Parle-moi plutôt de tes chasses à l'ours.

Il prenait un air abattu tellement comique que j'en riais sans arrière-pensée. C'était un comédien-né, il ne manquait jamais l'occasion de faire un bon numéro; et puis, devait-il penser, peut-être un jour parviendrait-il à me faire changer d'avis.

— Ah oui! L'autre fois, je te racontais l'histoire de l'Américain qui voulait chasser l'ours à l'arc...

Et, se carrant dans le fauteuil, il se lançait dans un nouvel épisode.

Âgé d'une quarantaine d'années, il avait fait un peu tous les métiers du bois avant d'entrer à la compagnie ferroviaire, et son métier actuel lui laissait suffisamment de loisirs pour aller trapper, pêcher et chasser. Il avait toujours une aventure à raconter; je suis sûre qu'il en inventait ou du moins qu'il en empruntait à d'autres pour le seul plaisir d'intéresser et de faire rire. La moindre anecdote durait des heures, il la mimait, imitant l'ours sortant du bois, le client américain figé avec son arc, lui-même réglant la situation avec sa carabine. Son héros favori était un autre Américain qui exigeait d'être servi par son guide comme dans les grands hôtels. Saisissant notre vieux torchon à vaisselle qu'il étendait sur son bras en guise de serviette blanche, il s'avançait, la mine obséquieuse, la bouche en cul de poule, en faisant des courbettes à un client imaginaire, déclenchant ainsi notre hilarité.

Mais les histoires que je préférais parlaient d'animaux et de trappe.

— Alors, je m'approche du lac et je vois un castor, juste à l'endroit où j'avais posé mon piège. Il avait la tête et le dessus du dos qui dépassaient tout juste de l'eau. Il *grouillait pas pantoute* [1], pantoute.

— Mais il était vivant?

Mes brèves interventions le relançaient et le stimulaient.

— Mais oui! Il me regardait, aussi vrai que je te regarde; j'avançais et il grouillait toujours pas, pantoute, pantoute...

Il but une gorgée de café, savoura le suspense.

— Je me dis : il va finir par partir; ou bien : il s'est pris la patte dans le piège... Mais il se débattait... Eh ben, tu sais quoi?

Je fis non de la tête avec une moue étonnée.

— Eh ben, il était pris... par les *gosses* [2]! Je te jure, il grouillait pas pantoute...

Et renversé sur le dossier de sa chaise il était tout secoué de rire.

Mais vite il se reprit et, avant que je n'eusse le temps de poser une question pour évoquer une autre scène, il avait saisi son casque et ses gants.

— Je repasserai. Et puis réfléchis à ce que je t'ai dit! Pour moi, c'est quand tu veux...

Le claquement de la porte s'était éteint dans le silence et j'en souriais encore.

_____

1. Grouillait pas pantoute : ne bougeait pas du tout.
2. Gosses : testicules. Chez le castor, ils ne sont pas apparents, d'où le comique de l'image d'un castor très très prudent dans ses gestes...

Sa visite m'avait fait du bien, comme si pendant que nous bavardions le temps s'était remis à bouger. Avec Roger, je partageais, à l'exclusion de toute autre chose, le goût du bois, de la vie animale secrète et multiple, de la simplicité sans confort et du silence. Comme moi, il était incapable de dire pourquoi ce milieu lui était si cher, si ce n'était par opposition à ce que la ville nous apportait de négatif ; peut-être parce que, ici, nous étions tout sauf définis, vraiment libres.

Comment pourrais-je un jour oublier ça ?

Et puis il faisait beau, le lac du Huard m'attendait, la neige fraîche et craquante, le ciel bleu et limpide, peut-être une prise. Je devais commencer à retirer les pièges pour n'en transporter que peu à la fois. A mi-chemin, une nuée de mésanges m'attendait, pépiant d'excitation et voletant autour de moi de branche en branche. Peu farouches, elles venaient picorer sur ma main le morceau de castor que je leur tendais, puis retournaient sur une branche voisine d'où elles m'épiaient de leurs petits yeux ronds.

Les pics-bois aussi étaient très actifs en cette belle journée froide et tambourinaient avec ardeur sur les troncs secs. Ils me faisaient parfois sursauter quand, dans le profond silence du bois, résonnait le martèlement de leur bec. Les vieux trappeurs disaient que dans leur tête il y avait une poche de liquide pour amortir la trépidation, comme un marteau-piqueur monté sur coussin hydraulique.

Les oiseaux étaient mes compagnons les plus familiers, même les grosses pies qui venaient picorer nos appâts et parfois malencontreusement déclencher les pièges. Elles se lançaient, de temps à autre, dans un

149

prodigieux concert à deux voix qui m'arrêtait, souriante et admirative.

Mais j'éprouvais peu de sympathie pour les gros corbeaux noirs, charognards effrontés, dont l'envol était pesant et bruyant, le vol sans grâce. Si je ne cherchais pas à les éliminer, leur disparition ne m'aurait pas fait verser une larme. Notre amour de la Nature, notre attendrissement sur le monde animal étaient donc bien injustes, voués à la seule beauté, à la puissance ou au contraire à l'extrême fragilité. Mes malheureux corbeaux n'avaient rien de ces qualités et leur croassement lugubre suffisait, un instant, à rendre le ciel moins clair.

C'était une journée à ne penser à rien, à laisser mes pas s'imprimer dans la neige fraîche, à respirer l'air froid et piquant et, des mains, effleurer les branches d'arbres au passage comme une caresse. Une soirée à rêver devant les portes ouvertes du poêle, à contempler les bûches s'enflammer et se consumer en braises rouge ardent et pourtant déjà grises de cendre.

Je m'en voulais un peu de me sentir si triste et désolée de l'absence de Claude, car, plus qu'une preuve de mon attachement, j'y devinais la peur de la solitude, le désagrément d'un changement d'habitudes. L'amour ne devait pas être cet embrasement qui me réduisait en cendres comme une branche de bois sec mais une chaleur, une joie qui, partout, m'accompagnait.

« *Un seul être vous manque et tout est dépeuplé.* » Il me semblait au contraire que le bois, dans la solitude, devenait si peuplé qu'il en était obsédant, presque oppressant. Aucune conversation amie,

150

aucune complicité tendre pour atténuer la présence de ces arbres, la pureté du tapis de neige, l'écoulement inéluctable du temps. Aimer, c'est se reposer parfois de la fatigue d'être, s'échapper un moment dans l'ivresse du partage du poids inévitable de l'existence. Et par là, sans doute, se donner des forces pour avancer par soi-même ; par l'énergie du bonheur, peut-être devient-on plus capable, plus courageux pour affronter et reconnaître son être propre.

Devant le feu, mon esprit s'apaisait, se réchauffait aux lueurs chaudes des flammes ; miracle toujours renouvelé du spectacle du bois qui brûle, s'embrase avec un crépitement sec, s'auréole de lueurs claires et dansantes, s'effondre dans la braise incandescente alors que, le visage rougi et brûlant, le dos appuyé sur la noirceur froide, on rêve, mollement envahi par le calme et le bien-être.

Et puis la neige recouvrit de nouveau mes pas, longues journées à contempler le rideau mouvant des flocons et, blottie dans le fauteuil, à accepter l'idée de l'inéluctable retour. Ne fallait-il pas retourner pour mieux revenir, revivre Paris, m'imprégner de sa grandeur et de sa misère, pour apprendre à m'en séparer, non par crainte mais par détachement, et ainsi digérer pleinement le flot d'émotions et d'éclairs qui m'était comme tombé du ciel ?

Pour la dernière fois de l'année, je remplis la galerie de bois. Les bûches ainsi déneigées et à portée de main s'empilaient harmonieusement, chacune à sa place, en un beau tas régulier et stable. Plaisir du travail bien fait, du geste juste, alors que dehors la poussière de neige rendait flous les contours et l'horizon instable. Dans le bois, l'éphémère rend sa grandeur au moindre grain de sable roulé au fond du lac, à chaque flocon de neige qui s'éparpille. La négligence, l'imprécision me dérangeaient comme un sac d'ordures aux abords merveilleux d'un lac. Qui remplacerait à Paris ce maître intérieur exigeant, cette discipline née de la Nature et de l'isolement ? Je me sentais encore bien fragile pour en endosser la responsabilité et, pourtant, une partie intime de moi tirait sa rigueur de l'atmosphère du bois, s'harmonisait avec ce milieu dont toute certitude, tout ordre rigide était banni. Si dans ce cadre austère il me semblait voir avec une extrême netteté se dessiner la route à suivre, le code moral à respecter pour me tenir debout, digne et juste, je craignais, au sein d'un milieu urbain miroitant et frivole, de laisser s'effacer le but comme un mirage.

Un matin, je me décidai, malgré mes réticences, à reprendre la route des marais où je n'étais pas retournée depuis la brève période printanière. C'était une des plus longues et il fallait, pour parvenir à l'emplacement de nos pièges, suivre un bon moment la voie ferrée. Je risquais toujours de m'y trouver nez à nez avec un train de marchandises dans un des virages encaissés, et cela me changeait désagréablement des paysages de forêt sauvage. Les rails ouvraient une brèche trop humaine dans le décor, mais je ne pouvais négliger nos pièges. En longeant un lac, j'aperçus un renard tout aussi surpris que moi et nous nous observâmes un long moment, face à face. Il était peut-être à soixante-quinze mètres, sa fourrure ocre mettait une tache de feu sur la neige que sa queue touffue balayait. Assis, les oreilles dressées, il cherchait le vent qui, soufflant vers moi, l'empêchait d'identifier cette étrange créature à deux pattes, mais, l'inquiétude étant la plus forte, il repartit d'un petit trot pressé vers le couvert des arbres. Un peu plus loin, un groupe de loups avait emprunté la trail, leurs pas profondément enfoncés dans la neige. Il faisait chaud et, malgré la fatigue, je décidai de pousser un peu plus loin jusqu'à la tente qu'une famille indienne avait installée au tout début de l'hiver. Rien n'avait changé dans le campement, la toile de tentes écrasée par la neige, quelques peaux de lièvres accrochées aux arbres, des vêtements et des outils épars tout autour. Ils étaient montés de la réserve début décembre pour trapper, surtout le castor qui était leur dinde de Noël, et étaient allés rendre visite à Claude, à Nakane. Ce n'était pas la première fois qu'il les rencontrait, il les voyait une fois ou deux durant l'année quand ils venaient dans le bois. Ils rentraient, s'asseyaient autour de la table, restaient le plus souvent silencieux pendant que Claude leur servait du café. Parfois le plus vieux, un peu voûté, le visage ridé, se lançait dans un grand discours incompréhensible mêlé de français et d'indien, tandis que sa femme, dont les cheveux blancs tombaient jusqu'aux hanches et lui cachaient en partie le visage, riait doucement en hochant la tête. Parfois le fils, d'une quarantaine d'années, traduisait quelques bribes de phrases et le silence retombait. Enfin il posait un lièvre sur la table et laissait entendre qu'il leur manquait du sucre, du tabac, du lait pour la petite, si Claude voulait bien échanger. De lièvres, Claude en avait suffisamment pour se nourrir mais il leur donnait volontiers ce dont ils avaient besoin. Parfois, il leur posait des questions sur la trappe ou les plantes médicinales.

— Je ne sais pas, répondait souvent le fils, il faut demander au père.

Le vieux souriait et expliquait en faisant des gestes de la main. Et le fils traduisait.

Les recettes étaient toujours bonnes, et c'était triste de penser à cette science élaborée de génération en génération qui se perdait parce que les enfants, trop happés par la vie moderne, en perdaient l'intérêt et que bien souvent les petits-enfants ne parlaient que le français ou l'anglais. Dans le bois où ils avaient tant appris, dont ils avaient connu mille secrets, qu'ils avaient su lire à livre ouvert, ils n'y retournaient presque plus. Maintenant ils avaient leur réserve, le revenu minimum garanti par le gouvernement, et la bière dont partout, dans le train, dans leur village, sur leurs visages, on pouvait constater les méfaits. Ils allaient dans le bois comme nous allons à la campagne, pour des périodes brèves, mais très vite un prétexte les rappelait à la réserve, le chèque bimensuel, la fête d'un des leurs, le goût de boire. Et tout leur équipement restait là, les tentes bientôt déchirées par la neige et les ours au printemps, le vieux poêle qui rouillait, les pièges et les collets où pourrissaient quelques bêtes. Mais le bois, doucement, s'éloignait d'eux, emportant leur fierté et leur âme.

J'en étais terriblement déçue, moi que la découverte de ce milieu fascinant avait rendue plus que jamais avide de les connaître, de partager un peu de leur culture, éblouie de la sagesse de la Nature dont

154

ils devaient être imprégnés. Mais sans doute arrivais-je trop tard, après l'ouverture des chemins, la perte de leur vie nomade, les ravages de l'alcool et de l'assistance sociale. Il ne restait que quelques livres, le plus souvent écrits par des Blancs, quelques visages éméchés d'adolescents dans le train, et le spectacle désolé d'une tente qui croulait sous la neige.

Ainsi glissaient les jours, mouvants comme le temps qui passait du soleil à la neige, du froid à des douceurs presque printanières.

Les soirées s'illuminaient de Yukon et d'aventures prochaines, les nuits rêvaient de Paris et de retour. Une partie de moi, déjà, se tournait vers la ville, vers les amis que j'allais retrouver et j'en éprouvais un léger malaise. L'homme était-il donc perpétuellement à la recherche de lui-même ?

Sur le fond immuable du bois, mon esprit jetait d'étranges images, tremblées comme des ombres chinoises. A Nakane, il n'y avait aucune certitude, sauf celles, éternelles, de la Nature ; en dehors de cela, il y avait une sorte de néant où j'essayais de m'inscrire. Là où j'aurais souhaité me définir, me fixer en un cliché qui pût me servir de base lors de mes futurs doutes parisiens, je ne rencontrais que mouvance, émotions inattendues, rêves instables. J'étais devenue pour moi-même aussi insaisissable, aussi mouvante dans l'univers de mes pensées qu'une aurore boréale qui glisse et ondoie au travers des étoiles scintillantes. Et pourtant, dans cette fluidité, je devinais la nature même de l'esprit, libre et sans structure extérieure pour le canaliser, l'emprisonner ; mais quelle capacité de tolérance et d'acceptation de soi fallait-il pour s'admettre soi-même en continuelle errance, trempée dans l'eau glacée du doute ?

Bientôt m'arriva un message de Claude par l'intermédiaire de Roger, qui sauta sur l'occasion pour me faire un brin de visite. Il m'y demandait de le rejoindre à Québec, et mon émotion hésitait entre la joie de le revoir et la tristesse de bientôt quitter Nakane.

— T'es sûre que tu ne veux pas rester avec moi ? demanda Roger qui n'avait rien perdu de mon trouble.

Je fis non de la tête, la gorge un peu serrée. Sa gentillesse me touchait et cela me rassurait de partager avec lui le goût du bois, comme s'il était le garant de mon lien indestructible avec ce milieu. Il promit de m'écrire et, surtout, d'avertir le chef de train de bien s'arrêter à Nakane dans trois jours.

En lui serrant fort la main, je lui dis : « A bientôt. »

Les derniers jours furent d'une activité fébrile : finir de rapporter les pièges, faire un grand ménage dans la maison, préparer mes bagages sans trop penser aux lendemains.

Il y avait plus de deux mois que je n'étais pas descendue en ville, et pourtant il me semblait avoir si peu appris. A peine commençais-je à lire quelques pistes, déchiffrer les messages du temps, m'intégrer au bois.

Il était encore trop tôt pour tirer tous les enseignements de mon expérience hivernale. D'un côté, j'étais de plus en plus frappée d'une certaine absurdité de l'existence, et d'un autre la vie me semblait répondre à une nécessité profonde et mystérieuse, être guidée par un destin encore obscur mais exigeant. De là naissaient des vagues successives d'abattement et d'euphorie, qui devenaient plus fortes et plus rapides à mesure que s'approchait le départ. Je sentais confusément en quoi le bois neutralisait une partie de mon désespoir, en me découvrant ma propre lumière intérieure, mais j'ignorais comment cette révélation s'accommoderait du mélange d'attirance et de dégoût que j'éprouvais devant l'être humain en société.

Nulle philosophie, nulle doctrine ne me guidait, ne me rassurait, et bien des questions restaient sans réponse. Peut-être fallait-il simplement apprendre à mieux vivre chaque minute, disponible et patient, mais ma révolte, je le savais, restait toujours présente, certes adoucie et moins terrifiante par la connaissance du bonheur.

La nuit du départ arriva et j'accomplis les derniers gestes avec la précision d'un automate : éteindre le gaz, arrêter le poêle, mettre le cadenas sur la porte. La nuit était sans lune et, en chemin vers la voie ferrée, je me retournai une dernière fois vers la maison qui s'enfonçait dans l'obscurité.

Bien avant d'arriver, le train envoya dans le silence de la nuit un long appel strident. Puis, enfin, il prit la dernière courbe et me saisit dans le faisceau éblouissant de ses phares, comme un papillon cloué au mur.

6

Après la solitude et les découvertes de l'hiver, je retrouvais avec étonnement Québec, les amis, les plaisirs du cinéma. Les voitures me faisaient sursauter, il me semblait que les gens croisés dans la rue me fixaient d'une façon étrange et insistante tant j'avais perdu l'habitude d'être observée par des inconnus. Il était agréable de profiter du confort, de laisser l'eau tiède de la douche couler sur son corps, de prendre un verre avec des amis en se laissant bercer par le brouhaha ambiant, même si ces plaisirs me semblaient manquer un peu de consistance. Les journaux sur lesquels je me précipitai dès mon arrivée ne m'apprirent rien de bien nouveau, aucune catastrophe irréversible n'avait bouleversé le monde durant mon absence. Mais il faisait beau, Claude était à mes côtés et les distractions de la ville tenaient éloignées l'angoisse du retour, notre prochaine séparation; nous discutions de nos projets et des rêves d'un avenir complice et serein avec un feint optimisme et un détachement très intellectuel.

Bientôt ce fut le jour du départ, l'arrivée à l'aéroport, le compte à rebours des dernières heures, des dernières minutes. Dehors, la neige fondue mêlée de sel formait des flaques grises et sales, l'air était saturé de l'odeur écœurante du kérosène. Dans les halls, des gens joyeux et bruyants couraient en tous sens. Comme des robots, nous faisions les gestes nécessaires, enregistrer les bagages, vérifier l'heure du départ, sans trop nous regarder ni parler de ce qui devenait imminent, ce futur où chacun de notre côté nous porterions nos rêves et nos espoirs.

— Avant de remonter à Nakane, je te téléphonerai...

— D'accord. Essaie de voir avec Tilouis si je peux t'envoyer du courrier à Kubi.

— J'espère que tu vas trouver du travail rapidement ; dès que tu auras tes photos, envoie-les-moi.

Sur le visage de l'autre se lisait l'annonce douloureuse de la séparation, dans les yeux, le pli amer de la bouche, la moiteur des mains qui se serraient convulsivement.

L'attente devenait intolérable ; à tout moment je craignais de fondre en larmes et prétextai quelques achats pour hâter ce que nous ne pouvions éviter.

Derniers mots d'amour, balbutiements d'espoir, la gorge qui se crispe pour retenir les sanglots ; il fallut s'arracher de notre étreinte pour avoir encore la force de s'éloigner, de partir chacun de notre côté sans se retourner, le goût d'un dernier baiser sur les lèvres. Se forcer à penser aux choses immédiates, à ceux qui m'attendaient de l'autre côté du monde, aux réalités concrètes du voyage, passer la douane, aller boire un café au bar.

Appuyée à la paroi vitrée qui, montant jusqu'au plafond, fermait la partie hors douane du bar, je remuais mon café machinalement, quand mon regard se porta sur la vitre. De l'autre côté, accoudé à quelques mètres, Claude fumait une cigarette, l'air infiniment las. Lentement il tourna la tête, nos regards se croisèrent, s'étreignirent de toute l'intensité du désespoir. Jetant quelques pièces au garçon stupéfait, je m'enfuis, les yeux brouillés de larmes.

A mon retour, Paris n'avait pas changé; c'était déjà le printemps, les quelques arbres bourgeonnaient, les terrasses des cafés s'habillaient de tables et de clients aux heures du déjeuner; il y avait une douceur de l'air qui donnait le goût de vivre, de se laisser porter au spectacle de la foule bigarrée et animée. Quel fourmillement de visages, de décors! Avec le regard d'un étranger en vacances, je redécouvrais cette ville où je n'étais plus que de passage. Les souvenirs de Nakane, l'amour de Claude me portaient, je bouillonnais d'énergie, je me lovais dans la citadelle imprenable de mes espoirs et de mes certitudes.

Avec l'attention qui me permettait de lire, à Nakane, les traces de vie animale, j'observais les chatoiements de la vie citadine. Le goût du café crème au comptoir d'un bistrot quand le garçon, agité, apostrophait les clients du matin. Les rues de Paris glissant derrière les vitres d'un autobus, la richesse des vitrines, les passants chamarrés courant, selon des rites mystérieux, vers des buts qui m'étaient étrangers. L'atmosphère de mon appartement, minuscule refuge peuplé de souvenirs où, dans mes rares moments de solitude, les paysages de Nakane apparaissaient derrière mes paupières closes avec une étonnante précision. Les longues lettres de Claude, ses premiers coups de téléphone au cœur de la nuit nous assuraient que rien ne pouvait nous séparer.

Quelle belle ville que Paris! Je prolongeais mes vacances en marchant le long des rues, comme au hasard, en retrouvant l'attrait des vieilles pierres, le charme haut en couleur des marchés où des voix fortes et chantantes vantaient la beauté des tomates ou la fraîcheur de la sole. Que de vies, de caractères et de visages divers. Les gens me paraissaient souriants, plus ouverts qu'à mon départ; les commerçants de mon quartier me reconnaissaient, le facteur était content de me revoir, le petit épicier arabe du coin de ma rue me faisait de grands signes quand je longeais sa vitrine. Je rendais visite aux coins de Paris que j'aimais comme à de vieux amis, le quartier Latin et la rue Saint-Guillaume où des étudiants que je ne connaissais plus menaient un joyeux vacarme, le parc Monceau où des gens âgés partageaient avec les jeunes enfants les premiers rayons chauds du soleil, le calme cossu du quartier du Marais... C'était comme un retour aux paysages d'une enfance qu'on sait à jamais perdue.

Mes amis me faisaient fête, m'entouraient de l'affection émouvante des retrouvailles. Je les aimais tant.

Dans des soirées, des inconnus soudain amicaux me faisaient raconter les mille péripéties de ce qu'il fallait appeler mon « aventure ». J'étais une exploratrice, propulsé sur le devant de la scène par ceux qui, parfois, auraient bien voulu mais qui n'avaient pas pu ou pas osé, ou qui, blasés, aimaient la nouveauté.

Les soirées étaient pleines de conversations fiévreuses et exaltées, de rires, de l'émotion de l'amitié partagée. J'avais tant à dire et à écouter, avide de découvrir chez les autres un peu de la plénitude qui m'avait envahie à Nakane. A la confronter, la décrire, la défendre dans les conversations, elle devenait plus structurée, ébauche d'une philosophie de vie qui m'enrichissait. Il fallait toujours rester vigilant, attentif à l'intensité de la vie qui habitait les êtres et les choses, être présent dans chaque instant, dans chaque geste.

Après ces semaines de silence et de méditation, la communication avec des gens dont j'appréciais l'intelligence et la vivacité me permettait de mieux mesurer le chemin parcouru. Près de quatre mois s'étaient écoulés depuis mon départ, et je pensais avec étonnement aux craintes qui l'avaient précédé. Si l'échiquier de mes relations sociales s'était subtilement modifié, je le constatais sans amertume, même avec un certain soulagement, car le plus grand changement s'était opéré en moi. Bien sûr, j'avais trouvé ma voie, je savais où diriger mes pas, ce n'était qu'une question de temps. Le Yukon nous attendait dans toute sa splendeur, aussi sûrement que Claude et moi allions être bientôt réunis. Il fallait garder foi et patience, et il me semblait ne jamais devoir en manquer tant que la joie de Nakane et la tendresse de Claude m'habiteraient.

En guise de symbole, je laissai ma montre sur l'heure de Nakane ; à Paris je ne revenais pas, je ne faisais qu'y passer.

Mais il faut peu de temps pour que la vie, perdant l'intensité de la nouveauté, retombe dans les ornières d'un quotidien monotone.

J'avais assez vite retrouvé un poste dans l'entreprise où j'avais déjà travaillé l'automne précédent. Je devais effectuer des études de marché, et le caractère temporaire de mon contrat, le fait de mener mes recherches essentiellement seule, la complicité de mon patron qui connaissait mes aventures me rendaient l'adaptation moins difficile, tout en me donnant l'impression de rester libre.

Mais mes bagages étaient bien rangés, Paris avait repris son visage habituel de grande métropole étouffante, l'intérêt de mes expériences hivernales était bel et bien classé comme un livre feuilleté et replacé sur l'étagère. Il fallait, tôt ou tard, reprendre le métro aux heures de pointe, faire comme tout le monde mes courses le samedi dans la cohue, réapprendre à vivre sans regarder mon voisin. Ma belle vigueur s'émoussait à être environnée de bruits, de visages indifférents, d'une foule pour laquelle la réalité était un tissu dense d'obligations.

Un soir que je dînais avec quelques anciens confrères d'université, il me fut demandé le sujet de ma thèse. Voulait-on parler de mes études de marché ? Non, mais dans le cadre de quelle recherche j'avais fait mon voyage à Nakane. La situation était comique, mais il fallait bien m'avouer que ce qui, pour moi, était le tout début d'une vie nouvelle paraissait pour un grand nombre comme un caprice sympathique mais un peu frivole dans une existence qui allait bien sûr rejoindre les sentiers battus.

Lettre de Claude : *Juste au moment où je t'écris, le lac devant la maison est devenu brillant comme un miroir, tranquille et étincelant quand soudain deux*

163

longues raies l'ont traversé; les castors ont commencé à réparer leur barrage.

L'expédition au Yukon était le but que je me fixais avec obstination comme un naufragé s'accroche à son radeau. Mais le niveau de mon salaire, le coût élevé de la vie parisienne et mes échecs répétés pour placer photos ou articles sur Nakane en repoussaient douloureusement l'échéance. Pour résister et garder espoir, il fallait cacher ma marginalité comme une maladie honteuse, gardant mes désirs d'aventure pour mes amis proches tout en déployant une volonté professionnelle et une personnalité sociale irréprochables. Du lundi au vendredi, le réveil me tirait d'un sommeil trop court, ma paresse ou le mauvais temps me jetait dans le métro pour quelques stations au milieu de visages mornes aux regards fuyants. Des femmes s'y maquillaient comme si les autres passagers étaient aussi peu importants que des portes d'armoire, certains se bousculaient pour atteindre les places assises, cela sentait les parfums bon marché et la sueur, l'ennui et la fatigue. Les journées ne manquaient pas d'intérêt à travailler d'arrache-pied, à découvrir une nouvelle activité avec ses règles et ses logiques. Mais le soir, quand je rentrais chez moi fatiguée, la tête embarrassée de bruits et d'idées fiévreuses, j'avais de plus en plus de mal à m'imaginer dans le calme de Nakane.

Mi-mai : *Je viens de voir mon premier ours de l'année. A quelque cent mètres de moi, il a traversé la voie ferrée, s'est arrêté un instant pour me regarder avant de poursuivre sa route bien tranquillement. Il est assez gros.*

Roger est passé hier à la maison, il te fait bien saluer.

Que bien des gens pussent vivre ainsi, écartelés entre leurs rêves et ce que la vie sociale faisait d'eux, ne me rassurait pas. Dans mon milieu de travail, parmi la foule, je m'amusais avec un intérêt un peu cynique à chercher dans les regards, les gestes le reflet de désirs inassouvis, les aspirations à un idéal resté lettre morte. De quoi rêvaient-ils quand ils échappaient un instant à leur vie réglée et à la télévision, à quelle existence plus lumineuse avaient-ils renoncé, à quelle profondeur était enfouie leur lumière intérieure ?

Je mesurais le poids des habitudes, des peurs qui rendaient la plupart de ces passants mornes et fatigués. Moi aussi, imperceptiblement, j'oubliais les règles simples de Nakane, regarder le temps qu'il faisait, si la lune était bientôt à son plein, si les muguets chez mes parents étaient déjà fleuris. Comment résister sans gémir de douleur, sans ces poussées de violence qui me faisaient, moi aussi, maudire et bousculer les gens, sans ces relents d'amertume qui faisaient de mon existence une prison sans fenêtre, sans avoir de nouveau ce goût de mort dans la bouche ?

Au fil des jours, le projet du Yukon battait de l'aile ; Claude, dans ses lettres, commençait à émettre des réserves, du fait de l'interdiction de trapper pour les étrangers, du coût énorme engagé dans une telle expédition. Une bonne source de financement eût été de placer, avant le départ, des projets de reportages dans une revue ou une maison d'édition, mais aucun ne voulait s'engager sur ma bonne foi.

Claude me répétait que nous recherchions non

l'éphémère gloire de pouvoir dire : « J'y étais », mais un mode de vie qui pût nous permettre de poursuivre ensemble notre cheminement, et le Yukon n'était tout au plus qu'une parenthèse. Il semblait confiant de trouver une solution mais, pour ma part, j'envisageais avec réticence de reconsidérer un projet qui, en plein cœur de Paris, m'apparaissait comme le sésame pour retrouver ma joie de vivre.

Je me sentais un peu trahie et, si les lettres de Claude ne diminuaient pas en tendresse et en preuves d'affection, je craignais que, malgré nous, nos chemins ne fussent amenés à diverger. Son attachement à Nakane, que j'avais peut-être sous-estimé, devenait, ainsi vu de loin, un obstacle à la vie aventureuse dont je rêvais. L'un comme l'autre, nous étions trop indépendants, trop convaincus que tout cheminement était avant tout solitaire, pour accepter à long terme la sujétion de l'un ou de l'autre.

Mais j'avais moi-même déjà tant de mal à être sûre de ce que je voulais faire, si ce n'était fuir cette vie parisienne qui, jour après jour, me minait. Se pouvait-il qu' « ils » aient raison ? N'y avait-il donc, sans moyen financier, aucun espoir de vivre autre chose que cette course effrénée pour l'argent ou le pouvoir ?

Contre la masse, la majorité des bien-pensants, comment pouvais-je ne pas me sentir vaincue, isolée, infantile ou irréaliste, et en tout cas inadéquate ? Les jeux étaient truqués, mes aspirations n'avaient pas leur place dans un monde calibré entre un demi-malheur et un demi-bonheur. La société me rejetait, me crachait comme un morceau de pomme pourrie, mais la marginalité m'apparaissait encore comme un désert aride.

Ce que je rêvais était impossible, mais il m'était impossible de ne plus rêver.

Début juin : *En allant au lac Eylmer, j'ai failli marcher sur un nid de cane, elle a attendu la dernière minute pour partir. J'ai été tellement surpris que je n'ai pas vu tout de suite les canetons qui s'efforçaient de se réfugier sur l'eau. Ce n'est que lorsque la mère les a appelés que je les ai aperçus, nageant maladroitement vers elle. Ils devaient mesurer une quinzaine de centimètres. Je ne suis pas resté pour ne pas les effrayer.*

Heureusement, mon travail m'amenait à voyager en province où les paysages de campagne et de brefs instants de solitude me permettaient de retrouver un peu de quiétude. J'aimais le silence des forêts, le calme un peu austère des champs, le gazouillement des oiseaux et le beuglement des vaches, les petits villages blottis dans les couleurs du couchant. Il y avait, dans l'odeur de la terre, l'humidité des arbres, le tracé paisible d'un ruisseau, un mystère souriant qui laissait l'âme respirer, et les visages croisés semblaient moins soucieux, plus sereins que ceux de Paris.

Je percevais combien il était difficile de vivre heureux dans un monde urbain qui ne l'était pas. La désespérance, cette amère sensation d'être bloquée dans un cul-de-sac, je la respirais avec les effluves du métro ; inconsciemment, j'intégrais des principes, des peurs qui, pour m'être étrangers, n'étouffaient pas moins mes aspirations profondes. Prise dans un brouillard, j'en arrivais à oublier qu'au-delà brillait le soleil ; si je n'avais pas perdu la certitude de la délivrance, une part de moi, cependant, doutait et mettait sur mes épaules une montagne que ma foi, vacillante, ne parvenait plus à déplacer.

Durant ces brèves retraites se réveillaient en moi la voix intérieure et l'émotion qui m'avaient éblouie à Nakane. Elles ne m'avaient jamais quittée, elles s'étaient simplement mises à l'écart.

Mais ces paysages de campagne ne pouvaient suffire à me faire trouver complètement la paix. Il y avait encore trop de certitudes, de repères humains pour que je pusse m'y sentir vraiment libre, totalement fidèle au cheminement que je sentais tracé en moi. Il me fallait anéantir tous les préjugés, casser mes habitudes, faire table rase de tout ce qui, dans ma personnalité, mon comportement ou mes réactions, n'était pas authentique, appartenait à ce fatras mutilant mais commode, dont j'habillais mon personnage. En partance, je devais tout réapprendre depuis le début et j'avais déjà perdu beaucoup de temps.

A Paris, je me jetai avec frénésie dans toutes les activités qui semblaient me rapprocher de ce qui, en moi, refusait de disparaître. Tir à l'arc, véritable école de concentration et de persévérance, reportages-photo pour capter dans des images, sur des visages le mystère de la vie. Cette vibration vitale, je la cherchais aussi bien dans des détails de la Nature que dans des milieux d'usine qui m'étaient au départ étrangers. Bien sûr, la lumière, la force bouleversante de la vie étaient là, autour de nous, je la percevais par lueurs brèves mais étais trop faible encore pour la conserver.

Je cherchais dans les livres, dans les traités philosophiques des pistes, des traces de ma propre recherche, mais je me heurtais bien souvent à la rigidité de théories trop intellectuelles, au jargon ronflant de langage d'expert. Un jour, pourtant, je tombai par hasard sur *Satori*, de Jacques Brosse, qui parlait du bouddhisme zen tel qu'il fut apporté du Japon par Mᵉ Deschimaru. J'appréciai d'emblée dans cette pensée l'absence de doctrine, la nécessité d'une perpétuelle remise en question, la recherche d'une voie hors de la conquête acharnée du seul confort matériel. Mais il était encore trop tôt pour établir des liens entre mes arbres, mes lacs et la pratique austère de la méditation.

A la suite d'un article paru dans une revue, j'écrivis à un photographe qui semblait avoir consacré sa vie au voyage. Nous nous rencontrâmes à plusieurs reprises et je ne me lassais pas de l'écouter raconter ses aventures. Agé d'une quarantaine d'années, il avait décidé à vingt ans, porté par une révolte où je reconnaissais la mienne, de partir où le vent le pousserait. Il avait accompli mille métiers, connu la joie et la misère, rencontré des gens étranges et différents, et avait rapporté des photos d'une époustouflante beauté. Il avait su rendre dans ses portraits, dans ses paysages où la terre était en totale harmonie avec le ciel cette lueur secrète de la vie. J'étais émerveillée de son talent et cherchais auprès de lui des conseils et la confirmation de mon entêtement. Mais, assez vite, je perçus chez lui une résignation qui me bouleversa. Parce qu'il avait choisi de constituer une famille, il s'était installé à Paris, vivant de ses livres et de ses photos. Ce qu'il avait découvert, il le vivait au passé et semblait m'envier d'être au début de ma route. Je ne pouvais comprendre qu'après tout le chemin qu'il avait dû parcourir il pût souffrir, comme moi, de la sensation d'être pris au piège. Ainsi l'Aventure, la découverte de pays lointains ne suffisaient pas à combler une vie. Je découvrais avec effarement que le voyage, la confrontation perpétuelle avec des milieux nouveaux, brusquant les habitudes et les préjugés, n'entraînaient pas automatiquement la conquête de soi et de la paix intérieure. Mais si la seule marginalité, le refus d'une vie conventionnelle n'étaient pas les garants de la Joie, quel chemin obscur et tortueux me faudrait-il emprunter ?

— Que vas-tu chercher l'Aventure si loin, me répétait un de mes amis, elle est au coin de la rue, il suffit de bien regarder...

Mais la vie urbaine offrait trop de sollicitations extérieures, étourdissait de tant d'activités souvent machinales que l'esprit s'engourdissait, de plus en plus incapable de créer, de simplement penser à autre chose qu'aux prodigieux rabais offerts sur le linge de maison, et au stress imposé par la compétition acharnée qui se livrait dans le milieu de travail. Trop de visages, trop de musique, trop de messages publicitaires couvraient la réalité d'un voile uniforme. Le temps était scindé en deux, semaine ou fin de semaine, qu'il plût ou que le soleil éclaboussât de lumière les rues et les passants. Les notions de réussite, d'épanouissement, de joie étaient réduites à de simples calculs comptables. Et, dans les trop brefs instants de liberté, de silence, il devenait impossible de rêver ou de simplement penser sur commande.

L'un me conseillait de faire des reportages, mais la gymnastique artificielle pour être toujours originale me déplaisait ; l'autre d'attendre la retraite, le troisième d'écrire, le quatrième de commencer pour de bon à devenir adulte.

170

Je perdais pied. De jour en jour, il me semblait ressembler davantage au modèle que je haïssais, jeune cadre raisonnable, compensant ses frustrations et ses rêves inassouvis par quelques médicaments ou la frivolité de distractions urbaines. Je perdais même le goût de créer, de rêver, de réagir, de trouver le sens de la vie. Mais en moi la révolte tenait bon et se manifestait par des accès de colère ou de sanglots, ou des maladies physiques dont je ne pouvais ignorer le caractère psychosomatique. Je perdais l'appétit et la santé, mon corps, obstiné et tenace, exigeait une vie plus conforme à mes aspirations.

Une nuit, je fis un rêve d'une extraordinaire puissance. Je me trouvais dans la maison de Nakane, au-dehors il faisait nuit et la lampe dessinait une frêle zone de clarté autour de la table où Claude était assis. Je voyais la courbe de sa bouche souriante, l'ombre de la barbe sur sa joue. Il portait une chemise que je lui avais envoyée pour Noël, il semblait absolument calme et détendu. Le poêle était éteint et pourtant régnait dans la pièce une douce chaleur.

J'étais là et pourtant je n'étais pas entrée, je n'avais souvenir ni de départ ni de train.

— C'est bien, je t'attendais, dit-il en venant vers moi, me prenant dans ses bras, les yeux brillants de tendresse.

— Tout était d'une étonnante netteté, les odeurs, le grincement de la table, le scintillement des étoiles derrière la vitre, la chaude lueur dans ses yeux.

— Mais d'où suis-je venue ? Il y a un instant à peine, j'étais à Paris et...

Il souriait, amusé de mon étonnement, l'air détendu et heureux.

– Quelle importance ? Tu es là, c'est le principal. Veux-tu un café ?

Il m'embrassait, caressait mes cheveux. Tout était si calme et normal. J'étais là où je devais être.

Peu de temps après ce rêve, repoussant l'échéance d'une aventure dans le Grand Nord dont le coût, exorbitant, excédait ma capacité de patience et d'espoir, je décidai de repartir à Nakane dès la fin de mon contrat. La vie était si courte, notre séparation nous apparaissait de plus en plus insupportable et absurde. J'avais vraiment besoin de reprendre force et espérance pour trouver une solution dont la vie parisienne semblait de plus en plus m'éloigner.

Fin septembre : *Ce matin, lever à 4 heures, je n'ai pas eu besoin de crier très fort pour réveiller les gars. Tout le monde s'est levé très excité car, aujourd'hui, c'est l'ouverture de la chasse ! Après un petit déjeuner copieux, chacun est parti pour son poste de chasse. Il faisait encore nuit, le thermomètre marquait moins 10 °C. Une belle journée d'automne s'avançait.*

Mon poste se situait au petit lac où tu as vu ton premier orignal. Arrivé au lac, le jour commençait à se lever et la brume s'étirait lentement à la surface de l'eau. Tout était calme. Je lançai mon premier appel. L'air était « écho » et le call [1] *se propagea au loin. Pour seule réponse, le silence... Après vingt minutes, je callai à nouveau. Tout à coup, à l'autre bout du lac, un WOUF ! WOUF ! WOUF ! se fit entendre, c'était la réponse d'un buck* [2] *à mon appel ! Soudainement j'avais chaud et*

1. Call : imitation du cri d'appel de la femelle, du mâle et même du veau orignal.
2. Buck : jeune orignal mâle.

mon cœur faisait des bonds... L'attente commençait.
Malgré un autre appel et une autre réponse, il n'a pas
voulu sortir à découvert. Ce sera pour une prochaine
fois !

Ce fut une journée magnifique et pleine d'émotions !
Mon seul regret, que tu ne sois pas là. Si tu viens
comme tu prévois au printemps, j'aimerais que tu
restes au moins jusqu'à l'automne ; c'est une saison tel-
lement belle !

Revenir m'installer à Paris après un deuxième long
séjour à Nakane me paraissait d'emblée impossible,
au-dessus de mes forces. Avais-je découvert trop vite
qu'il y avait d'autres façons de vivre et manquais-je de
patience et d'assurance pour que l'espoir pût primer
sur la réalité du quotidien ? Ma voix intérieure était-
elle encore trop faible pour se faire entendre dans le
brouhaha de la foule ? Mais déjà elle me soufflait de
casser le moule. Un nouveau départ, je ne l'ignorais
pas, me marquait du sceau infamant et rédhibitoire du
« dilettantisme », je renonçais de fait à toute possibilité
de carrière. La marginalité n'était plus l'idée plaisante
qui enrichissait les conversations et flattait un peu mon
orgueil, mais une évidence qu'il était temps d'assumer.
Je résiliai le bail de mon appartement, distribuai mes
quelques biens à mes amis et plaçai mes livres dans un
coin de grenier pour un temps indéterminé.

Fin mai, je repris la route pour Nakane ; quatorze
mois s'étaient écoulés.

7

> *Je n'accepte plus la condition de*
> *l'Homme-Abeille, de l'Homme-Néant,*
> *et je n'admets pas que le rythme de*
> *ma vie soit marqué par le marteau*
> *d'un garde-chiourme.*
>
> Alejo Carpentier

Cette nuit-là, le contrôleur n'eut pas besoin de me réveiller et, malgré la pâle clarté du petit matin, j'étais prête avant même que le train ne commençât à ralentir.

Comment allions-nous nous retrouver après ces mois de séparation, à penser seul, faire des projets pour deux et rêver de l'autre comme du Prince charmant ? Après cette période interminable d'ennui et de doute, j'avais tant besoin d'harmonie et de quiétude.

Pour masquer mon trouble, je discutais gaiement avec le contrôleur tandis que les pulsations de mon cœur s'accéléraient à mesure que le train perdait de la vitesse.

— Cent mètres, cinquante... Stop! chuchotait-il dans son talkie-walkie.

Quand la porte s'ouvrit enfin, Claude se tenait tête

nue, dans les premières lueurs de l'aube, un immense sourire illuminant ses yeux quand il m'aperçut. Avec la sensation que l'instant durait des milliards de secondes, je tombai dans ses bras, sous le regard amusé et ému du contrôleur.

Au réveil, la matinée déjà bien avancée était claire et belle. Comme dans mon rêve, la réalité revêtait une instantanéité qui bannissait la notion même d'arrivée, de passé, de transition. De nouveau, je respirais dans le présent, je vivais au rythme des battements de mon cœur. En retrouvant le bois et Claude, je me replongeais dans la densité de la parole, de la pensée, du geste présents. La ville et ses rumeurs, les résonances maladives qu'elle trouvait en moi s'effaçaient pour laisser place à la Nature dans l'éclat du printemps, et au quotidien amoureux qui, lentement, entre la fièvre des retrouvailles et les confrontations de deux esprits solitaires, remettait nos âmes en harmonie.

Je retrouvais le bois gai et verdoyant, la maison bordée d'herbes aux couleurs tendres, l'air empli de gazouillements et de parfums délicats. J'aurais pu croire n'être partie que depuis peu, n'avoir manqué du cycle naturel que la période du dégel et le tout début du printemps, période transitoire et éphémère, bouillonnante d'énergie. Claude me contait l'attente après les longs mois d'hiver figés dans le silence et le froid, la neige collante et molle qui tardait à disparaître, et la joie du cœur aux premières douceurs de l'air. Mais déjà les animaux et les plantes sentaient, bien avant nous, que le froid perdait son emprise, aux parfums ravivés, au bruit de l'eau vive sous la glace plus mince, aux jours qui s'allongeaient. Les bourgeons, la veille encore à peine visibles, éclataient, en quelques jours la forêt se couvrait de couleurs pastel, de jeunes pousses et d'herbes folles qui envahissaient les chemins. Juste avant mon arrivée étaient passés dans le ciel d'un bleu délicat les premiers voiliers [1] d'outardes et les premiers canards cherchant des trous d'eau dégagés. Puis enfin, un puis deux puis tous les lacs avaient *callé* [2] et l'eau, d'abord brouillée et sombre, avait repris sa limpidité. Les hirondelles étaient déjà là, les aigles pêcheurs rénovaient leur résidence d'été, l'eau s'infiltrant dans les tanières avait sorti de l'hibernation les derniers endormis.

J'arrivais pour la période des amours.

Dès les premiers jours, le bois se découvrit à moi avec insistance, comme en signe de bienvenue. Le premier soir, nous finissions de souper, et je me laissais envahir de bien-être en embrassant le lac du regard ; quand soudain j'aperçus, comme venue de nulle part, à moins de cent mètres de la maison, une grosse femelle orignal tranquillement occupée à brouter les fraîches herbes aquatiques de la rive. Profitant du vent qui soufflait vers nous, nous nous glissâmes à travers les herbes et les fougères, avec des précautions de chat rampant vers sa proie, pour l'observer de plus près. Ses grandes pattes enfoncées dans l'eau jusqu'aux genoux, elle plongeait la tête pour cueillir, de ses longues lèvres mobiles comme

---

1. Voilier : formation en V des vols d'oiseaux migrateurs.
2. Caller : enfoncer. Pour un lac, moment où la glace disparaît de la surface.

celles d'un cheval, les pousses printanières au fond du lac. Nous en profitions pour avancer, guettant le moment où, relevant la tête, elle humerait l'air et écouterait, ses oreilles frémissantes jetant des gouttelettes d'eau scintillantes. Elle mâchonnait d'un air paisible, ses gros yeux myopes glissant sur nous, aussi immobiles que des statues et la respiration suspendue. Le poitrail puissant faisait paraître l'arrière-train un peu chétif et les pattes grêles ; en arrière du cou, les épaules dessinaient une bosse disgracieuse et sans le majestueux panache du mâle, la tête était sans finesse, massive, le mufle large. Mais il s'en dégageait une puissance, une densité physique écrasantes et pourtant placides, qui nous tenait émerveillés, partageant en des échanges de regards éloquents une même excitation.

Mais soudain, le subtil craquement d'une branche sous nos pieds la mit aux aguets, la bouche tordue par une bouchée interrompue, les larges pavillons des oreilles agités de frissons, seuls tressaillements de vie dans son immobilité de roche. Comme au ralenti, elle se dégagea de la terre vaseuse, sembla sautiller lourdement vers l'eau profonde où elle se jeta dans des gerbes d'éclaboussures. La tête affleurant la surface, ses oreilles continuaient à analyser le fond sonore. Elle reprit pied sur l'île puis repartit à la nage jusqu'au bout du lac où elle s'enfonça dans le bois.

Deux jours après, en montant au lac Amanic, nous croisions de nouveau une femelle et son veau, puis à peine une demi-heure plus tard, une autre femelle. Dès qu'elles nous eurent aperçus, elles s'enfoncèrent dans le sous-bois, leur course sur un sol jonché de brindilles et de feuilles mortes devenant aussi imperceptible que le faufilement d'une belette.

Je bénéficiais de cette période printanière où les animaux, fébriles, se déplacent beaucoup. Les ours notamment, à la sortie de leur hibernation, étaient particulièrement actifs, affamés par leur long jeûne hivernal. Juste avant mon arrivée, Claude en avait observé un à moins de cent mètres pendant plus d'un quart d'heure. Assez proche de la maison coulait un ruisseau où l'ours était venu boire et, dressé sur ses pattes arrière, il mangeait avidement les nouvelles pousses de pin, au goût âcre mais aux valeurs purgatives. Il devait mesurer près de deux mètres et son poil avait le lustre noir et brillant de l'hiver. Sa myopie, très courante chez les animaux sauvages habitués aux forêts fermées, l'empêchait de distinguer Claude mais, soudain, un effluve acide et redouté le mit en alerte. Retombant lourdement sur ses pattes, il repartit tranquillement dans le bois, d'une démarche dandinante et un peu lourdaude.

Je rêvais d'en observer un de près, dans son milieu naturel. Bien que consciente des dangers qu'ils pouvaient représenter au printemps où ils sont plus facilement agressifs, je n'en éprouvais aucune crainte qui pût m'empêcher de me promener dans le bois. Je n'étais en cela ni particulièrement courageuse ni téméraire, j'acceptais le bois dans sa totalité et, sans limiter mes déplacements, je prenais les précautions d'usage. Ainsi, lorsque j'empruntais un sentier un peu étroit au crépuscule, heure où les animaux se déplacent le plus, je me parlais à voix haute ou chantonnais, pour éviter une rencontre inopinée qui pût mal tourner. Un soir, revenant de la pêche, j'aperçus une petite boule noire qui coupait ma route ; malgré mon désir d'observer de plus près ce petit ourson, aussi adorable que les animaux en peluche de mon enfance, je connaissais trop l'agressivité des mères pour m'attarder, et quittai les lieux au plus vite.

Le plus gros danger que peuvent représenter les ours est qu'ils s'habituent à la proximité de l'homme, en fréquentant des dépotoirs ou des terrains de camping, perdant ainsi leur réserve naturelle qui est notre meilleure protection.

Ainsi, au printemps précédent, des amis, venus à l'ouverture de la pêche alors que Claude était à Montréal, avaient fait une expérience qui leur avait rappelé brutalement les règles de sécurité à respecter dans un milieu sauvage. La galerie où, l'hiver, nous entreposions le bois n'était pas encore équipée de porte et fenêtres, et nos amis y avaient laissé pour la nuit leurs glacières copieusement garnies de jambon poulets et victuailles bien appétissantes. Au matin, tout avait été éventré, et le soir même, l'ours, bien content de ce festin inespéré, attendait, assis en face de la maison, que la table fût resservie.

Comme tout animal sauvage, l'ours réplique en général par l'attaque à des stimulations naturelles comme la peur, la protection des petits ou d'un territoire, notamment lors de la période d'accouplement. Malgré leurs airs balourds, ils montrent pour courir et grimper aux arbres une force et une rapidité bien supérieures à celles de l'homme. Je savais qu'en cas de face à face, la meilleure attitude était de céder le terrain, sans tourner le dos et sans geste brusque. Dans la plupart des cas, l'odeur humaine, le son de la voix suffisaient à les mettre en déroute, mais certains ours étaient imprévisibles, plus agressifs, bougons ou pique-assiette que les autres.

Ce risque ne faisait pourtant pas du bois le lieu de tous les périls que de faux aventuriers voulaient bien décrire. Que n'avais-je lu, avec étonnement et beaucoup d'amusement, sur les terribles dangers de la vie sauvage ! Le parfum *Chanel n° 5* attirait les loups et les rendait agressifs, les orignaux pouvaient charger sans raison le promeneur solitaire, les oiseaux de proie lui lacérer le visage de leurs serres coupantes comme des lames, l'ours lui tendre des traquenards, le carcajou, aujourd'hui presque totalement exterminé, se forcer un passage par le toit d'une cabane pour sauter à la gorge du trappeur. Il fallait se méfier de l'hermine assoiffée de sang, du lynx fourbe, jusqu'au malheureux porc-épic, pourtant bien l'animal le plus débonnaire, capable, en balançant sa queue, de lancer à plusieurs mètres ses piquants redoutables ! Quelques jours après mon arrivée, j'en avais rencontré un, se dandinant paisiblement sur le chemin. Avec un empressement comique, il avait essayé de s'éloigner le plus vite possible sur ses pattes courtaudes mais, se voyant devancé, m'avait tourné le dos avec obstination, pour me présenter ses piquants tout hérissés depuis la tête jusqu'à la large queue. Contrairement à son cousin hérisson, il ne se roulait pas en boule mais j'avais beau courir autour de lui, il virevoltait plus vite que moi, en m'opposant toujours son derrière ! Le pékan était sans doute le seul animal assez rapide pour le retourner et l'éventrer sans se larder de piquants. Des chiens imprudents ou de jeunes renards s'y essayaient parfois mais s'en repentaient amèrement ; car une fois plantées, les épines, grâce à leurs dards, s'enfonçaient à chaque mouvement plus profondément dans les chairs.

180

Finalement, lassé de tournoyer devant ce prédateur étonnant qui ne le lâchait pas, mon porc-épic ne fit qu'un bond jusqu'à un arbre qu'il escalada promptement et, une fois bien à l'abri, me couvrit d'injures en claquant des dents.

Dans le bois, l'homme est avant tout pour l'animal une menace dont il est préférable de se tenir éloigné. Loin de la version un peu mièvre d'une Nature paradisiaque, j'avais appris qu'à quelques exceptions près, ma présence, mon odeur, ma voix faisaient se figer la vie animale comme dans un musée de cires sans que je pusse déterminer si cela était dû à ma nature de prédateur supérieur, ou à mon intrusion encore insuffisamment marquée d'harmonie. Aussi, dans la forêt du Québec, la crainte des animaux est-elle, avant tout, le reflet non de la réalité d'un danger, mais d'une angoisse plus existentielle provoquée par le silence, l'isolement, la perte des repères familiers.

Mais le temps n'était pas aux grandes randonnées et, à peine arrivée, je devais aider Claude à préparer le bois pour l'hiver, avant que la sève ne fût trop montée dans les arbres, empêchant le bois de sécher correctement.

Il me fallait de nouveau m'initier, observer, comprendre et le fait, simple en soi, de faire tomber un arbre pour le transformer en bûches de chauffage se révélait un art mystérieux et grisant comme le danger.

A Nakane, nous n'utilisions que du bouleau ou du tremble, les autres feuillus étant inexistants, et le bois de conifère de piètre qualité calorifique. Souvent Claude avait déjà, les mois précédents, sélectionné les arbres à abattre, suffisamment gros, sains ou juste secs sans être pourris. En fonction du relief, des arbres alentour, de la courbure naturelle du tronc, les angles d'entaille et de coupe devaient être bien calculés ; la moindre erreur pouvait causer de graves accidents, si la scie restait coincée, ou si l'arbre, coupé à contresens, vrillait ou se fendait. J'assistais à ces manœuvres avec une inquiétude mêlée d'excitation et quand cela était nécessaire, poussais pour accélérer la chute de l'arbre. Alors la cime prenait un imperceptible ballant ; sous mes mains le tronc commençait à pencher doucement puis s'effondrait dans un grand fracas de bois et de branches brisés. J'aimais l'odeur de sciure et de résine, les mains qui devenaient calleuses et toutes poissées de gomme de sapin, les muscles jouant sous la peau. Ces journées au grand air nous ramenaient le soir affamés et emplis d'une bonne fatigue.

Une fois scié en tronçons, le bois était chargé dans un vieux camion emprunté à un voisin qui nous évitait le transport à dos jusqu'à la maison. Là les billots étaient fendus en belles bûches régulières, travail dont j'aimais la régularité et la précision quand ma hache, bien abattue, faisait éclater le bois avec un claquement sec. Corps et esprit se mêlaient en un profond accord, dont naissait un heureux sentiment de force, de liberté et de calme.

Il nous fallut plus de dix jours pour abattre, couper, fendre et entreposer la quantité nécessaire pour l'automne et l'hiver. Le spectacle des bûches mises à sécher en un beau tas bien cordé avait un aspect rassurant, j'y voyais le symbole d'une certaine forme d'autonomie, qui nous faisait puiser notre survie de ce qui nous entourait, et la récompense d'un travail justement accompli.

Mais déjà, d'autres tâches nous appelaient; la meilleure période pour la chasse à l'ours s'approchait et si nous voulions constituer des réserves de viande pour l'été, il fallait sans tarder disposer des appâts, sous forme de déchets de boucherie ou de restes de gâteaux, pour attirer notre gibier.

A un endroit propice, Claude avait installé un mirador, plate-forme accrochée à un arbre, pour que les animaux ne puissent détecter notre odeur. Nous nous étions fixé la règle de n'abattre qu'un ours par année, au printemps, quand la viande dégraissée par le long jeûne hivernal est à son meilleur. Déjà de nombreuses pistes montraient que des ours se tenaient dans les parages et il ne nous restait plus qu'à attendre le moment favorable.

Si l'ours était assez facile à pister car, opportuniste, il s'habituait vite à des réserves de nourriture disposées à son intention, le repérage de l'orignal présentait plus de difficultés et demandait une grande capacité d'observation. Le printemps et le début de l'été étaient la période idéale pour faire les aménagements nécessaires pour la chasse, car si à l'automne l'effet du rut bouleverse les habitudes et les déplacements des bêtes, elles restent cependant proches des endroits où elles ont toujours trouvé de la nourriture, un bon couvert d'arbres, un point d'eau ou une baie de foin. Aussi placions-nous à nos sites de chasse de gros blocs de sel dont au printemps, lors de la pousse des bois, les orignaux se montrent très friands. C'était aussi l'occasion d'observer les traces de leurs allées et venues, de vérifier la présence de jeunes de l'année dont les petits sabots s'éparpillaient autour de ceux, plus pesants, de la mère. L'hiver n'ayant pas été trop rude, le petit gibier, abondant, avait dû constituer le menu principal des loups, et la population d'orignaux dans notre secteur semblait prospère, d'après le nombre de branches et de bourgeons grignotés.

Cette analyse minutieuse des habitudes de l'animal représentait pour moi l'intérêt principal de la chasse, en plus de son aspect purement alimentaire. Semaine après semaine, mois après mois, il fallait essayer de percevoir ce qui le frappait, l'odeur qui l'attirait ou le repoussait, deviner les petits détails subtils qui, d'un paysage de lac qui, pour moi, était semblable à bien d'autres, composaient pour l'orignal un cadre unique et propice. La baie était-elle riche en herbes aquatiques ou en « carottes », gros tubercules enfouis là où l'eau était peu profonde, les abords du lac n'étaient-ils pas trop abrupts ? Alors qu'à la saison des amours, mâles et femelles s'appelaient de lacs en lacs, de montagnes en montagnes, la configuration du terrain allait-elle aider l'appel à résonner, à porter au loin ? Ici et là, des sentiers tracés au cours des années par des centaines de sabots leur permettaient de passer facilement d'un lac à l'autre, d'une vallée à l'autre.

Sans doute nos lointains ancêtres savaient-ils décrypter sans difficulté tout ce réseau de signes, aussi bien qu'une martre va percevoir les allées et venues d'un lièvre. Mais après des générations de plus en plus coupées de la vie naturelle, j'avais perdu cette qualité d'observation minutieuse que mon mode de vie n'exigeait plus. J'avais certes développé d'autres habiletés, tout comme le voyant soudain privé de ses yeux va apprendre d'autres modes de perception. Mais il me semblait alors avoir troqué un environnement intensément vivant, toujours différent, tableau mystérieux et sans cesse mouvant, pour un cadre figé où le mouvement ne se nourrissait que de ma propre énergie. Le monde qui m'entourait, jusque-là essentiellement toile de fond d'une scène où j'évoluais, m'apparaissait de plus en plus aussi fluctuant, aussi fascinant que le rideau d'eau d'une cataracte, et j'éprouvais un désir profond d'en mieux pénétrer les secrets.

Mais apprendre à regarder, non simplement à voir, mais à établir par l'esprit et le regard attentifs un échange, passionnant et constamment renouvelé, avec ce qui m'environnait était plus long encore que le simple fait, l'hiver, de déchiffrer quelques pistes évidentes.

Plus qu'une simple technique, j'y trouvais une discipline m'exhortant à être toujours présente dans chacun de mes actes et de mes gestes, juste contrepoids de l'habitude très moderne de s'absenter en soi-même, coupé du monde et des autres.

Les journées étaient bien remplies mais le soir, la fatigue ne nous empêchait pas de partir à la pêche dès la dernière bouchée avalée. Était-ce le coassement amoureux des grenouilles dans les herbes grasses s'amplifiant dans l'air calme du soir en un concert stimulant comme un air de cithare ? Ou la beauté d'un lac aux couleurs rosissantes du soleil couchant ? Une formidable énergie nous poussait, malgré nos muscles fourbus, à saisir nos cannes.

La chaloupe glissait paresseusement parmi les reflets des nuages et des arbres sous l'impulsion silencieuse des rames. Sur la surface miroitante, des éclosions de mouches que les truites venaient gober brouillaient l'eau de rides concentriques. Parfois un castor curieux venait nous observer de plus près, la tête à peine sortie de l'eau, puis plongeait pour reparaître à quelques mètres. Des brises légères s'annonçaient par une rumeur lointaine qui venait mourir sur le lac en faisant frissonner les arbres. Les oiseaux répondaient aux grenouilles, à peine entendions-nous le sifflement de nos lignes et les truites sautant hors de l'eau pour assommer d'un coup de queue la mouche véritable ou artificielle.

J'étais un pêcheur rêveur et, ma canne souvent posée au fond du bateau, je ne me lassais pas de « ressentir » le paysage. Avec tendresse, j'observais Claude pêcher à la mouche, son expression concentrée, s'éclairant quand une truite mordait, la précision de ses gestes pour la ferrer et la ramener doucement.

Puis peu à peu, la lumière déclinait, les grenouilles une à une se taisaient, le panier où nous glissions les truites se faisait plus lourd. Il était temps de rentrer. Alors tranquillement, nous revenions vers la maison, chahutant et plaisantant, tandis que dans le ciel scintillait les premières étoiles.

Nous parlions de nouveaux projets et, si nous n'étions pas toujours d'accord, deux certitudes étaient établies : le Bois, la Nature était notre domaine, et nous voulions construire ensemble. Érablière ou *pourvoirie* [1], sirop d'érable ou vacances de pêche et chasse... Nous discutions âprement, nos deux caractères têtus et endurcis de solitude s'opposant parfois avec éclat mais sans se départir d'une complicité tendre. Si nous avions abandonné momentanément l'idée du Grand Nord parce que trop éphémère, nous en revenions toujours et douloureusement aux problèmes financiers. A Paris, j'avais commencé à chercher des emplois en Afrique, plus lucratifs, mais sans succès, et ce milieu fermé, très masculin, me laissait peu d'espoir. Lancer une entreprise en ville impliquait de quitter le bois pour un certain temps, mais nous serions au moins réunis si je pouvais obtenir mes papiers canadiens. Ces tergiversations me mettaient quelquefois les nerfs à vif mais l'inquiétude de l'avenir était bientôt dissipée par la joie insouciante du présent.

Et pourtant, déjà, Nakane était menacé.

Un véhicule tout terrain à trois roues, acquisition récente, nous permettait, en empruntant les chemins tracés et entretenus par la compagnie forestière, d'aller découvrir de nouveaux paysages et explorer de nouveaux lacs. Par peur de réfléchir, par habitude puisque des coupes de bois étaient effectuées depuis des années près de Kubi, je n'avais mesuré ni l'ampleur du territoire sur lequel la compagnie étendait son emprise, ni le danger de cette présence pour

---

1. Pourvoirie : territoire, pouvant aller de quelques kilomètres carrés à plusieurs centaines, que le gouvernement concède à un particulier pour y développer la pêche, la chasse et la villégiature.

notre petit paradis. Un beau jour, Claude m'emmena en randonnée motorisée aux alentours de Kubi que je n'avais vus que recouverts de neige.

Avec horreur, je découvris des terres désertiques, un paysage de désolation où il ne restait par-ci par-là qu'un arbre déplumé, à moitié déraciné par le vent. La terre était labourée comme un champ de bataille ; le long des chemins, des troncs d'arbres étaient empilés, marqués à la peinture rouge, privés de leur âme. Les lacs, à peine entourés d'une lisière fragile d'épinettes, semblaient profanés, transformés en vulgaires trous d'eau marécageuse. Où étaient donc les orignaux, les perdrix et les lièvres, les martres et les renards ? Même les petits oiseaux n'avaient plus de branches pour se poser et au-dessus de nos têtes, le ciel gris était morne et indifférent. Nous croisions des machines si hautes qu'à peine nos têtes arrivaient-elles au moyeu des roues. Avec une habileté diabolique, leurs grandes pinces saisissaient un arbre et le sciaient aussi vite qu'on casse la tige fragile d'une fleur, le maintenaient serré pour en saisir un autre, et les têtes chevelues ballottaient dans l'air d'une façon inquiétante. En quelques minutes, des arbres de plus de soixante-dix ans étaient coupés, ébranchés et empilés sans qu'ait cessé le bruit strident des scies ou le grondement des moteurs. C'était désolant, la tristesse et l'angoisse me prenaient à la gorge tandis que Claude, sans un mot, les dents serrées, me faisait parcourir ce désert.

Nakane serait leur prochain terrain de jeux.

— Ils vont commencer les chemins d'ici un an ou deux. Dans quelques années, ce sera comme ici, confirma Tilouis d'un air fataliste.

Comment s'opposer à une telle puissance, à la prodigieuse masse d'argent impliquée, dans des terres oubliées et au nom de la douceur de vivre ?

– Mais ils vont replanter, ils sont obligés...

Tilouis se voulait rassurant devant mon air atterré. Replanter! Vaste plaisanterie. Nous avions longé des zones de plantation où de petites épinettes rangées comme des oignons poussaient leurs premières branches. Dans cinquante ans, la terre serait couverte et la forêt bonne pour une deuxième récolte; mais il n'y aurait ni fourré ni taillis, aucun sous-bois entremêlé pour le gîte et la nidification des petits animaux, aucune pousse tendre de feuillus pour les castors et les orignaux. Il y aurait des arbres, mais aussi muets et alignés que des poteaux de téléphone. Au moins, les méthodes anciennes de coupe de bois, plus lentes et sélectives, avaient permis au vieux bûcher près de Nakane de repousser un peu dans tout les sens, avec le vigoureux désordre qu'affectionnent la faune et la flore.

Mais que des terres très au nord fussent privées de vie, que des animaux, sans cri ni sang, fussent exterminés par l'avancée inéluctable du déboisement était de peu d'importance face à l'argument imparable de la meilleure rentabilité pour les compagnies forestières. Les coupes en damier, en bandes, qui tout en fournissant le bois nécessaire aidaient la forêt à se régénérer sans détruire la vie animale, étaient moins immédiatement lucratives. Années après années, des milliers d'hectares deviennent ainsi silencieux et sinistres tandis que nos poubelles regorgent d'annonces publicitaires et de journaux à peine dépliés. Le Nakane que nous aimions, où nous vivions de joie et de tendresse, ne tarderait pas à disparaître, nous profitions des dernières belles années. Et si ma voix intérieure me soufflait, cynique, qu'il m'était plus que jamais interdit de devenir stationnaire, j'éprouvais l'amertume des paysans expulsés par une autoroute. Notre terre, nos souvenirs, le lieu de notre première rencontre allaient être balayés comme un château de cartes.

Pour lutter contre ces pensées sombres, il fallait plus que jamais vivre le présent avec intensité, profiter au maximum de la chance que nous offrait ce coin de nature sauvage. Ainsi, le soir même, nous allâmes pique-niquer aux « Dunes de sable », endroit d'une rare beauté que j'affectionnais particulièrement. Du promontoire de sable fin où nous avions dressé notre feu de camp, le terrain descendait d'un côté en pente douce vers un lac bordé de trembles et de bouleaux où des castors avaient construit une grosse cabane. De l'autre côté, le regard plongeait sur des terres marécageuses où une rivière impétueuse dessinait ses méandres. L'air vibrait du grondement sourd des rapides, le feu s'apaisait en braises rouges qui grillaient nos truites fraîchement pêchées, le soleil couchant ensanglantait la surface des eaux. Peut-être un jour cette beauté-là serait-elle détruite et nous en garderions une nostalgie impérissable. Mais ailleurs, tant que nos pas nous porteraient, il y aurait d'autres contrées où il ferait bon vivre, où nous pourrions, épaule contre épaule, goûter en silence l'harmonie du soir. Car cette joie, le désir profond de la beauté calme et silencieuse étaient en nous et rien ne nous ferait y renoncer.

Avec l'apparition des premières mouches s'ouvrait

190

la période de la chasse à l'ours. Quand le jour commençait à baisser, nous partions faire le guet sur la plate-forme accrochée à cinq mètres du sol, à quelques pas du sac de nourriture. Immobiles et attentifs, nous attendions et ne quittions notre poste que lorsque l'ombre rendait moins distincts les contours, et la visée trop imprécise. Pendant cette attente silencieuse, la vie reprenait dans le bois comme si nous n'étions pas là. Ici un écureuil se grattait violemment de sa patte arrière en poussant de petits cris excités ; vive comme l'éclair, une belette venait ramasser quelques miettes tombées du sac d'appâts suspendu à une branche, le cri d'un hibou nous faisait sursauter.

Depuis plusieurs jours, un ours, assez gros d'après les traces imprimées dans le sable, profitait de la clarté lunaire pour venir chercher nos appâts. Mais avec l'approche de la nouvelle lune, nous avions bon espoir de le voir sortir plus tôt dans la soirée.

Une fin d'après-midi où les sons et les couleurs étaient ouatés du voile humide après la pluie, le silence fut troublé par un craquement à peine perceptible, puis un second plus fort nous mit aux aguets, le cœur battant. Lentement, une grosse tête noire apparut, le museau levé vers le ciel, reniflant l'air avec circonspection. Puis le corps suivit, d'un pas hésitant ; la fourrure était d'un beau noir sombre, éclaboussé de blanc au poitrail. Les épaules larges donnaient une impression de puissance malgré la démarche lourde et lente. S'avançant à découvert jusqu'au centre de la clairière, l'ours décrocha le sac d'un coup de patte ; la détonation me fit tressaillir, d'un bond l'ours avait sauté dans le bois. Quelques branches brisées, un soufflement rauque puis le silence. Tout s'était passé si vite.

Après quelques minutes de recherches dans les taillis où, le souffle court et les mains moites, j'épiais les environs, nous le retrouvions mort à une dizaine de mètres. Il devait bien peser cent cinquante kilos, et à deux, nous avions à peine la force de le soulever. Ce ne fut que tard dans la nuit qu'à l'aide de cordes, du trois-roues et d'une brouette, nous pûmes enfin le déposer devant la maison.

Une grosse journée nous attendait le lendemain. Des amis et un couple de voisins arrivés dans la nuit faisaient cercle tandis qu'avec Claude, nous détachions la peau que les restes de graisse faisaient adhérer aux chairs. Une fois débarrassé de sa fourrure, le corps ressemblait étrangement à celui d'un humain, en plus trapu et robuste et j'y vis peut-être l'origine de la vénération de nombreuses tribus indiennes pour le frère aîné sauvage.

En débitant la viande se réveillaient en moi des connaissances et des joies très anciennes si peu éprouvées dans mon enfance citadine, le plaisir de manier, de préparer une viande saine assurant la nourriture pour plusieurs semaines.

Notre voisine me prodiguait de bons conseils et les histoires d'une époque où l'autonomie, notamment alimentaire, était essentielle à la survie. Elle et son mari, âgés de plus de soixante-dix ans, n'avaient rien perdu de leur curiosité ni de leur vigueur, leurs visages aux rides souriantes et aux yeux espiègles révélaient sans autre parole la richesse d'une vie. Marie avait été élevée dans une ferme dont elle me racontait les coutumes et les fêtes. Elle partageait avec nous la passion du bois, l'amour de la Nature et le plaisir de la chasse et de la pêche. Armand préfé-

192

rait, à l'âpreté de la forêt, la douceur des plages de Floride, mais il l'accompagnait sans rechigner. Cette première rencontre fut le début d'une belle amitié ; souvent, par nos choix et notre mode de vie, nous sommes-nous sentis plus proches d'eux que de bon nombre de nos contemporains. Avec huit enfants, ils avaient eu des moments difficiles et s'ils n'avaient jamais manqué de rien d'essentiel, c'était avant tout grâce à leur courage et à leur ingéniosité. De leur vie, ils en étaient contents comme d'une juste tâche accomplie où n'avaient manqué ni les rires ni la tendresse d'une famille unie. Comme eux, nous jugions que jamais l'habitude du confort, l'emprise de l'argent ne sauraient remplacer la magie des joies et des plaisirs simples.

Alors que la peau de l'ours était enfin clouée sur la planche de séchage, Claude partit en expédition avec nos amis, tandis que je prétextai un peu de fatigue pour retrouver ma solitude.

Un soir, ils revinrent tout énervés d'un lac inconnu où sous les reflets déclinants du soleil ils avaient vu miroiter le dos d'une truite gigantesque. Il n'en fallait pas tant pour qu'aux petites heures de l'aube, toute la maison partît à la conquête de la plus grosse truite mouchetée de son histoire. Il nous fallait parcourir une dizaine de kilomètres en camion dans le vieux bûcher puis couper à travers bois où la forêt dense et le thé du Labrador encore trempés de l'humidité de la nuit eurent tôt fait de me mouiller des pieds à la tête. Le lac était tout en longueur, bordé d'une falaise abrupte et le regard se perdait dans l'eau sombre sans accrocher le fond.

Accroupie au pied d'un arbre, j'observais Claude lancer et ramener sa ligne, sans se décourager, alors que dans le ciel le soleil atteignait déjà son zénith. Soudain, tout son visage s'anima d'étrange façon tandis qu'entre ses dents serrées, il murmura :

– J'en ai une...

Lentement, avec d'infinies précautions, il ramenait sa proie, qui en se débattant ridait la surface de l'eau, et je m'avançai avec la grande épuisette jusqu'à ce que de minces vaguelettes vinssent clapoter sur le haut de mes bottes.

– Doucement, doucement... Ne bouge pas!

Sa voix vibrait d'excitation et j'étais saisie d'inquiétude à l'idée de manquer ma manœuvre.

– Encore un peu, encore un peu et... Hop!

Et, dans la consternation générale, j'élevai dans l'air un brochet dont la taille, extraordinaire pour une truite mouchetée, était très commune pour ceux de sa famille. L'air déconfit de Claude me fit rire aux larmes et je le taquinais tandis que l'air sombre, il remettait à l'eau le petit brochet dont l'espèce, carnassière, avait sans aucun doute colonisé ce lac de grandeur moyenne, anéantissant tout espoir de truite. Pour comble de malchance, l'un des pneus du camion creva au retour et c'est la mine basse et en traînant les pieds que les vaillants pêcheurs regagnèrent la maison! La soirée fut bien animée, chacun ajoutant un détail cocasse au récit épique de notre randonnée. Ainsi retrouvions-nous les joies de l'enfance, où d'un simple bout de bois on fait l'épée d'un preux chevalier et où chaque jour est différent.

Nous étions heureux parce qu'il faisait beau, les journées étaient pleines d'imprévu, sans frénésie ni agitation, chaque minute de présent était essentielle.

Et pourtant, quelquefois, mon humeur s'assombrissait, l'avenir me faisait peur, d'étranges ombres glissaient sur moi. Si notre entente avec Claude connaissait des périodes non pas orageuses mais simplement moins ardentes, si la journée était plus morose, j'en éprouvais une grande frayeur, comme si le moindre nuage dans un ciel serein annonçait la fin du bonheur. D'avoir connu la détresse me rendait impatiente et trop entière, le tout ou rien ne m'avait pas quitté, simplement se manifestait-il avec moins de fureur. Si l'idée de la mort s'était éloignée, à vivre des joies quotidiennes et sereines, je la sentais encore tapie dans l'ombre, prête à bondir au moindre revers de fortune, et j'en ressentais un malaise sourd. Peut-être étais-je à jamais insatisfaite, mais une voix persistante et dérangeante me chuchotait que je n'étais qu'au tout début de ma route. Je m'avouais que je n'avais pas trouvé le paradis mais un cadre de vie qui me poussait à des choix, à des prises de conscience auxquels je ne me sentais pas toujours prête. Et ce mélange de joies, de craintes, de fierté de me sentir, comme malgré moi, poussée en avant m'emplissait d'une intensité telle que, seule la Nature du bois, extrême et majestueuse, en pouvait accueillir l'écho.

L'été était, non la saison des réflexions et des pensées méditatives, mais celle de l'activité, la saison du corps qui, actif, s'épanouit, tandis que comme un épi de blé mûrissant au soleil, le mouvement intérieur se fait plus discret mais inaltérable. Le travail pour aménager de nouveaux chemins, les constructions de caches pour la chasse d'automne, déjà l'aménagement de sites pour les pièges de l'hiver suivant nous tiraient du lit tôt le matin jusqu'au soir, où la longue clarté retardait l'heure de s'asseoir, de se reposer. Les mouches bourdonnaient, l'herbe devant la maison, à peine fauchée, repoussait et ondoyait sous le vent ; en fin d'après-midi, des branches vertes traversaient le lac, portées par des castors qui, pressés, colmataient leur barrage et se construisaient une nouvelle habitation.

Un lac laissait-il espérer des truites de belle taille ? Le lendemain, le jour à peine levé nous trouvait déjà à la pêche. C'était le premier matin du monde, l'humidité scintillait encore sur les aiguilles de pin. Prodige toujours renouvelé, le soleil apparaissait à l'horizon, étirant les ombres secrètes du sous-bois, faisant naître le pépiement assourdissant des oiseaux, les bouffées d'odeurs d'humus et de résine. Tout n'était que pureté et douceur.

Les framboisiers sauvages se couvraient-ils de fruits, petits mais succulents ? Il fallait se hâter de les cueillir avant les oiseaux et les ours. Et la maison s'emplissait de l'odeur sucrée des fruits, les pots de confiture s'alignaient, translucides et alléchants. Il aurait bien fallu tailler les plants, les espacer pour avoir une meilleure récolte, mais des amis arrivaient dans la nuit. Nous en profitions pour faire ce qui, à deux, était difficile, déplacer un gros canot d'un lac à un autre, aménager la traversée d'une rivière...

– Quelle chance vous avez ! s'exclamaient-ils tandis qu'avec Claude nous nous lancions des regards complices. Le rythme des jours en était modifié, les soirées rappelaient les temps anciens, à parler et à rire jusque tard dans la nuit.

Il n'y avait ni lundi ni dimanche, chaque jour était

différent et, devant le calendrier, nous nous exclamions : « Déjà la fin juin ! », avec un pincement au cœur de voir s'enfuir si vite les belles journées.

Partout des fleurs mettaient des notes joyeuses dans les sous-bois et au bord des lacs, iris au bleu sombre, pétales délicats des orchidées, globes jaunes des nénuphars, fleurs sauvages d'un rose parme qui, à peine cueillies, flétrissaient et me rendaient coupable de les avoir dérobées à la beauté du paysage.

Pour le seul plaisir de marcher, je parcourais les sentiers pour ne revenir à la maison que les jambes fourbues, la tête pleine de pensées vagues et douces. Si les randonnées en trois-roues faisaient naître, sous le vent qui fouettait le visage, une excitation vite retombée, rien ne remplaçait le rythme lent des pas pour me sentir respirer, l'âme ouverte comme une corolle. Nous penserions mieux, plus librement, avec moins d'entraves, si nous marchions plus.

Au lac à brochets, nous décidâmes de construire un mirador d'observation pour la chasse car les alentours de la baie de foin y étaient labourés de marques de sabots. C'était un gros travail et nous partîmes de bonne heure. Le sentier que nous avions marqué à travers bois traversait une forêt touffue d'épinettes noires où les rayons du soleil levant ne se glissaient qu'avec peine. Au pied d'un gros sapin, une masse sombre attira notre attention ; c'était un petit ours, de la taille d'un gros chien, en partie dévoré par un adulte dont les traces énormes et fraîchement marquées dans le sol nous indiquaient que nous venions de le déranger. L'atmosphère était lugubre et inquiétante ; un tel cannibalisme, s'il ne nous étonnait pas, choquait fortement notre sensibilité et notre conception anthropomorphique de la nature animale. Nous nous éloignâmes du carnage le plus vite possible.

La construction d'un abri suspendu dans les arbres était une de mes activités favorites, j'étais Robinson Crusoé ou Le Baron perché, et je réalisais des rêves d'enfant. Il suffisait de trouver dans un premier temps trois arbres robustes disposés en un triangle dont la base était tournée vers la baie de foin où les orignaux venaient boire et manger les herbes aquatiques. Billot après billot, nous formions la plate-forme à quelques mètres du sol pour déjouer l'odorat très sensible des animaux. Juché sur une échelle rudimentaire, clouer à bout de bras d'énormes clous n'était pas une mince affaire. Restait à poser les rondins de contour, former un banc rudimentaire et placer le toit. Enfin nous pouvions nous asseoir et contempler, les jambes ballantes, le lac qui, déjà, se teintait de pourpre. Un orignal certainement allait sortir de la lisière des arbres... Seules la faim et la lumière déclinante réussissaient à me tirer de ma contemplation.

Fin juillet, le temps devint pluvieux et orageux. Partout sur les sentiers poussaient des champignons délicieux qui devenaient la base de nos repas et dont nous mettions à sécher l'excédent. La température était lourde et humide, les mouches tournoyaient frénétiquement, un vent fort aiguisait les nerfs. Nous attendions l'orage. Un soir, l'attente se fit palpable, tout s'était tu. Et tout à coup, le ciel fut zébré d'éclairs ; les arbres ployaient sous la bourrasque, le tonnerre grondait et éclatait au-dessus de nos têtes. Des gouttes de pluie éparses s'écrasèrent lourdement sur les vitres puis ce fut un incroyable déluge. Tout nus, nous nous précipitâmes dehors avec des éclats de rire, ravis de cette douche providentielle et le cœur soulagé.

Mais la pluie torrentielle dura toute la soirée, par les fenêtres nous ne distinguions qu'un mouvant rideau d'eau. Au matin, il pleuvait toujours en une bruine ininterrompue, jusqu'au soir où, profitant d'une éclaircie, nous partîmes pêcher dans la rivière. Mais le chemin disparaissait à certains endroits sous plusieurs centimètres d'eau, le trois-roues partait à la dérive sur les flots déchaînés d'un torrent qui nous arrivait à la taille. Il semblait difficilement imaginable que la veille encore, nous ayons pu passer là à pied sec. La violence de l'orage et de la pluie avait détruit à maints endroits les barrages de castors, notamment là où la puissance du courant les avait obligés à des constructions à niveau, comme des digues successives. Tout avait été pulvérisé et emporté comme des fétus de paille. L'eau sortie de son lit avait éparpillé çà et là les branches et les pierres. A deux endroits, les ponts de sable, minés à leur base, s'étaient effondrés et au milieu de la route s'ouvraient des brèches hautes de plus de dix mètres au fond desquelles grondait une eau écumeuse. La rivière que nous aimions regarder serpenter lascivement du haut des dunes de sable était devenue effrayante. Là où nous avions l'habitude de lancer nos lignes pour pêcher le brochet, l'eau avait monté de plus de cinquante centimètres et léchait nos pieds. Au milieu d'une mousse jaunâtre passaient des troncs et des arbres arrachés qui s'entrechoquaient avec un bruit sourd, dans le vacarme du torrent qui couvrait nos voix.

J'éprouvais un sentiment de respect et une admiration presque religieuse devant la force de la Nature qui, en un instant, pouvait ainsi se déchaîner et anéantir en un souffle le lent et patient travail des animaux et des hommes. Trempée et grelottante, à genoux devant l'eau qui giclait et bouillonnait, je me sentais envahie de la joie intense d'être ainsi minuscule et fragile ; comme la tempête de neige, l'orage me rappelait l'humilité et l'ivresse d'être vivante, simplement et profondément vivante. Au travers du sol, dans le tumulte de l'écume, montait vers moi l'énergie phénoménale de l'Univers. Encore une fois, le bois, la Nature sauvage m'imposaient la leçon que jamais rien n'était acquis, que ce qui hier encore était calme et tranquille pouvait se transformer en un spectacle bouleversé et terrifiant. N'était-ce pas la puissance même de la vie qui vibrait, dans ce rappel constant de notre fragilité et de la précarité de nos existences ?

Seuls, nous l'étions plus que jamais, la voie ferrée certainement par endroits avait été inondée et les chemins coupés par l'effondrement du sable. Tant que l'eau n'aurait pas retrouvé son cours habituel et que les travaux de réparation n'auraient pu être entrepris, nous étions sur une île et étions aussi heureux que des mauvais élèves apprenant que leur école a brûlé.

Ce ne fut qu'un plaisir de courte durée et, à peine quelques jours plus tard, une équipe de la compagnie ferroviaire nous apprit que tout était rentré dans l'ordre et que le train avait repris son trafic habituel. Je m'informai de Roger dont je n'avais pas eu de nouvelles depuis quelques mois ; il avait été muté à plusieurs kilomètres de Nakane, nous ne le reverrions sans doute pas de l'année.

Un soir, alors que, rentrés plus tôt pour préparer des filets de brochets pêchés dans l'après-midi, nous bavardions, des pas lourds se firent entendre sur le perron. La porte d'entrée claqua, puis s'encadra dans l'embrasure un homme de taille moyenne et corpulent, la casquette crasseuse enfoncée sur la tête comme si le soleil était un ennemi à abattre ; un vieux mégot détrempé et éteint lui collait aux lèvres. Son regard fit le tour de la pièce, s'arrêtant sur chaque détail mais glissant sur nous comme si nos vêtements eussent été vides. Enfin, rompant le silence, il laissa tomber quelques mots désaccordés, sans ordre ni logique. Il semblait vouloir de l'eau, chaude, dans une tasse que Claude s'empressa de lui tendre avec le café et le sucre. L'homme s'assit, posa quelques questions maladroites : qui étions-nous ? vivions-nous ici ?, répondant aux nôtres du bout des lèvres.

— Ukraine, là-bas, venir de loin. Bleuets. Femme, cueillir...

Voulait-il autre chose, à boire pour sa femme, avaient-ils un endroit pour dormir, la maison était grande, il serait assez tôt demain pour repartir. Il faisait non de la tête et à peine bu sa tasse d'eau, il repartit, aussi énigmatique et taciturne qu'à son arrivée. Et pourtant, il y avait entre nous un lien de solitude. La forêt, l'éloignement de la civilisation nous rapprochaient et, s'il l'avait accepté, nous les aurions accueillis avec les mêmes égards que pour un haut dignitaire.

Les nuits devenaient plus froides et l'eau des lacs restait fraîche pour la baignade. L'été glissait vers l'automne, les fleurs avaient disparu, les herbes étaient moins vivaces et, dans le bois, montaient des odeurs subtiles de mousse et d'humidité. Les castors semblaient pris de frénésie et je m'embusquais pour les regarder travailler. Autant dans l'eau étaient-ils agiles et souples, autant se traînaient-ils gauchement sur le sol, leur ventre rebondi frottant la poussière quand ils tiraient jusqu'au lac les arbres pour leurs constructions. Au moindre bruit, ils abandonnaient leur butin et plongeaient avec un claquement sec de la queue sur la surface du lac, qui reprenait aussitôt son immobilité comme si rien n'y eût jamais habité. Mais ils travaillaient surtout de nuit et chaque matin, devant la maison, dépassaient hors de l'eau quelques branches vertes supplémentaires. Dans la boue vaseuse se dessinaient clairement leurs chemins de halage et un peu partout ne restaient des jeunes bouleaux que des souches coniques marquées de traces de dents.

La pêche s'achevait, les fusils et les carabines sortaient des placards, lustrés et huilés, et nous nous exercions au tir sur cible. Une nouvelle saison s'annonçait. Là où nous observions des traces, nous commencions à construire des cabanes et à planter des piquets pour, dès l'ouverture de la trappe, y installer nos pièges. Dans le vieux bûcher, lentement les teintes viraient au jaune d'or et à l'ocre. Était-ce d'être née à l'équinoxe d'automne qui me faisait vivre cette saison avec tant d'émotions ?

Un matin, nous partîmes pour le lac du Huard où

je n'étais plus montée depuis l'hiver de l'année précédente. Le ciel était encore rose et bleu, l'air était frais, la forêt superbe, et j'éprouvais un plaisir ému de reprendre ainsi, symboliquement, la route vers l'hiver. Mais à peine pouvais-je reconnaître le sentier dans ce fouillis de feuilles et de branches qui me fouettaient le visage au passage. Ici, une pierre moussue, là le cours étroit et sinueux d'un ruisseau caché dans les broussailles, un peu plus loin les pas étaient étouffés par un épais tapis d'herbes folles. Le chemin ne m'entraînait pas dans le passé, il m'offrait un nouveau visage, qu'envelopperait bientôt la couverture uniforme de la neige. Les pics-bois étaient toujours là et une perdrix décolla sous nos pieds. Les broussailles et les arbres renversés rendaient la marche difficile et fatigante. Avant d'arriver au lac s'étendait une vaste clairière marécageuse où des arbres morts dressaient leurs silhouettes un peu lugubres vers le ciel dégagé et clair puis une dernière côte nous faisait déboucher sur le lac, immense et large miroir qui étincelait au soleil. A notre droite, le regard plongeait vers le ruisseau de sortie du lac qui bruissait et chantonnait, et portait loin vers l'avant jusqu'à la lisière des arbres ; sur la gauche s'ouvrait une autre baie de foin. Le dos bien calé dans le creux d'une souche mousseuse, une tasse de thé à portée de main, il me semblait avoir toujours vécu cette vie simple et belle, j'appartenais à la forêt tout autant qu'elle se reflétait en moi, j'étais enfin en harmonie.

La chasse approchait et Claude descendit quelques jours à Montréal pour établir les derniers préparatifs avec les amis qui devaient nous rejoindre. J'en profitai pour retrouver une solitude presque oubliée. Plaisir de se sentir soi-même, sans autre écho que celui de la Nature, de voir passer les heures à son propre rythme. De longues randonnées me tenaient dehors jusqu'au soir. Le sac à dos contenant mon repas, j'arpentais, infatigable, les sentiers, les bordures de lacs, tous les recoins familiers que l'automne modifiait d'une légère tache de couleur. Je traversais des lacs en canot, ma pagaie effleurant à peine la surface mordorée de l'eau ; profitant des derniers rayons chauds du soleil, je m'allongeais sur une pierre, les yeux mi-clos, jusqu'à ce que l'humidité du soir me fît frissonner. Me fascinaient les subtiles modifications du paysage, comment, jour après jour, par des détails imperceptibles, le bois changeait de saison. Avec l'émerveillement de regarder éclore une fleur, j'observais la Nature glisser doucement vers l'hiver ; ma solitude rendait plus sensible les frissons du temps, plus poignante la mélancolie de porter le dernier regard sur l'éclat de l'été.

Ainsi, un soir, à la fin d'une journée pluvieuse, je revenais vers la maison après une longue randonnée ; au-dessus de la brume et dans les couleurs du couchant se dessina devant moi un arc-en-ciel, large comme le ciel, éblouissant. C'était un instant d'une beauté parfaite, la couleur d'or des feuillus se mêlant au vert sombre des épinettes, la maison encore mangée de brume et, dans le ciel dégagé, d'un bleu pastel, la forme absolue de l'Arche, le « signe de l'alliance ».

A ce spectacle, comme une mauvaise peau, la Mort me quitta ; instantanément, le désir du néant, du refuge ultime dans la Non-Vie me devint aussi étranger qu'à un papillon sa chrysalide. Pour la première fois, l'air emplit mes poumons sans retenue, clair et doux, mon esprit devint fluide comme un eau pure et lentement, sur mon visage, je sentis monter un sourire apaisé.

Je ne me sentais plus isolée, tenue en marge par la sensibilité exacerbée de mon âme, mais différente ; la perception propre de l'existence, au lieu de me tenir à l'écart, guidait mes pas vers une plénitude dont les autres n'étaient pas exclus. Je commençais à comprendre qu'entre la résignation à laquelle je me croyais, tôt ou tard, condamnée, et le rejet systématique du misanthrope, se dessinait ma place que je définissais encore mal mais que nul autre que moi ne pouvait me refuser. La force qui m'avait poussée en avant, alors que j'étais inquiète, révoltée, trébuchante, composait la foi déplaçant les montagnes. J'allais vers un devenir que moi seule je pouvais connaître et conquérir. Malgré les contraintes, les difficultés, les obstacles d'une réalité qui m'était souvent apparue hostile, j'avançais vers mon épanouissement, guidée par une voix tantôt puissante, tantôt imperceptible, aussi indispensable à mon être le plus secret et le plus authentique que la respiration à la vie de mon corps.

Mais mes réflexions et mon plaisir de la solitude furent vite interrompus ; en quelques jours, le village reprit presque son aspect d'autrefois, des gens couraient et s'interpellaient, les moteurs pétaradaient, et dans la maison, l'escalier résonnait sous les lourdes semelles de bottes. Pour la première fois, j'étais mêlée au branle-bas de l'ouverture de la chasse ; cette excitation tout enfantine me faisait rire sans que je me sente tout à fait au diapason. Dans tous les coins de la maison, traînaient pêle-mêle bottes, carabines, boîtes de balles, sacs à dos, sous-vêtements chauds, bouteilles-thermos, cornets d'écorce de bouleau dont j'avais vu Claude se servir pour amplifier son *call*. Dans le village, tous les chalets étaient occupés, même une grosse tente se dressait dans la cour. Une concertation générale avait réparti les zones de chasse entre les familles. Mon domaine était bel et bien envahi mais, dès le jour de l'ouverture, tout redeviendrait tranquille, m'avait rassurée Claude. Alors chacun serait embusqué et silencieux sur son poste de guet. Pour ma part, j'avait décidé de faire la chasse du matin, pour le lever du jour, puis de passer le reste de la journée tranquille à la maison à préparer le repas du soir.

La veille de l'ouverture, j'accompagnais Claude lancer son premier appel de « mon » lac. C'était l'heure exacte où le jour bascule dans le soir, quand les ombres deviennent soudain plus épaisses, et que l'humidité monte du sol vers la fraîcheur de la nuit. Accroupie dans l'herbe au bord du lac, je l'observais avec attention marcher dans l'eau ; dans l'air immobile et frais, résonnait le claquement des semelles et de l'eau retombant en gerbes. Prenant son cornet qu'il bouchait du doigt, il ramassa un peu d'eau qu'il laissa retomber en un long jet sonore. Avec des précautions infinies, il revint vers la berge et s'accroupit à mes côtés. Les formes au loin s'effaçaient dans l'ombre, le ciel virait au bleu nuit, bordé d'une écharpe rougeâtre. Près de moi, je sentais son souffle retenu, l'odeur d'aiguilles de sapin qui montait de sa veste, la vibration de son attente. Le silence était solennel et même si mes genoux me faisaient mal, je n'aurais bougé pour rien au monde. S'approchant de nouveau du lac, il leva le cornet à la hauteur de ses lèvres et tout doucement, comme une plainte, il chevrota le premier appel, sa tête se levant de la terre vers le ciel pour se réincliner si bas que dans l'ombre, je ne devinais qu'une masse noire et compacte. Plusieurs minutes passèrent, des brindilles craquèrent sous le passage d'un écureuil ou d'un lièvre, au loin un hibou hulula, pas un souffle de vent n'agitait les feuilles. Puis la plainte monta à nouveau, plus claire, plus forte, résonnant vers le ciel, vers la montagne, couvrant la forêt d'une clameur sourde et poignante. Puis elle décrût, jusqu'au gémissement à peine audible, pour se fondre dans le silence. Quelque part, sur un lac au loin, ou à l'abri des arbres sur un flanc de montagne, peut-être un mâle, la tête levée, les oreilles dressées, tout le corps parcouru du frisson du rut, entendait-il l'appel de la femelle, l'appel lancinant de l'accouplement, de la vie, insistante, qui se renouvelle. Une femelle, son veau [1] de l'année encore collé à elle, écoutait-elle, prête à se mettre en marche vers ce brame qui la dérangeait au plus profond de ses entrailles, écartant d'un coup de tête brusque son petit trop soumis ? Quand les dernières notes de l'appel furent retombées, le silence sembla plus dense et plus complet, le mystère, la magie des saisons et des cycles devenaient palpables.

Le lendemain, la chasse était ouverte.
Mon poste de chasse se situait sur la troisième baie

---

1. Veau : petit de l'orignal, né au printemps.

de mon lac. S'y formait comme un autre petit lac, où durant l'été, Claude avait aperçu un gros mâle, le corps presque totalement immergé dans l'eau pour se protéger des mouches, si occupé à manger des carottes qu'il n'était reparti vers la rive qu'au bout d'un quart d'heure, d'un pas tranquille et pesant. Il y avait près de deux heures de marche depuis la maison et le dernier kilomètre traversait une grande étendue d'arbres disséminés et de thé du Labrador mouillé de rosée, qui m'arrivait aux genoux. Dans l'obscurité, je me fiais à l'habitude plus qu'aux marques sur les arbres pour retrouver mon chemin. Mon poste se trouvait à mi-pente de la colline qui, mollement, descendait vers le lac, à l'abri d'un rocher où je m'installai du mieux que je pus pour de longues heures de guet. A ma droite, une petite baie de foin où un mince ruisseau serpentait, en face une paroi rocheuse montait en pente raide, et sur ma gauche le lac se resserrait, formant un coude pour s'élargir à nouveau sur un autre plan d'eau qu'un promontoire rocheux dérobait à ma vue. Le ciel était si couvert qu'à peine percevait-on le lever du jour à la transparence de l'air. Mouillée jusqu'à la ceinture, je grelottais dans l'humidité froide qui montait du sol, dans l'attente impatiente des premiers rayons chauds du soleil. Ils n'apparurent que vers midi, dorant ce paysage dont je connaissais déjà le moindre détail. Rien n'avait bougé, à part quelque écureuil surexcité, un oiseau à qui je lançai des miettes de mon pain, une fourmi que j'observai longuement tentant de charger sur son dos un morceau de fromage aussi gros qu'elle. Les minutes passaient, interminables, il me semblait que jamais un orignal ne pourrait sortir là, devant moi.

Chez mes compagnons, tout était également resté calme et le soir, autour du repas, ne s'entendaient que bruits de fourchettes et conversations languissantes.

Le lendemain matin l'air était encore empoissé de brume et, sans conviction, je partis de la maison alors que le jour, commençait déjà à poindre. Dans le silence de l'aurore, mes pantalons de pluie criaient flik! flik! et j'avançais doucement en me rapprochant du haut de la colline. Avec précaution, ma tête émergea de la butte : à mes pieds le lac étendait son eau calme. Là où il formait un coude, un gros mâle orignal, la tête levée, dressait vers moi ses larges ramures, enchâssé dans le paysage en un ensemble parfait. Avant même que l'enchantement ne fût rompu, j'aperçus le reflet moiré du pelage de sa croupe tandis que le claquement de son galop s'enfonçait dans le lointain. Sur la minuscule bande de sable qui longeait le lac, les grains roulaient encore dans les traces profondes des sabots.

Et les heures d'attente reprirent.

Mais le temps virait au beau ; au matin, les feuilles scintillaient de givre, les lacs étaient noyés d'une brume rose d'où émergeait la cime des arbres. L'air était cristallin, le silence avait la densité d'une étoffe qui bruisse ; le craquement d'une branche, le pépiement d'un oiseau résonnaient comme une déchirure. Les premiers rayons du soleil traversaient délicatement les vapeurs de l'aube qui s'effilochaient aux arbres et aux angles aigus de la paroi rocheuse, et sous le blanc du givre transparaissaient le rouge et le doré du thé du Labrador. A contempler la splendeur de l'aube, j'en oubliais les heures.

Un matin, alors que le jour finissait de se lever, une vibration, une onde vint frémir aux franges de ma conscience tendue vers le silence, puis devint plus précise, plus nette, s'isola des autres murmures, emplit le ciel de cris distincts. Les oies, les oies sauvages reprenaient leur route vers le sud ! Encore invisibles, leurs cris les précédaient, ouvrant le ciel à la pointe de leur formation et à force d'attendre, la tête levée, les yeux scrutant l'azur, je me résignais déjà à les entendre sans les voir. Et puis elles étaient là, en un V majestueux, chaque point bien détaché qui, telle la crête d'une vague déferlante, se brisait, s'étirait, se redessinait. Déjà elles s'éloignaient, aimantées par leur but invisible, et l'esprit s'élevait avec elles, les espérant longtemps après qu'elles s'étaient fondues dans le ciel, leurs cris traçant un sillon qu'on aurait pu toucher du doigt. Quel appel troublant m'atteignait au cœur, quel désir indicible de m'élancer à leur suite, comme Nils Holgersson accroché à son jars ? N'était-il pas, pour moi aussi, temps de prendre mon vol, guidée par l'instinct, vers un but que j'ignorais encore mais qui certes brillait, dont la chaleur intense, tels les reflets d'un feu de camp sur une paroi rocheuse, m'emplissait d'une énergie ardente et joyeuse ? La peur et l'espérance se mêlaient en une exaltation qui, mystérieuse, venait consacrer l'étape franchie vers moi-même. De façon aussi magique que les oies poursuivent la voie de leur migration, selon les indices et des perceptions instinctives qui nous émerveillent, une intuition insaisissable nous guide, hors des repères humains, avec l'incertitude de l'aveugle tâtonnant mais aussi sûrement que si, en nous, un esprit séculaire et très sage nous tenait la main.

Avec les premières gelées nocturnes, la chasse prit une tournure plus dynamique. De jour comme de nuit, les mâles sillonnaient leur territoire en cherchant la femelle, frappaient de leur panache les arbres avec fureur, claquant des babines en une détonation sèche comme un coup de feu, renversant des chicots de bois mort qui éclataient dans la résonance de l'air glacé. Les femelles appelaient en de longues plaintes rauques, agitées et inquiètes. Les chasseurs n'avaient plus qu'à attendre leur chance. Une puis deux puis trois fois, les coups de feu retentirent; le village avait sa ration de viande. Et c'étaient des bourrades dans le dos, des serrements de main, le visage rougissant des gagnants, la joie partagée de l'équipe, ici et là quelques moues moroses.

A la maison, une grande table fut dressée pour partager avec tous ceux du village les premiers morceaux de viande en une grande fête de réjouissance. Les rires fusaient, on portait des toasts, on s'interpellait d'un bout à l'autre de la table, chacun y allait de son histoire de chasse nimbée de la gloire des légendes. Si de veiller à ce que personne ne manquât de rien me laissait peu le temps de m'asseoir, je ne perdais rien de la fête et me réjouissais d'accueillir cette réunion spontanée et unique, comme si l'époque des veillées était revenue. Jusque tard dans la nuit résonnèrent les éclats de voix et le tintement des verres.

Puis les jours suivants, chacun se prépara à regagner la ville, la mine un peu triste mais en rêvant déjà de l'année prochaine où, certainement, les mâles seraient plus gros, les faits d'armes encore plus mémorables.

Et un matin, sortant sur le pas de la porte, nous écoutâmes, sans déplaisir, le silence revenu.

Chaque jour, des voiliers d'outardes passaient plus nombreux, striant le ciel de leurs appels lancinants. L'air ne se réchauffait qu'avec peine au soleil de midi, qui effaçait sur le sol la trace des premières neiges.

Mais alors que, de plus en plus, l'hiver semblait prêt à s'installer pour de bon, et que, fébriles, nous mettions la dernière main aux préparatifs de piégeage, arriva l'été indien. S'il ne revêtait pas les couleurs éblouissantes des pays d'érable et de feuillus, il posa sur le mordoré de nos mélèzes et le pourpre mêlé d'or des bouleaux et des trembles un dernier éclat d'été languissant. Les journées conservaient la douceur de l'été alors qu'au matin les lacs étaient couverts d'une mince pellicule de glace. Aux premiers rayons de soleil, les perdrix venaient se réchauffer dans la poussière des chemins, et les oiseaux s'égosillaient pour une dernière trille. C'était le temps béni de la petite chasse, et à midi, nous déjeunions dehors, étendus sur l'herbe sèche, gorgés de chaleur comme des pierres réfractaires.

Cet hiver qui, tôt ou tard, allait uniformiser de blanc les paysages, assourdir les sons, nous rendre à la solitude et aux soirées méditatives, je l'attendais avec émotion.

Ce que j'avais découvert pour la première fois

212

deux ans auparavant, dans quel état d'esprit allais-je le revivre ? J'avais changé. La vie dans le bois n'était plus une simple aventure mais une façon de vivre que j'expérimentais au jour le jour. Avec le bois comme avec Claude, j'étais sur le point de dépasser la passion des premiers instants, l'émotion des premiers gestes, l'intensité de la nouveauté.

A Nakane ne m'attendait plus la découverte d'un quotidien si insolite que l'apprentissage à lui seul créait une sensation joyeuse et excitante. Je connaissais déjà la beauté de la neige fraîche et immaculée, la couleur lapis-lazuli du ciel, l'odeur du bois crépitant dans le poêle, le goût des solides repas de lièvres et de castors. Un premier hiver, même s'il me restait beaucoup à apprendre, avait épuisé l'émerveillement immédiat et un peu superficiel du touriste. J'étais déjà de l'autre côté, du côté de la vie qui s'écoule, des gestes qui se répètent depuis des générations.

L'impression de déjà-vu ne m'avait apporté jusque-là qu'un ennui agacé ; le simple cycle hebdomadaire du lundi, avec le retour morose au travail, au dimanche de liberté conditionnelle représentait pour moi l'image même de l'absurde et du vide. La seule idée de m'imaginer, année après année, faisant aux mêmes dates les mêmes gestes, n'ayant pour tout projet que les prochaines vacances et pour toutes variations que le nombre de mes rides, me glaçait d'effroi.

Avec Claude, aussi, je redoutais le moment inévitable et imminent où la passion amoureuse, l'émotion de tous ces instants partagés allaient céder la place à une entente plus profonde et plus calme. Sous la tendre amitié des vieux couples, j'avais peur de ne distinguer qu'une certaine indifférence et le refus de la solitude. Jusque-là, le déclin de mes lunes de miel avait toujours entraîné détachement et rupture.

Je me rendais bien compte que le bois ne m'épargnerait pas le rythme répétitif des jours et qu'avec Claude arriveraient des matins où le simple fait de le regarder boire son café et beurrer ses tartines ne suffirait plus à me faire rêver la vie. Mon caractère passionné, ma soif inextinguible d'émotions et de grandeurs y résisteraient-ils ?

8

La joie peut demeurer, se dit Jour-
dan. Seulement, se dit-il, il faudrait
que celui-là vienne.

Jean Giono

La Joie, je ne l'ignorais pas, devait se trouver quelque part, au-delà du quotidien répété, dans la persévérance du désir. Souvent, devant le spectacle d'Inuits construisant des igloos, d'Africaines pilant le mil, de juifs hassidim marchant vers la synagogue, je m'étais sentie émue et fascinée. Ce que ces traditions avaient pour moi d'étrange et d'original était la base d'un rituel, la mélodie profonde de la vie, et j'y voyais une leçon de sagesse dont je percevais le message sans en comprendre les subtilités.

Je devinais que face au mode de vie de Nakane, face à Claude, mon choix ne serait vraiment clair qu'au moment où, devant un paysage si connu que je saurais en décrire même les ombres, au son mille fois répété de ses pas sur le seuil, mon cœur, encore et toujours, saurait se troubler, se serrerait d'une émotion si proche des larmes. Alors le choix serait fait par ma voix intérieure, hors de tout contrôle de ma volonté ou de ma pensée ; et tout à coup, j'en éprouvais une crainte, comme si mon « destin » devait y prendre un caractère irréversible.

L'automne semblait languissant, la course des saisons arrêtée quand, un matin, au détour d'une promenade, un effluve inattendu m'arrêta, émue et troublée. En un éclair, je vis des lacs gelés, les arbres ployés sous la neige, je sentis la caresse tiède des fourrures, j'entendis le crissement des raquettes et le bois fendre sous l'effet du gel ; imperceptiblement et sans que je fusse capable de distinguer chaque parcelle d'odeur, la Nature avait changé de saison, le bois respirait l'hiver. Pourtant, la première neige ne résistait pas aux rayons de midi qui ne laissaient dans l'ombre que quelques plaques d'un blanc mat. Mais tout le bois saluait l'aube de la blanche saison.

L'attente ne fut pas longue, la glace recouvrit bientôt les lacs dont nous longions encore les bords par sécurité, les épinettes prirent un air sévère et immobile sous les manchons blancs qui les endimanchaient, les allées et venues des animaux devinrent aussi lisibles qu'une partition de musique. Les soirées s'allongeaient avec la tombée plus précoce de la nuit, nous avions des fringales de plats nourrissants aux saveurs paysannes, nos corps exigeaient de plus longues nuits de sommeil.

Nous avions un peu modifié nos méthodes de trappe, notamment pour le castor, en « tendant » le long du barrage sous la glace encore mince. La légère brèche que nous percions dans le barrage ne tardait pas à attirer un castor adulte, inquiété par la baisse du niveau d'eau ; la récolte, tout en préservant les jeunes, plus occupés de jeux et de glissades, était ainsi la meilleure. En quelques semaines, nous pûmes accumuler assez de viande et de rognons pour l'hiver et retirâmes nos pièges.

J'étais maintenant suffisamment initiée et sûre de moi pour poser mes propres pièges et partager équitablement les tâches. Nous ouvrions de nouveaux sentiers pour couvrir un territoire plus vaste, mais toujours à la distance d'une journée de marche en raquettes. Une motoneige nous eût permis d'augmenter nos revenus en étendant nos lignes de trappe, mais nous n'y tenions pas vraiment, aimant plus que tout la marche lente et cadencée des raquettes, le silence troublé de quelques bourrasques de vent qui éparpillait la neige en poudrerie, et surtout la sensation d'autonomie qui ne faisait dépendre notre survie que de nos muscles et de notre habileté. De plus, un surcroît d'équipement ne nous eût servi à rien à moyen terme, les projets de coupe de bois nous laissant peu de temps pour profiter de la région.

A quelques détails près réapparaissaient les mêmes paysages, l'austérité des branches noires sur un sol blanc, les formes arrondies et parfois traîtres quand le pied s'enfonçait dans un trou dissimulé par la neige. Au premier redoux, je retrouvai le Palais de Glace avec le scintillement du givre ciselant les branches des arbres. La pose des pièges me demandait moins de concentration ; je commençais à percevoir, d'un coup d'œil, les qualités d'un emplacement et, sans trop réfléchir, mes mains accomplissaient les gestes justes pour tendre les pièges sans danger et les dissimuler dans le paysage. Le soir, après souper, je préparais mes peaux, j'aiguisais les couteaux, je brossais les fourrures qui devenaient luisantes et soyeuses.

La nuit, quand le ciel était dégagé, le froid pinçant et sec, nous sortions regarder les étoiles, si nombreuses qu'il nous était impossible de deviner si l'une ou l'autre ne s'était, depuis la veille, engloutie dans le néant. La Nature sauvage semblait immuable, éternelle et indifférente.

Et pourtant, d'une année à l'autre, d'une journée à l'autre, d'un instant à l'autre, tout était différent. Le moindre événement, le plus petit détail donnait à la journée un caractère unique. Ce que je vivais, ce que j'éprouvais à ce moment-là, à cet endroit précis, était totalement nouveau et inédit. Peut-être l'isolement, la simplicité du quotidien dépouillé d'artifices rendaient-ils à la vie son foisonnement ? De même que la forme pure et sobre d'une sculpture lasse moins qu'une œuvre tarabiscotée, je me réjouissais d'approfondir ce que je connaissais déjà. Auparavant, il me semblait parfois me regarder vivre, avec la douleur particulière de sentir le bonheur si fragile. A Nakane, j'apprenais la force de vivre vraiment, d'exister pleinement et jusque dans les moindres détails. Parfois au milieu d'un sentier, à l'orée d'un lac, caressant le pelage soyeux d'une martre, je m'arrêtais et pensais : « Imagine la vie que tu vis. » Et cela me faisait rire.

Le rêve avait volé en éclats pour laisser s'épanouir une réalité bien plus magique, bien plus généreuse.

Avec Claude aussi, nos rapports changeaient, au

travers d'une intimité accrue mais aussi de la meilleure répartition des tâches. Si sa force et sa résistance étaient par nature supérieures aux miennes, j'assurais ma part et me découvrais moins dépendante. Notre relation s'enrichissait d'une nouvelle complémentarité et, petit à petit, la force stimulante de l'équipe prenait le pas sur l'émotion première mais éphémère de l'osmose. Pour la première fois, je ressentais le plaisir intense de partager avec quelqu'un les joies et les fatigues sans perdre ni mes propres contours ni mon indépendance. Bien qu'habités d'une même passion pour le bois et de l'idée d'un cheminement intérieur exigeant, nous étions différents. Notre vie quotidienne nous ramenait l'un et l'autre à nos vérités profondes mais à notre grand étonnement, nous devions parfois constater que nous parlions deux langages opposés. Chacun, du fait de son histoire, de son affectivité, d'une sensibilité masculine ou féminine, avait développé sa propre philosophie, d'autant plus tenace qu'il nous avait fallu, l'un comme l'autre, assumer notre marginalité et grandir en quelque sorte à l'envers du monde. Ces confrontations, assez douloureuses pour moi dans un premier temps, perdaient au fil des jours de leur âpreté, je ne cherchais plus la fusion mais une complémentarité joyeuse. Le couple, que j'avais perçu jusque-là dans l'alternative dangereuse de l'affrontement et de la soumission de l'un ou de l'autre, devenait à la fois plus épanouissant et plus exigeant. Hors de tout contexte d'interdépendance, nous empruntions à l'amitié l'égalité et le respect, sans perdre la chaleur de la tendresse amoureuse ni une très intime connivence.

L'évocation de cette période de ma vie ne serait pas réaliste si je n'y faisais mention de moments inertes et gris, sans vigueur et un peu agacés. La neige semblait terne, la journée un peu vide, nos conversations fades. Dans la littérature, le cinéma, les récits d'aventure, il n'est que rarement question de ces instants immobiles, où le temps devient pesant et trouble, où la notion même du désir semble s'être évanouie ; car la vie y apparaît le plus souvent joyeuse ou dramatique, enivrante ou désespérante mais presque jamais figée. Sans doute, pour un tempérament passionné, ces moments-là sont-ils les plus difficiles à vivre et à comprendre. Et pourtant, j'apprenais aussi à les traverser sans questions inutiles ni frayeurs, ils faisaient aussi irrémédiablement partie du rythme de l'existence que les tempêtes ou la majestueuse beauté de l'aurore. Il n'y avait alors rien d'autre à faire que continuer à vivre comme les autres jours, avec une patience un peu somnolente. A Nakane, si ce vide passager était plus facilement perceptible qu'en ville en l'absence de toute distraction extérieure, il durait aussi moins longtemps, comme si nos efforts pour ne jamais nous morfondre appelaient automatiquement un renouveau.

Un soir où nous nous sentions également désœuvrés, nous sortîmes sur la galerie pour contempler la nuit assez sombre de la nouvelle lune. Il faisait doux, et assis sur les marches, nous laissions l'un et l'autre dériver nos pensées. Par amusement, mais avec des échos d'une tristesse presque poignante, Claude fit monter dans le silence le cri plaintif de la femelle orignal.

— Wouf, Wouf, Wouf..., répondis-je en écho.

Et commença un étrange dialogue zoologique où

les hiboux répondaient aux grenouilles, les écureuils au chant supposé de la licorne au milieu des fous rires et de gloussements.

Soudain, un appel bouleversant nous fit taire : Waouuh... Le cri monta, puissant et solitaire, un long hurlement vers les étoiles qui fit naître un frisson entre mes épaules, une plainte sauvage et séculaire. Un loup ! Aussitôt la nuit devint dense et mystérieuse ; le souffle court, nous tendions l'oreille, mais le loup s'était tu. Avait-il répondu à nos cris, quelle émotion puissante et inexplicable avait fait naître dans sa gorge, la tête levée vers le ciel, le chant magique du Grand Nord ?

Il avait réveillé en nous la conscience de l'immensité qui nous entourait, redonné à la nuit l'obscurité où glissaient les bêtes sauvages à la recherche d'une proie, rendu au bois sa majesté.

Ainsi, imperceptiblement, alors que je ne me préoccupais que de vivre au jour le jour selon les règles de vie d'un trappeur, attentive aux changements de temps, aux périodes lunaires et aux variations de la neige, la page fut tournée à l'insu de ma conscience, comme si tous les choix, les décisions que j'avais prises jusque-là pour refuser ma vie parisienne n'avaient fait que préparer une mutation profonde.

Les premiers signes indiscutables de cette décision intérieure vinrent, comme souvent, de l'extérieur.

A Paris, durant mes études, j'avais fait la connaissance de Laurent avec qui, au cours des sept ou huit dernières années, j'avais partagé beaucoup de moi-même, de tendresse et de révolte, d'espoir et de complicité. Son intelligence, sa vision personnelle et un peu cynique du monde, sa douceur humaine m'étaient devenues presque indispensables ; le monde m'aurait semblé bien vide si quelque part son rire, une de ses remarques, ou le son de sa voix n'eût pas retenti. Nos choix de vie différents, l'ambiguïté d'une amitié entre homme et femme, la jalousie fréquente de nos amours respectifs, au lieu de nous éloigner, nous avaient au contraire tellement rapprochés qu'il me semblait souvent que les mots n'étaient pas toujours nécessaires pour nous comprendre. Une telle amitié est rare où le silence partagé est aussi riche que l'échange d'idées, où toute remarque même critique s'intègre dans une acceptation pleine et entière de l'autre. Ce que mon départ définitif de France pouvait entraîner pour notre amitié était évidemment l'une des peurs, des tristesses qui me pesaient le plus. Que notre affection pût y résister me semblait évident mais comment la vivrions-nous sans les multiples détails du quotidien partagé, les livres échangés, les soirées impromptues, la certitude de pouvoir se rejoindre à tout moment ? Par pudeur, par délicatesse, nous avions parlé de mes départs, mais comme d'aventures joyeuses, d'expériences sans conséquence immédiate. Et puis soudain, le ton de ses lettres, que je recevais irrégulièrement par des amis venant nous rendre visite ou lors de mes rares descentes en ville, changea. Lui qui connaissait mes coups de tête et mes coups de cœur, qui acceptait sans sévérité mais avec humour mes incertitudes, me fit comprendre par son ton un peu mélancolique que, pour de bon, j'avais largué les amarres.

222

La visite de mon père à Québec où je le rejoignis quelques jours ne fit que renforcer cette impression.

Certes l'hostilité qu'il avait montrée à mes projets s'était un peu atténuée devant ma persévérance et une joie intérieure qu'il ne pouvait ignorer, mais il restait néanmoins une méfiance profonde de ce choix de vie, contraire à tout ce que, avec ma mère, ils avaient souhaité et préparé pour leurs enfants. Si cette réticence me pesait pour la part d'incompréhension mutuelle qu'elle révélait, je m'efforçais de comprendre leurs inquiétudes et leur étonnement sceptique devant mon refus de ce qui, pour eux, apparaissait comme la meilleure vie possible. Sans vraiment me l'avouer, j'espérais me libérer d'une certaine culpabilité à leur égard en réussissant, à moyen ou long terme, à leur transmettre mon enthousiasme. C'était encore un peu tôt mais durant ces journées avec lui à flâner, rire, discuter, naquit une nouvelle entente, comme si la décision qui s'était faite en moi et dont nous ne parlions pas le dégageait d'une certaine responsabilité et nous permettait d'établir une relation plus vraie, de partage plus que de dépendance. J'en étais émue et un peu soulagée, ma recherche d'harmonie s'épanouissant mal dans un contexte de conflit que mes choix auraient pu entraîner.

Cette recherche m'habitait plus que jamais, peut-être était-ce là ce qu'on appelle le bonheur, d'être enfin adéquat, en paix avec soi-même et ce qui nous environne, êtres, arbres, cosmos. Était-ce pour cela que j'étais plus sensible à l'immensité de l'Univers, aux nuits constellées d'étoiles où la conscience de notre petitesse apportait non l'angoisse mais la joie profonde d'être une particule indispensable dans l'infiniment grand. Avec la fin de l'automne apparaissaient les premières aurores boréales dont j'observais, fascinée, glisser les ondes impalpables, comme des caresses sur la voûte du ciel. Ce chatoiement de couleurs, le déferlement des vagues lumineuses, de flammes ondoyantes qui sitôt apparues se diluaient dans un autre faisceau, combien d'hommes au cours des siècles les avaient contemplés, émerveillés et pénétrés de crainte devant le mystère de la nature ou de l'esprit divin. Si la science, aujourd'hui, expliquait le phénomène, elle n'en retirait pas la magie ; au contraire, chaque découverte éloignait les frontières, plongeait l'humain dans une immensité d'espace et de temps qui, loin de me faire ressentir l'absurdité de l'existence, me laissait deviner une communion plus fondamentale.

Si l'Univers qui nous entourait, la vie animale, le développement des plantes étaient si riches, sources d'émerveillements et de recherches inépuisables, ne pouvions-nous, en écho, être porteurs de semblables énigmes, de pareilles ressources à découvrir et à développer ?

Début décembre, la comète de Halley traversa nos cieux comme un lien unissant passé et avenir. Nos arrière-grands-parents avaient de la même façon scruté le ciel, à la recherche de cette trace lumineuse, somme toute plus impressionnante dans ce qu'elle représentait que dans sa réalité visuelle, alors que rien de nous n'était encore existant. Et nos arrière-petits-enfants pourraient, nous l'espérions, l'observer alors que depuis longtemps la mémoire de nos craintes et de nos certitudes se serait totalement effacée. Tout alors ne semblait-il pas vain, éphémère, dérisoire ?

Si aucun Dieu ne nous regardait de ses mille yeux attentifs, étions-nous autre chose que la flamme vacillante d'une bougie dans le noir ? Et pourtant dans cette lueur éphémère brillait toute l'intensité de la vie, la beauté époustouflante de l'Univers, puisque par nous, par notre authenticité, la dignité de chaque instant de respiration, la lumière pouvait absorber les ténèbres ?

Noël arriva, rituel auquel je me trouvais d'autant plus attachée que rien autour de nous ne le dictait. Nous étions partis toute une journée à la recherche du sapin idéal, courant d'arbre en arbre. « Non, celui-là est trop petit. Non, celui-là est trop maigre... », attentifs à l'atmosphère que dégageait chaque arbrisseau. Enfin, notre choix fut fait et rapporté dignement à la maison.

Pour le décorer, nous n'avions que deux ou trois guirlandes, frémissantes et chatoyantes, une étoile en papier d'argent pour le sommet et quelques bougies rouges qui ne furent allumées qu'à la dernière minute. Alors que, par la fenêtre, scintillaient quelques étoiles, les flammes des bougies lançaient sur les murs des lueurs vacillantes et accrochaient l'éclat argenté des guirlandes. J'avais confectionné pour l'occasion la vraie tourtière du trappeur, où se mêlaient le goût prononcé du castor, la chair délicate de la perdrix, le moelleux du porc, la fermeté du lièvre... Sans fastueux cadeau, sans champagne, ce fut pourtant mon plus beau Noël.

Ainsi, en quelques mois, avais-je acquis la certitude que cette vie dans le bois avec Claude était l'existence que je choisissais en toute connaissance de cause. Mais après sept mois de liberté, je ne pouvais me dérober plus longtemps à un retour à Paris, pour tenter, encore une fois, de rassembler les fonds nécessaires pour nos projets. Pour une érablière ou une pourvoirie, nous n'avions pas suffisamment d'argent et l'obtention d'un visa de résident permanent au Canada m'avait toujours été présentée comme une lutte de longue haleine, aux résultats incertains. J'étais donc toujours dans l'incertitude mais je me sentais à présent plus forte, sûre de notre attachement mutuel et plus à même d'affronter les difficultés sans désespérer. Sans les cerner, j'espérais des dénouements imprévus.

Avec une vive nostalgie, j'écrivis sur la neige « Joyeuse Année 1986 » en ignorant totalement ce que me réserverait cette nouvelle année.

Paris éblouissant, Paris terne et triste, Paris ami, sans amour.

Pluie qui claque, pavés qui clapotent, toujours le gris sur la ville et dans mes yeux troublés, une ébauche d'arc-en-ciel.

En réalité, tout se fit très vite, avec l'empressement des tournants longtemps mûris.

Certaine de n'obtenir un visa pour le Canada qu'en qualité d'investisseur, j'avais sollicité un rendez-vous à l'ambassade de l'avenue Montaigne où je fus reçue par une jeune femme charmante, souriante et enjouée. Devant mes questions un peu embrouillées sur les possibilités d'une éventuelle immigration, dans le cas où mes démarches pour travailler en régions éloignées aboutiraient, elle fronça soudain les sourcils et me contempla d'un air perplexe, visiblement ennuyée.

— Mais pourquoi ne pas demander simplement un visa de résident permanent, maintenant, tout de suite ? me demanda-t-elle.

— Parce que... c'est impossible, je ne l'obtiendrai pas...

J'en aurais presque pleuré d'énervement.

— Impossible, pourquoi ?

Elle semblait très inquiète, dans l'attente d'une révélation épouvantable et rédhibitoire.

— Parce que c'est très difficile d'obtenir un visa...

Son visage s'éclaira, elle se baissa pour saisir un dossier dans un tiroir de son bureau puis se croisa les bras en me fixant avec une ironie amusée.

— Quatre mois de délais, ça ne sera pas trop long ?

J'étais estomaquée.

Avant mon départ définitif et après un bref aller et retour à Nakane, j'organisai avec Laurent une grande fête à la campagne pour réunir tous mes amis.

Après deux jours de préparation, nous nous demandions avec inquiétude, au matin de la fête, si une réjouissance artificiellement programmée pouvait être autre que décevante, si le whisky-sour [1] suffirait à réunir dans une même ambiance des gens si différents. Et puis ils arrivèrent un à un, bientôt le petit jardin éclatant de soleil retentit de rires, de

---

1. Cocktail nord-américain à base de whisky et de citron vert.

conversations animées et de cris d'enfants qui jouaient à cache-cache entre les groupes d'adultes. Ils étaient presque tous là, ceux de qui je ne faisais que m'éloigner sans les perdre et les autres, que les aléas de l'existence allaient peut-être emporter loin de moi. Michèle, aussi urbaine que j'étais proche de la Nature mais dont la générosité et la tendresse m'avaient toujours accompagnée ; Hélène, la première qui m'eût rendu visite à Nakane ; mes parents un peu tristes et intimidés ; mes frères et leurs femmes, les premiers neveux et nièces à qui l'on parlerait d'une mystérieuse tante au Canada ; Philippe, mon ancien patron qui m'avait rendu plus facile la période de transition ; Marc et Irène, Michel et Jo, Muriel et Didier, tous ceux qui m'étaient chers et que je devais quitter. En passant, et selon leur caractère, ils me parlaient de leur prochaine visite au Canada, me serraient dans leurs bras ou me regardaient sans rien dire. L'émotion était dense et pourtant joyeuse ; à sentir ma gorge se serrer de nostalgie, je mesurais la force de ce qui me poussait vers une vie tellement différente.

Tard dans la nuit, épuisés, nous prîmes un dernier verre avec Laurent et quelques proches. Il me semblait que ce qui devait être l'avait été, je me sentais pénétrée de tendresse, il était temps de partir.

Et avant la fin de l'année, j'étais installée à Montréal.

Avec la même facilité, j'avais pu trouver, dans l'avion qui me ramenait à Montréal, un appartement appartenant à mon voisin de voyage. C'était petit et simple, meublé dans un style rococo, mais éclairé par

228

une grande baie vitrée qui occupait tout un pan de mur. Je n'en demandais pas plus pour me sentir chez moi, grâce aux quelques objets que j'avais rapportés de Paris.

Il me fallait trouver au plus vite du travail mais dès que je le pouvais, j'allais passer quelques jours à Nakane où Claude entamait sa saison de piégeage.

Je retrouvais, à m'installer dans une ville inconnue, alors que Claude ne pouvait abandonner ses pièges que pour quelques jours, un plaisir et une quiétude que j'avais crus étroitement liés au bois. Là, rien ne me tenait, à toute heure du jour et de la nuit, je me sentais totalement libre. J'aimais le rythme simple des journées où, levée tôt, je répondais à des annonces et me présentais aux entretiens, entreprenais de grandes marches au travers des rues qui se découvraient à mon regard, entretenais avec mes amis et ma famille une correspondance soutenue et pleine d'émotion. Je n'ignorais pas que cette période était transitoire, que bientôt ma boîte aux lettres serait moins pleine, mon emploi du temps calqué sur celui des autres, les paysages urbains si connus qu'ils m'en deviendraient indifférents. Mais je profitais de ce répit et, plus que jamais, mon projet élémentaire m'apparaissait d'aimer en vérité la vie, la vraie vie où les gestes, les tâches quotidiennes devenaient langage.

Au printemps, je commençai à travailler dans le domaine de la distribution de presse ; le caractère très survolté de ce secteur d'activité convenait à mon goût de la nouveauté et, d'emblée, une entente tacite et chaleureuse s'était établie avec mon patron.

J'ignorais comment cet emploi pourrait, dans

l'avenir, m'ouvrir la voie pour réaliser avec Claude mes rêves de Nature, mais gardant mes espoirs bien enfouis au fond de moi, il me fallait, avant tout, plonger tête baissée dans ma nouvelle profession.

J'y mis une telle énergie que j'y réussis, en m'abrutissant de travail au point d'oublier par moments que j'étais autre chose qu'une femme d'affaires débordée et agressive. Heureusement, la proximité de Nakane me permettait de temps à autre de reprendre souffle, de ne penser qu'à la couleur du ciel, d'oublier pendant quelque temps le rythme trépidant de ma vie professionnelle.

Dès le début des beaux jours, Claude partit pour le mont Tremblant comme gardien d'un groupe de chalets où des hommes d'affaires venaient se détendre quelques jours à la pêche. Il devait y rester cinq mois, durant lesquels je ne pourrais le rejoindre qu'en hydravion. Seul moyen de communication, un radiotéléphone, sorte de CB relayé par téléphoniste, limitait nos conversations au cas d'urgence et aux échanges très impersonnels.

Son absence me pesait, même si à Montréal je me sentais trop tendue pour être disponible. L'été était particulièrement chaud et à la fin de la semaine je partais aux aurores avec mon vélo pour ne revenir qu'aux fortes chaleurs de midi. Je me plongeais alors dans un bain d'eau glacée, seule méthode vraiment efficace pour me libérer des tensions de la semaine, et pour une après-midi, je me sentais de nouveau détendue et faible comme un nouveau-né.

Vers le milieu de l'été, je pus grouper plusieurs journées de congé, en sacrifiant quelques voyages à

Nakane, pour rejoindre Claude. Un des propriétaires du club se proposa gentiment de m'y conduire avec son hydravion et une fin d'après-midi, nous partîmes de son chalet pour survoler des kilomètres et des kilomètres de lacs et de forêts. Ici et là, mais de plus en plus rarement en montant vers le nord, se trouvaient des chalets isolés ; parfois un minuscule point noir à la surface scintillante de l'eau trahissait un pêcheur dans sa chaloupe. Au soleil couchant, quelques nuages vaporeux se teintaient de rose, l'horizon avait la courbure molle d'une dune. Naissaient de ces paysages survolés une sensation d'immensité et de liberté, une grande exaltation. Prenant un brusque virage, l'avion piqua vers un lac bordé d'une large baie de sable où je distinguai plusieurs chalets. Sur le ponton au bout du lac, une silhouette noire se découpait, Claude nous attendait, le visage levé vers le ciel. Le pilote cabra l'appareil et posa les flottes [1] dans des gerbes d'éclaboussures. Mes bagages débarqués à la hâte, et après une solide poignée de main, il repartit pour ne pas se laisser surprendre par la noirceur qui déjà assombrissait le ciel et noyait les ombres. Avec Claude je m'assis au bout du ponton pour le regarder se fondre dans le crépuscule, et jusque tard dans la nuit, serrés l'un contre l'autre, nous parlâmes, à mi-voix, en contemplant la tranquillité de l'eau.

Si le paysage différait un peu de Nakane par la taille importante du lac et la bordure jaune et sableuse de la plage, s'y retrouvait la même magie du bois, la forêt sombre des épinettes, l'odeur de résine

1. Flottes : remplacent les roues, pour un hydravion, afin de se poser sur l'eau.

et de mousse, le plaisir de la pêche, la profondeur du sommeil. Toute la journée, Claude me faisait découvrir les différents lacs à distance de marche, où nous pêchions de belles truites mouchetées. Après m'être gorgée de soleil, je me plongeais le soir dans le grand lac où l'eau glacée me coupait le souffle. Des lièvres audacieux montaient jusque sur nos chaussures et un porc-épic bonasse venait ronger la peinture toute fraîche des chalets, provoquant la fureur de Claude et mon hilarité.

Je retrouvais le présent, l'harmonie du corps et de l'esprit, la joie simple et profonde de l'Essentiel. Mes préoccupations professionnelles, mes soucis de Montréal me devenaient aussi indifférents que s'ils appartenaient à une autre personne. Nous n'en parlions pas, tout heureux de retrouver notre complicité intacte et parce que je n'avais pas envie d'y penser.

Mais de retour à Montréal avec une énergie toute neuve, je repartis de plus belle et m'imprégnai plus que jamais de mon rôle professionnel. De me sentir respectée et parfois même crainte pour mes reparties acides et ma détermination me grisait par moments ; en moi, insidieusement, se glissait l'idée d'être, non indispensable mais difficilement interchangeable. Les tensions, les situations difficiles devenaient moins virulentes, même parfois comiques, quand à la fin de la journée, nous en discutions avec mon patron. Et si certains soirs, je me sentais épuisée et malheureuse, n'étaient-ce pas simplement une fatigue normale et la rançon de cette période transitoire qui, jamais, ne pourrait me séparer ni de Claude ni de ce que j'étais réellement ?

Mais parfois, la monotonie m'asphyxiait; m'envahissait le dégoût de me voir prendre ma part de luttes de pouvoir, de ces menées ambitieuses qui géraient le monde du travail. Alors je m'échappais vers Nakane. A peine avais-je posé le pied sur le sol en descendant du train, respiré l'odeur d'humidité et de résine, écouté le silence quand le bruit des moteurs s'était estompé, que tout reprenait sens, comme si une mystérieuse porte s'était de nouveau ouverte.

Là, tout était réel et sans détour.

Ainsi, vers le début de l'automne, nous y étions-nous retrouvés avec Claude. Une nuit, je fus réveillée par un véritable vacarme, sur la galerie donnant sur le lac; des pas lourds heurtaient les marches, des mains vigoureuses ébranlaient la porte au risque de faire sauter les petits verrous qui la maintenaient fermée. Très inquiète, je secouai Claude plongé dans un profond sommeil.

– Quelqu'un, dehors, sur la galerie..., chuchotai-je.

Assis bien droit sur le lit, il écoutait attentivement, tandis que la porte menaçait de céder.

– Hé! dis donc! cria-t-il.

Et sautant au bas du lit, il déclara, hilare :

– C'est un ours.

Effectivement, l'ours gigantesque que nous avions surnommé Mammouth après l'avoir entrevu et remarqué la grosseur de ses pistes n'avait pu résister aux bonnes odeurs émanant de notre cuisine. Les fortes pluies printanières et le soleil insuffisant avaient entraîné une très faible récolte de bleuets [1] cet

---

1. Bleuet : nom des myrtilles au Québec.

été-là et les ours, qui tiraient des petits fruits l'essentiel de leur graisse, devaient se sentir peu préparés à l'approche de l'hiver. Aussi, notre Mammouth avait-il méthodiquement déchiré la moustiquaire d'acier de la première porte et, sans nos cris, serait venu, sans vergogne, combler ses carences alimentaires avec nos provisions. La nuit, avec la pleine lune, avait la clarté d'une journée maussade et nous pûmes l'observer un long moment, assis à quelque distance de la maison, visiblement perplexe.

— Change ton idée, mon ami, ou il va t'en cuire..., l'avertit Claude en agitant le doigt, aussi sérieux qu'un maître d'école morigénant un élève dissipé.

Il dut comprendre car il finit par se lever lourdement, fit le tour de la maison puis repartit vers le bois.

Cet ours était particulièrement rusé car deux années de suite au printemps, il n'était apparu que lorsque le quota que nous nous étions imposé d'un ours par année avait été atteint, par la mort généralement d'un jeune adulte de deux ou trois ans. Alors, perchés sur notre plate-forme d'observation, nous avions pu le regarder se pavaner, se dresser pour humer l'air, s'asseoir en se frottant les yeux de sa patte, comme s'il eût senti que tout danger était écarté. Et il n'essaya jamais plus de forcer notre porte.

J'oscillais de l'hiver boueux de Montréal aux étendues immaculées de Nakane, de la quiétude des journées en plein air à la satisfaction de voir s'achever une dure journée dans l'espace confiné d'un bureau. Mes deux vies, mes deux personnalités se développaient en parallèle, difficilement conciliables, et ce n'était qu'en ressentant, lors de mes brefs séjours à Nakane, l'euphorie de l'instant présent que j'étais sûre de ne pas perdre la bonne.

En ville, je m'avouais que je n'avançais plus, que mon indépendance devenait doucement de l'égoïsme, ma recherche de travail bien fait une certaine forme d'ambition, mes sentiments une bien jolie façon de me construire un nid douillet.

Où était la recherche dans cet embourgeoisement de l'âme ?

Mais des bouleversements professionnels inattendus me donnèrent un second souffle à la fin de l'été. Mon patron quittait la société pour fonder sa propre compagnie avec deux autres associés qui me parurent, au premier abord, dignes de confiance et sympathiques et il me proposa de le seconder pour établir une chaîne franchisée de magasins de presse. C'était pour moi un nouveau défi, l'espoir de travailler dans une ambiance moins conventionnelle, des gains de salaire et la possibilité à moyen terme d'ouvrir mon propre magasin. Il n'en fallait pas tant pour me décider et au début de l'automne, je me joignis à la nouvelle équipe avec un réel enthousiasme.

Je m'étais installée dans un appartement plus grand où Claude viendrait me rejoindre si nous ouvrions le magasin dont il prendrait la gérance au début de l'hiver. Sans méfiance, je me lançai dans l'aventure puisque la vie semblait vouloir aplanir les difficultés et m'offrir la chance de nous rapprocher de nos projets. Ce qu'impliquait pendant des mois et peut-être des années un tel engagement comme surcharge de travail, manque de liberté, emprisonnement urbain nous apparaissait être le prix indispensable de notre future indépendance et, ensemble, nous nous sentions pleins de force et d'énergie.

La seule condition pour mon engagement avait été de conserver ma semaine de congé pour la chasse à l'orignal, par goût de l'automne, et besoin de confirmer nos décisions dans la quiétude de Nakane.

A plus d'un titre et comme en signe d'encouragement, ce fut une chasse mémorable.

Pour l'occasion, nous rejoignaient Hagop, notre ami arménien, et Richard, un de mes proches amis de France, intrigué de découvrir le milieu du bois dont je lui avais tant parlé. Cette année-là, nous avions décidé de chasser au lac du Huard où les nombreuses pistes révélaient la présence de plusieurs bêtes.

Juste avant le début de la chasse, la première période de rut avait commencé avec les gelées nocturnes. Bouillant d'impatience, Claude arpentait le territoire pour écouter et observer les pistes fraîches, craignant qu'à cette intense activité ne succédât trop rapidement une phase de repos où les orignaux, épuisés et méfiants, se tiennent à l'abri des arbres et sont peu réceptifs aux appels des chasseurs. L'avant-veille de notre arrivée, il s'était rendu au petit lac lové au pied de la montagne du Huard et immobile, contemplait l'eau s'irisant des dernières lueurs du crépuscule. L'air était frais et limpide, pas un souffle de vent ne faisait frémir la cime des arbres, régnait le calme très particulier des soirées d'automne où la terre encore chaude semblait s'épanouir sous la caresse froide du soir. Soudain, en face de lui de l'autre côté du lac et à flanc de montagne, retentit le bruit sec d'un bois mort jeté à terre. Mettant ses mains en cornet, il imita, tout doucement dans le silence portant l'écho, le premier cri de la femelle. Immédiatement, un soufflement rauque répondit, des branches mortes craquèrent sous les sabots. Se dissimulant derrière un bouquet d'arbres, le cœur battant, il cassa quelques brindilles sèches. Sans la moindre hésitation une grosse femelle sortit du bois, soufflant bruyamment, les oreilles couchées, suivi de son veau de l'année qui gambadait autour d'elle et, au bout de quelques secondes, d'un jeune mâle qui lui arrivait à peine aux épaules. Se jetant à l'eau, elle entreprit de traverser le lac pour chasser l'intruse, suivie de ses deux compagnons.

Arrivée sur le bord, où Claude, prudemment, s'était reculé, elle huma l'air, perplexe, le poil de l'échine hérissé de colère, puis s'enfonça dans le bois. Pendant un moment encore, il entendit le groupe écraser les branches et souffler bruyamment.

Comme prévu, la première phase du rut s'acheva la veille de l'ouverture de la chasse et si nous nous relayions à nos postes sans discontinuer, nous gardions peu d'espoir d'apercevoir une bête avant quelques jours. Richard, un peu sceptique malgré nos affirmations, tant le bois semblait vide et silencieux, repartit vers la France. Les journées étaient particulièrement longues à n'observer que des écureuils, des petits oiseaux, des castors et parfois une martre tandis que la neige, en légers flocons, se déposait sur le sol. Moi qui d'ordinaire aimais ces longues heures méditatives me sentais agitée et inquiète, ressassant au fil des jours les soucis urbains et mes réticences au sujet du futur magasin, comme si déjà la ville avait sur moi étendu pour de bon son emprise.

Ainsi, la solitude et la contemplation de la Nature me ramenaient toujours, sans qu'il fût possible de me leurrer, à mes préoccupations profondes.

Et puis, le dernier jour, le temps se mit au beau, en un instant le ciel se dégagea et les premiers rayons chauds du soleil se glissèrent jusqu'à moi, faisant miroiter les plaques de neige et le givre nimbant les arbres. La baie de foin où se trouvait ma plate-forme parut alors plus souriante, plus gaie, moins solennelle avec les herbes folles qui, jaunissantes, se couchaient en attente de l'hiver et les silhouettes noires d'arbres pétrifiés dans l'humidité marécageuse. Un puis deux voiliers d'outardes traversèrent le ciel d'un bleu intense et, de nouveau apaisée, j'attribuai mes sombres sentiments au temps maussade des derniers jours. C'était une belle journée, où certainement les orignaux allaient sortir de leur cachette pour profiter du soleil.

Soudain, en face de moi, dans une rumeur grandissante de branches brisées, se détacha une masse noire sur le flanc de la montagne. Les oreilles bourdonnantes, avec le sentiment d'une hallucination après ces heures d'attente devant un paysage vide, je vis sortir du bois une grosse femelle orignal suivie de son veau qui caracolait autour d'elle. La tête levée, les oreilles frémissantes, elle prenait le vent mais pas une branche ne bougeait. Rassurée, elle fit un pas en avant et tournant la tête vers la lisière des arbres, elle lança un petit gémissement sourd. Alors apparut un jeune mâle de deux ou trois ans dont je devinais au travers du télescope la modeste ramure. Même à cette distance, de près de cent mètres, le contraste de taille était saisissant. La femelle dominait d'une épaule, sa silhouette rendue plus massive à côté du petit aux pattes frêles et aux naseaux chevalins. Le « buck » avait tout juste la taille d'un veau de deux ans qui, occasionnellement, peut rester avec la mère jusqu'à l'hiver. Mais à son attitude tandis qu'il broutait, l'air indifférent, et la sollicitude inquiète de la femelle qui cherchait à l'entraîner vers le fond de la baie, se reconnaissait le trio habituel des périodes d'accouplement ; sans doute était-ce le groupe que Claude avait déjà aperçu. Le premier accouplement avait eu lieu et le couple ne tarderait pas à se séparer. Le bruit sec du « chien » tiré en arrière suffit à les figer comme des statues, les oreilles droites. Je fis feu, le buck se coucha sans une plainte tandis que la femelle, entraînant son veau, disparaissait dans le bois. Nakane venait de m'offrir un très beau cadeau de départ.

Car avec l'ouverture du magasin et le démarrage de la nouvelle société, je n'eus plus le temps d'y venir reprendre mon souffle. La période de seize mois qui suivit fut sans conteste la plus oppressante et la plus absurde qu'il me fut donné de vivre.

Sur le papier établi par mes directeurs, le projet de magasin semblait idéal par l'emplacement sur une rue en pleine expansion du centre-ville de Montréal, demandant peu de capital, si ce n'était un investissement de temps et d'énergie. De ceci, Claude et moi nous nous sentions pourvus, à défaut d'argent, et le local nous plaisait, très vaste, haut de plafond, avec de grandes vitrines donnant sur la rue. Tout était nouveau et excitant; dans la compagnie, l'ambiance était encore celle des lancements, chaleureuse et fougueuse, bouillonnante d'énergie. Je travaillais sans relâche, avec la foi des pionniers; tout se mettait en place pour l'ouverture de notre magasin, avec la formation de ma propre compagnie, la réception des stocks de lancement de revues et de livres; il suffisait d'ouvrir la porte et de jouer aux marchands.

La réalité fut tout autre et au bout de quelques mois, il devint évident que notre travail épuisant, les heures d'angoisse à constater que la rue était encore loin de connaître le boom escompté ne pouvaient qu'aboutir au contraire de ce que nous avions espéré. Claude, que je voyais à peine du fait de nos horaires décalés, paraissait morose et indifférent, il me semblait m'enfoncer dans un cauchemar. La ville m'avait engloutie, transformée en automate obnubilé de rendement, de vol à l'étalage, de gestion dépersonnalisée de personnel. Même Laurent, venu passer quelques jours à Montréal, ne me reconnut pas. Mesurant la profondeur de mon trouble et de mon aliénation à des préoccupations qui ne me correspondaient pas, il n'eut pas le cœur de me faire constater à quel point je m'étais détournée de ma recherche. Écrasée de lassitude et d'angoisse, je ne parvenais même plus à rêver, à me souvenir que j'avais un jour entendu résonner en moi une voix intérieure. La Vie, ce que d'autres appellent le Destin, avait ri de moi, se gaussait de mes certitudes nées à Nakane et qui, sur le terrain miné de l'ambition et de la lutte d'influence, me faisaient cruellement défaut. Je ne doutais pas que cette expérience n'eût une raison d'être, obscure et détournée, dans mon cheminement, car aucune épreuve, aussi pénible ou dérisoire soit-elle, ne nous est présentée sans raison, mais je me sentais prise dans un tel étau que je ne réussissais pas à comprendre. Il était inévitable que la crise éclatât.

Ainsi une rivière, descendant vers la mer, est au départ sinueuse et incertaine, mince filet d'eau qui vagabonde parmi les herbes, sans but précis, au gré des fluctuations du terrain et de la nature du sol. L'eau a la clarté et la joyeuse vigueur d'une source jaillissante, à peine est-elle visible au travers des joncs et des herbes folles, rien ne semble la guider que la beauté du jour et la clarté étincelante des étoiles. Et puis, peu à peu, arrivant de toutes parts, moitié eaux claires moitié boue, des alluvions s'y joignent, grossissant son cours et troublant sa limpidité. Déjà son lit se fait plus volontaire, le paysage se transforme sur son passage, galets polis, rochers entaillés, grains de sable étendus sur les berges. De ruisseau, elle devient rivière, son murmure se gonfle en mugissement, le courant s'accélère, des vaguelettes se coiffent d'un peu d'écume, le tracé plus étroit forme comme un goulet où les eaux se précipitent avec une soudaine violence. Le rapide couvre de la voix le bruit du vent, le pépiement des oiseaux, le spectacle en est tout à la fois magnifique et terrifiant. Et puis tout redevient tranquille, les berges s'évasent, la surface de l'eau reflète sans une ride les rayons du soleil. Bordant le lac ainsi formé, des arbres vigoureux et verdoyants s'y mirent. Sans la trace de quelques bulles de mousse jaunâtre clapotant sur la rive, rien ne dévoilerait la violence secrète des eaux.

L'existence, plus que jamais, me semblait ressembler à cette rivière qui, dans l'enfance, nous porte sans résistance, au gré de nos rêves et de nos jeux. Puis sans méfiance, nous laissant porter par le courant soudain plus tumultueux, nous sommes jetés dans le premier rapide de l'adolescence, ballottés, secoués, suffoqués. Inconscients, nous n'avons jamais entendu approcher le vacarme grandissant de la chute et rien, dans notre enfance, ne nous y a préparés.

En retrouvant les eaux calmes, nous ne sommes plus tout à fait les mêmes, rien des arbres qui nous entourent, du soleil qui joue sur les ombres, ne nous semble familier ; et puis, le plus souvent, nous nous habituons. Si ces contrées nouvelles sont moins sauvages et mystérieuses que nous ne l'avions imaginé, les rives semblent accueillantes, préférables au grondement terrifiant du torrent qui résonne encore dans nos oreilles. Beaucoup terminent là le voyage.

Mais comme certains, de par ma nature, par goût de l'aventure, je me trouvais propulsée trop violemment au sortir de l'adolescence pour pouvoir me retenir aux branches, et m'étais décidée à poursuivre, inquiète mais puissamment attirée par les contrées qui s'étendaient plus loin, mystérieuses et redoutées.

Toujours menée par la rivière, j'avais glissé de paysages en paysages, tantôt verdoyants, tantôt austères, bordés de molles plages de sable où il eût été bon de s'étendre, ou de rudes grèves de galets polis, et, bercée par le doux roulis, j'avais sombré dans une légère somnolence. Mais brutalement, un bruit inquiétant m'avait réveillée, j'avais pris de la vitesse et le courant puissant me gardait éloignée du bord.

242

Le grondement sourd couvrait mes cris d'angoisse, des gouttes d'écume me trempaient de la tête aux pieds, j'étais emportée, entraînée, précipitée dans l'eau furieuse des chutes.

La chute, je l'avais prévue depuis quelque temps déjà, tant la tension que je vivais était insupportable, tant je me sentais envahie par la dysharmonie. Mais si une part de moi se réjouissait de voir mettre fin à une situation absurde, l'autre se recroquevillait de terreur.

En quelques jours, tout bascula : je cédai le magasin à la société de franchise pour un montant symbolique, et je quittai la compagnie où, du fait des tensions accumulées, il m'était devenu impossible de travailler.

Après ces mois de labeur intense et de soucis oppressants, je me retrouvais d'un seul coup soulagée, délivrée de l'angoissante insécurité par des allocations de chômage, mais étonnamment désœuvrée, désorientée.

A une époque de difficultés économiques, mon cas n'était pas unique et je ne faisais que rejoindre les rangs de ceux qui, pour s'être révélés, volontairement ou non, marginaux, ceux dont la compagnie avait fermé ou réduit le personnel, ou ceux que l'âge rejetait de la population dite active, se réveillaient un matin sans obligations et sans horaire, totalement à la charge d'eux-mêmes.

Les premiers jours, les premières semaines furent plutôt euphoriques ; plus de contraintes, plus d'emploi du temps surchargé, la grasse matinée et le supermarché en dehors de la cohue. Pour un peu, on irait ricaner, aux heures de pointe, sur un pont d'autoroute en observant tous ces forçats agglutinés et coincés dans les embouteillages. Et puis, peu à peu, des petits riens devenaient agaçants.

— Le numéro de téléphone au bureau ? demandait la caissière à la banque, sans lever la tête de son formulaire.

— Toujours en vacances ? questionnait, soupçonneux, le concierge dérangé à onze heures du matin alors qu'il balayait l'escalier.

— Ah ! la crise, c'est dur ! s'apitoyait un passant débraillé au comptoir d'un café.

En peu de temps sont épuisés les petits plaisirs qui, en l'absence de loisirs, semblaient inestimables. Les ressources financières sont, dans bien des cas, de peu d'importance. Aller jouer au golf dans un club prestigieux ou regarder un film à la télévision, contempler la rue d'un deux pièces-cuisine ou d'une superbe villa sont des différences de détails mais non de valeur.

Car la terrible sentence est la même : « Vous êtes INUTILE... »

Cela semble écrit sur le visage du voisin de palier, de l'employé du métro, du fonctionnaire à qui il faut parler de problèmes d'assurance chômage ou de retraite, même dans le miroir le matin lorsqu'on se demande si c'est bien nécessaire de se raser ou de se poudrer le nez.

Écœurée, sans goût pour rien, je me sentais aussi misérable et vide que la description de mon passeport : « Yeux noisette, cheveux châtains, signes particuliers : néant. »

Il me fallut un peu de temps et quelques voyages en solitaire à Nakane pour mieux comprendre la nature de la chute et en tirer les conséquences.

244

Par l'épanouissement du matérialisme et l'étiolement de la majorité des philosophies spiritualistes, s'était développée une civilisation du Faire, de la production et de la consommation, dont je m'étais imprégnée par osmose et qui me reprochait, en l'absence de preuves tangibles et pécuniaires, de n'être rien puisque je n'y jouais aucun rôle social. Si la valeur des serfs au Moyen Age s'évaluait à la force de leurs bras, l'unité de mesure était devenu l'argent et le pouvoir, faisant disparaître la personnalité propre derrière le rôle, la profession, le titre, la réputation. Un technicien de surface valait mieux qu'un homme d'entretien et l'argent ne suffisait pas à redorer le blason terni du retraité, eût-il été dans ses années fastes « Monsieur le Directeur », ou « le Président de... ».

A Nakane, j'avais découvert que nous n'étions rien que la profondeur de notre souffle, la sincérité de notre engagement, notre participation digne à l'harmonie universelle. Mais cette certitude, évidente à la lumière crue d'une Nature sauvage, s'était diluée dans l'ambiance d'une vie sociale où l'œuvre dominait l'Être. L'erreur ne me semblait pas tant dans l'attention particulière accordée à l'action, au dynamisme, aux réalisations mais dans l'illusion qui faisait prévaloir ces réalisations sur la substance profonde, authentique, de chacun. Avais-je changé de nature en passant d'une activité forcenée à la semi-oisiveté du chômage ?

Que la réalisation fût un grand tableau, un livre médiocre, une campagne de publicité marquante, le 150e boulon vissé sur une carcasse automobile ou l'éducation d'une famille, l'œuvre, une fois accomplie, ne nous appartenait plus. Sa valeur était non dans son succès ou son échec social mais dans son authenticité, et s'il était bon d'en éprouver de la fierté ou de la honte, il ne fallait pas s'agréger à elle pour y prendre son âme.

Ce qui me blessait le plus était d'avoir si facilement cédé au monde des apparences, mais mes réflexions philosophiques ne m'aidaient en rien pour surmonter mon abattement. J'aurais souhaité arracher d'un coup sec tout ce qui, en moi, étouffait la voix authentique, comme un sparadrap sur une plaie qui, pour cicatriser, a besoin d'air, mais je ne pouvais qu'avancer pas à pas et poursuivre, patiemment, humblement, ma recherche de la vérité.

Ainsi chacun doit-il respecter le rythme propre de son cheminement. Si certains peuvent abandonner en une seule chute ce qui les entrave, d'autres suivent le fil de l'eau, de rapides en rapides. Mais dans tous les cas, il est impossible de se tenir au bord.

Je devais donc prendre des décisions, me pousser en avant pour sortir de ma morosité.

Ma relation avec Claude, malgré des périodes de fortes tensions, avait bien résisté, sa patience et son équilibre tempérant mes états d'âme mouvementés. Plus que jamais, nous étions décidés à trouver ensemble le moyen de vivre dans le Bois.

Nakane commençait à être *bûché*[1] et nos ressources financières ne valaient guère mieux. Mais par expérience, nous savions que la disponibilité, l'attente active et sans préjugés apportaient souvent des solutions inespérées.

----

1. Bûcher : couper le bois sur une terre.

Aussi, sans trop y croire, commencions-nous à explorer le marché immobilier des pourvoiries, tout en postulant des emplois de gérants. Un soir, alors que le printemps soufflait déjà ses brises tièdes dans les rues de Montréal, quelqu'un nous appela pour un poste avec, par la suite, possibilité d'achat en association, dans une pourvoirie située sur la côte Nord.

Peut-être tenions-nous notre chance...

9

Le Club Chasse et Pêche Gabou avait une longue et curieuse histoire, comme nous l'apprîmes par bribes glanées ici et là dans la région de Baie-Comeau et auprès de tous ceux à qui le Gabou Lodge avait laissé un souvenir presque romanesque.

Il était difficile de démêler la vérité de la légende mais l'ensemble m'enchantait, à la manière du récit troublant d'une autre époque. Le territoire semblait avoir été fréquenté au début du siècle par les membres de la famille Comeau. Étaient-ce des parents proches du fameux Napoléon Alexandre Comeau qui avait donné son nom à une ville ? Originaire d'un village voisin, cet homme étonnant avait été à la fois guide de chasse et pêche, trappeur, explorateur et médecin dans des situations d'urgence et, durant le dernier quart du XIXe siècle, il avait correspondu avec les plus savants ornithologues du monde entier.

Sur le territoire du Gabou ne restait de cette période qu'une vieille pancarte vermoulue au détour d'une baie : « Défense de chasser et de pêcher. Famille Comeau. »

Déjà le mystère était créé, dans ces lieux interdits, aux pêches et aux chasses, à n'en pas douter, miraculeuses.

Mais la véritable légende prit corps dans les années soixante lorsqu'un célèbre boxeur de Sept-Iles délimita un domaine de soixante kilomètres carrées pour le convertir en pourvoirie. Gabi Ferland avait une personnalité controversée ; on lui prêtait des relations avec des milieux équivoques et se passaient de bouche à oreille des histoires d'hydravions fantômes transportant de sombres et énigmatiques clients dont les mallettes n'avaient rien de coffres à pêche.

La splendeur du territoire, la prodigieuse richesse faunique en truites, saumons, ours et orignaux renforcèrent une notoriété qui dépassait le simple cadre régional.

— Ah ! Gabou Lodge..., disait-on d'un air entendu et la mine complice

Les seules certitudes concernant cette époque étaient que M. Ferland, en grand seigneur, aimait le luxe et la tranquillité. Il savait payer grassement ses employés, c'est-à-dire, à tour de rôle, presque tous les adultes valides du village le plus proche, situé à plus de cinquante kilomètres. Mais il s'entourait d'un tel nuage de secrets terrifiants qu'il ne fût venu à l'idée de personne de venir braconner sur son territoire ou de simplement s'immiscer dans ses affaires. C'eût été suffisant pour lancer les rumeurs d'activités illégales, de tripots, de réseau de prostitution, et d'hommes abattus ou noyés dans les lacs. Avec l'intervention de la police fédérale, la disparition de Gabi et l'incendie du bâtiment central de la pourvoirie, les bavardages n'eurent plus de cesse. Pour moi, ce qui restait des installations de cette époque, les récits un peu sérieux que j'avais entendus apportaient au moins la preuve que ce monsieur avait beaucoup aimé ces terres.

D'autres propriétaires les avaient reprises, sans rapport avec le milieu de la boxe, mais le club avait gardé sa réputation fantasmagorique. Et durant les dix dernières années, l'exploitation plus discrète n'avait pas effacé l'image d'une pourvoirie assez fermée.

La côte Nord était une région encore très sauvage qui nous était inconnue et dont j'avais souvent entendu vanter la beauté un peu austère; le territoire semblait n'avoir rien perdu de sa richesse faunique et nous étions tentés par la possibilité d'une association ou d'une vente à moyen terme. L'expérience pouvait ne nous être que profitable, d'autant que dans la période d'incertitude et d'agacement où j'étais, un changement d'air était souhaitable.

Aussi, un petit matin, nous quittâmes Montréal après avoir libéré notre appartement et mis nos quelques biens en garde. Après Québec, la petite pluie fine de mai se transforma en violente chute de neige qui noya rapidement le paysage dans une blancheur de décembre. Ce caprice de saison, la fatigue de la route et les retombées de l'énervement des derniers préparatifs firent qu'après cinq cents kilomètres, nous nous sentions déjà très loin, au début d'une nouvelle aventure alors que le passé s'était effacé, presque sans laisser de traces. Tout au long de la route, le Saint-Laurent nous avait accompagnés, de plus en plus large et majestueux; peu à peu, la brume de neige s'était dissipée et au-delà du fleuve, les rives de la Gaspésie se dessinaient à peine, comme des îles posées sur l'horizon. Le relief alternait de moutonnements arrondis des montagnes en escarpement de falaises, et la route laissait entrevoir des échappées saisissantes sur le grand large. Plus nous approchions du village de Godbout, plus la nature devenait sauvage. Les habitations se dispersaient et à tous moments, la route frôlait des précipices plongeant sur des étendues solennelles de marée basse. Plus tardif qu'à Québec, le printemps commençait tout juste à enrober les arbres de couleurs tendres, et le ciel, maintenant d'un bleu limpide, semblait lavé de frais.

Mais l'arrivée au village n'était que la première partie du voyage et avec notre petite voiture de tourisme, nous dûmes nous engager sur la vieille route forestière qui longeait la rivière Godbout jusqu'à la pourvoirie. Simple chemin de terre, elle était ravinée et détrempée par les eaux de ruissellement printanières mais l'étonnante majesté du paysage faisait oublier les cahots et la boue qui transformait notre modeste véhicule en jeep de safari. Dans les recoins d'ombre, les dernières plaques de neige mettaient un reflet mat, çà et là, des surfaces glacées brillaient sous le soleil déclinant. En montant, les feuillus se faisaient plus rares, noyés dans une forêt de conifères qui me semblait plus sombre et sauvage que celle de Nakane. Le chemin datait de plusieurs dizaines d'années, du temps des anciennes méthodes de coupes forestières, mais il n'y paraissait plus, la forêt avait repris sa vigueur. Les compagnies de bois avaient abandonné la région, devant l'escarpement du relief rendant difficile le travail des machines et la fragilité écologique de la rivière que remontaient les saumons atlantiques.

Le spectacle des eaux tumultueuses était d'une rare beauté; gonflées par la fonte des neiges, elles bondissaient et se répandaient en mille étincelles brillantes qui couvraient les galets polis d'un voile humide et lustré. Rongeant les rives, s'évasant dans les baies, elles dissimulaient parfois leur vigueur sous la fausse tranquillité d'une étendue calme mais c'était, semblait-il, pour mieux rassembler leurs forces dans un nouveau rapide. Il y avait une certaine étrangeté, un peu magique, à tourner ainsi le dos à l'échancrure de l'estuaire, où la rivière se jetant dans le Saint-Laurent s'ouvrait vers le ciel. Nous montions vers la source, à tous moments la voiture menaçait de s'arrêter devant les rampes de galets et les mares de boue collante.

Et puis, brutalement, la route restait suspendue, comme coupée au couteau par une falaise abrupte qui tombait dans la rivière.

Du large pont qui avait autrefois enjambé les eaux ne restaient que les deux *cages* [1] opposées, emplies de sable et de rochers, hautes de vingt mètres, et le pilier central que le courant entourait d'un grondement sourd. Il fallut décharger les bagages, et traverser en chaloupe que la force terrifiante de l'eau cherchait à pousser vers l'aval. Puis nous passâmes notre équipement dans une grosse boîte de fer suspendue à des câbles qui oscillait dangereusement au-dessus de l'écume.

---

1. Cages : constructions en bois, remplies de pierre, servant de piles au pont.

De l'autre côté nous attendait un camion, dans lequel, brinquebalant et tressautant, nous reprîmes la route. Quelques kilomètres plus loin, un autre pont surplombait un bras de la rivière, mais son inclinaison sur des piles à moitié renversées laissait présager son effondrement à la prochaine crue printanière. Tout au long du voyage, d'autres ponts enjambaient la rivière ou ses affluents, modestes passerelles de bois à peine plus larges que le camion. Ces multiples traversées avaient quelque chose d'épique et d'inquiétant, comme si la route nous reliant au village n'eût été qu'un lien fragile qu'une bourrasque pouvait à tout moment emporter.

Cette menace d'isolement n'était pas pour me déplaire et s'ajoutait, malgré la fatigue, au plaisir de cette expédition au travers des rangées d'arbres sombres, qui, de place en place, s'éclaircissaient en trouées sur la rivière.

A l'entrée de la pourvoirie, l'extraordinaire puissance des crues avait, là encore, balayé le pont et sa reconstruction n'en était qu'au stade des premières traverses. Le soir tombant, je décidai avec Claude de partir à pied, pour parcourir les derniers kilomètres avant le lac Achigan où se trouvait le site principal.

La température avait fraîchi, le silence était apaisant et le sable moelleux après les cahots et les à-coups du camion. Bien que fatigués d'un si long voyage et pressés d'arriver, nous laissions nos pas prendre le rythme lent des randonnées, saisis par la gravité et le silence du crépuscule.

Le chemin longeait un premier lac parsemé d'îles puis après quelques virages, débouchait sur une vaste plate-forme de sable, que surplombait un large toit, comme posé à même le sol. Encore quelques pas et le lac Achigan nous apparut dans toute sa splendeur, miroitant aux dernières couleurs du couchant. Bordé de montagnes au relief doucement arrondi, il s'offrait au ciel délicatement strié de lueurs fauves et d'un bleu sombre, comblant le regard qui, de rives en rives, ne pouvait le contenir. A l'horizon, deux langues de terre dessinaient comme une passe qui, plutôt que de le clore, laissait deviner une ouverture sur d'autres eaux. La forêt dense de conifères, piquetée du blanc des bouleaux, se dorait des derniers rayons du soleil, et la surface du lac, animée d'un courant à peine perceptible, éparpillait les couleurs en paillettes impressionnistes.

Le surplomb de sable où nous nous trouvions tombait abruptement sur une plage entourant un grand camp en bois rond, aux poutres polies par le temps. A droite, un chemin partait dans le thé du Labrador, et longeait de petits chalets disposés à égale distance, comme des maisons de poupées.

Mais toujours le regard revenait au lac, happé par ce miroir frémissant, contenu par la masse sombre des arbres et pourtant incroyablement ouvert, immense et libre. De plus en plus, l'ombre gommait les lignes, noyait la lisière du bois pour ne laisser qu'eau et ciel quand soudain, montant des profondeurs obscures, s'éleva une mélopée grave, un chant pur et guttural s'égrenant en notes plus aiguës, un appel bouleversant et sauvage; le *huard*[1] saluait l'arrivée du soir.

---

1. Huard : espèce de canard, noir et blanc, qui se nourrit de poisson.

A la beauté naturelle de Nakane, le Gabou ajoutait un charme puissant que je ne pouvais définir. Le relief, plus varié, jouait avec les formes, y alternaient d'abruptes parois rocheuses dont la pierre noire accrochait des reflets de soleil, et des sommets érodés, moutonnant sous le faîte des épinettes. La rivière ne se laissait jamais oublier, présence constante et changeante, tantôt lac ou large baie, et puis, comme un caprice, prenant des allures de torrent de montagne. Le territoire était parcouru d'eau et en prenait des airs mouvants, des humeurs toujours nouvelles. Le ciel semblait s'étourdir de se mirer ainsi, large et clair sur une baie ouverte, sombre et ombré de la végétation des rives, dans les passages plus étroits. Se mêlaient, se succédaient, s'ajoutaient des paysages différents, parfois d'une solennité grandiose, parfois espaces frais et joyeux comme l'enfance, et toujours l'Espace, immense, ouvert, généreux. De baies en lacs, de rivières en torrents, le voyage suivait le fil de l'eau. Çà et là, menant à d'autres lacs, des sentiers empruntaient la piste des orignaux, imprimée et creusée au cours des siècles par des centaines de sabots.

Du pavillon central qui abritait la cuisine et la salle à manger, il me semblait ne jamais quitter des yeux le lac, guetter ses multiples métamorphoses. Tantôt, il devenait si calme que le ciel et les nuages s'y reflétaient sans une ride, il n'y avait plus ni eau ni ciel, ni air ni terre, mais un espace libre où se perdre, se dissoudre. Assise au bout du ponton qui surplombait l'eau, je me laissais porter par une douce quiétude, enveloppée de cette atmosphère liquide. Parfois, le lac était sombre et terrifiant, quand le vent arrivait en rafales du fond de la baie et soulevait des vagues écumeuses qui frappaient la coque des chaloupes amarrées au ponton. Au petit matin, il s'enveloppait facilement de mystère, lorsqu'une brume délicate noyait ses rives dans le rose et blanc des premiers rayons de l'aurore.

Ses transformations étaient inattendues et soudaines, d'une richesse, semblait-il, inépuisable. Me revenait en mémoire l'histoire de ce vieil homme dont toute la vie s'était écoulée au bord d'un vaste marais, refuge de milliers de rats musqués et d'oies sauvages venues y nicher ; il avait plus de quatre-vingt-dix ans quand lui fut proposé un voyage autour du monde.

– Je ne voudrais pas manquer une minute de ce marais, avait-il avoué. Et puis, qui prendrait soin des oies ?

Et il était resté, attentif et fasciné par ce paysage si attentivement observé, qu'il en était plus varié, plus changeant que les plus beaux pays du monde.

Pourrions-nous un jour épuiser la prodigieuse diversité des paysages du Gabou, nous lasser de ses mille métamorphoses ? Au fil de l'eau et au gré de nos temps libres, nous partions pour de longs voyages dans des jungles sauvages et inexplorées où seul le glissement de la pagaie dans l'eau claire troublait le silence. Il me semblait alors partir très loin, libre et sans attache. Çà et là, des écrans de rochers brillaient au soleil d'un éclat mat, des montagnes hérissées d'arbres cachaient l'horizon. A leurs pieds s'ouvraient des baies de foin, où des originaux, placides, venaient brouter les carottes sauvages et les herbes aquatiques. De grosses cabanes de castors trahissaient la présence d'importantes colonies ; planant au-dessus de l'eau, des aigles pêcheurs scrutaient la surface miroitante puis, se laissant tomber comme des pierres, plongeaient pour saisir une truite qu'ils remportaient, frétillante, maintenue dans leurs serres. Dans la fraîche humidité du soir, les huards s'interpellaient d'un lac à l'autre et se rejoignaient parfois, pour quelques heures, leur nage lente et silencieuse évoquant d'étranges figures de ballet.

Dans les lacs et dans la rivière, la truite mouchetée était abondante et nous faisions de belles pêches de poissons au ventre presque écarlate que nous enfilions sur de petites branches pour les griller sur les braises d'un feu de camp.

Nous nous sentions un peu ensorcelés, liés étroitement aux paysages que nous découvrions jour après jour. Mais il semblait fou d'espérer avoir un jour les moyens de donner à ce territoire sa vraie dimension, de révéler pleinement sa magie. Les clients avec qui nous parlions semblaient bien ressentir dans l'atmosphère du Gabou une dimension incertaine mais déjà envoûtante. Mais bien des éléments en limitaient les effets ; de grosses génératrices bourdonnaient jusqu'à la nuit, les sentiers disparaissaient sous les herbes folles, les camps prenaient un air abandonné. Du Gabou, nous en avions une vision claire et silencieuse, où les plaisirs de la pêche s'allieraient à la quiétude naturellement née du calme, de la beauté, de la présence majestueuse de la Nature dans ce qu'elle avait de sauvage et d'indomptable. Ce que le bois représentait pour nous était impossible à transmettre, mais il y avait au Gabou une authenticité, une pureté qui pouvaient se partager sans parole, se révéler à chacun, s'il était assez attentif et disponible pour en être frappé.

Certes, j'avais découvert avec le temps que l'enseignement que je recevais du Bois n'était pas évident pour tous, que la grandeur et la dignité qui s'en dégageaient pour moi de façon claire et presque audible pouvaient être totalement ignorées par d'autres. Il y avait autant de manières de ressentir le bois que d'aimer la musique, depuis l'auditeur distrait de fond sonore jusqu'au compositeur pour qui le moindre souffle de vent, le cri mélodieux d'un oiseau, l'émotion de la beauté étaient avant tout musique. Il y avait des chasseurs profondément à l'écoute de la Nature et des écologistes ultras pour qui l'environnement était surtout un sujet de bataille, sans aucune incidence sur leur personnalité profonde. Pour des bûcherons, des guides, le bois n'était parfois que le cadre un peu ennuyeux d'un emploi saisonnier dont ils s'échappaient dès que possible. Mais chez certains clients, profondément urbains, nous découvrions au premier regard une passion, le besoin de s'éloigner un peu, d'être libres de laisser monter le silence et la joie.

Ici, je commençais à mieux comprendre comment la Nature m'interpellait, ce qui en faisait le cadre magique d'un retour sur moi, aux vraies valeurs, à l'authenticité de l'être. Si, par ses distractions et sa routine laborieuse, la ville absorbait telle une éponge les angoisses, les ambitions qu'elle contribuait à générer, elle ne tardait pas à emprisonner, à imposer le cadre rigide d'une attitude dictée de l'extérieur. Dans un premier temps, elle diluait et temporisait les tensions en donnant une ligne de conduite, des repères qui guidaient, sécurisaient, tant que les émotions, les impulsions, la sauvage énergie de l'être ne prenaient pas trop d'ampleur. Mais pour le cheminement vers soi, les bruits, les excitations extérieurs, l'étiquette posée par le regard des autres devenaient vite des parasites pénibles qui gênaient le recueillement. Dans la Nature, il me semblait que le silence, la quiétude, l'absence de repères permettaient aux pensées de naître, aux désirs et aux contradictions de venir à la conscience, en un mot ouvrait la porte vers une certaine harmonie.

Il m'avait toujours semblé nécessaire qu'il y eût quelque part un endroit de paix, de joies simples, sorte de havre où les vagues d'amertume, de médiocrité, de jalousie viendraient s'échouer et mourir. Mon adolescence avait connu les mythes de maison bleue toujours debout quand San Francisco s'écroulerait. J'en gardais le désir d'un espace d'harmonie, dans une version plus solitaire, moins communautaire. L'harmonie pouvait naître d'un lieu, de la beauté du soleil couchant sur un lac, du silence traversé par le murmure du vent ou le cri du huard, de la joie paisible d'être là.

Bien qu'encore cachée et par moments insaisissable, je l'entendais au Gabou, comme au début d'un concert le thème musical sous le flot de l'ouverture. Nous serions les gardiens de ce lieu, ouverts et disponibles, et nos visiteurs seraient libres de vivre et de ressentir dans cet espace privilégié ce qu'ils désiraient, mais baignés par la sérénité des lieux.

Dans mes propres révoltes, au spectacle du désespoir d'êtres chers, que je percevais avec une telle intensité qu'il me devenait presque personnel, j'avais constaté combien la tristesse, la souffrance étaient si terriblement proches de l'abandon, de la conviction terrifiante qu'il n'y avait rien, rien à attendre, rien à percevoir, rien qui valût la peine de se battre. Et cela, parce que la voix intérieure, force profonde de la vie, qui brûlait au fond de nous s'était éteinte, par peur, par ennui, par refus d'être toujours étouffée par les bruits extérieurs. Mais il me paraissait impossible qu'elle pût réellement mourir, devenir pour toujours muette. Peut-être ne fallait-il qu'un peu de silence, un recueillement presque involontaire pour l'aider à balbutier, à s'exprimer à nouveau. Chacun de nous, depuis le plus désespéré jusqu'au sage, pouvait en avoir besoin.

Le Gabou ne devait pas être, ne serait jamais un lieu réservé, orienté, étroitement lié à la recherche, il ne nous appartiendrait jamais vraiment et cela participait à sa beauté et à sa puissance. A chacun, selon son caractère, ses passions, et ses inquiétudes, il apporterait la douceur, un peu de joie, le bien-être. La Magie que je ressentais en ces lieux naissait de cette réponse adaptée à chaque quête, de cet échange subtil et immédiat entre la Nature et l'homme.

Mais tout cela n'était que rêves, notre quotidien était rempli d'ébauches peu sérieuses de négociations avec les propriétaires lors de leurs séjours à la pourvoirie, d'inquiétudes pour notre avenir et de problèmes techniques dus à la vétusté de l'équipement.

Alors nous nous évadions; le soir, quand les clients de la pourvoirie s'étaient retirés dans leurs camps, nous partions dans la nuit, le sable étouffait nos pas et nous parlions à voix basse. Au-dessus de nos têtes, le ciel était brillant d'étoiles ou parfois si sombre qu'à chaque instant, nous nous sentions entourés d'ombres. Quand nous pouvions nous libérer dans la journée, nous avions vite fait d'attraper bottes et cannes à pêche pour partir en expédition, quel que fût le temps, à la découverte de cet immense territoire qui nous menait de surprise en surprise. Nous aimions les lacs haut perchés, enchâssés au sommet d'une montagne, où la truite dodue et vigoureuse nous menait un rude combat, mais aussi les lacs de rivière étirés et creusés dans la vallée, où la chaloupe se laissait glisser. Le spectacle des rapides me plongeait dans une rêverie profonde et vivifiante où rien n'était impossible. Nous ne revenions qu'à la tombée du jour, brûlés de soleil ou trempés jusqu'aux os, ravis et plus que jamais attachés à ces paysages.

Une des richesses du territoire était la présence de saumons qui, durant l'été, remontaient la rivière jusqu'aux sites de frai. Nous les pêchions quand le niveau d'eau avait un peu baissé sous la chaleur du soleil et que les rapides étaient moins virulents. Le pèlerinage opiniâtre et instinctif du saumon pour retrouver les lieux de sa naissance et y procréer à son tour est un phénomène naturel fascinant. Dans les rapides les plus infranchissables, il saute, inlassable, son corps argenté brille d'un éclat vif avant de retomber dans des gerbes d'éclaboussures, au pied de la chute, pour s'élancer de nouveau, infatigable. Contrairement au saumon du Pacifique qui, après le frai, s'étiole et meurt avec une rapidité déconcertant encore la science, son cousin de l'Atlantique redescend au printemps et, durant sa vie, peut ainsi passer deux ou trois fois de l'eau douce à un milieu marin avec une merveilleuse capacité d'adaptation.

Depuis quelques semaines déjà, Claude se perfectionnait à la pêche à la mouche, seule autorisée pour le saumon atlantique, afin de dérouler le fil le plus loin possible, poser la mouche avec précision et développer cette sensibilité particulière permettant d'anticiper et de répondre aux réactions du poisson accroché par un hameçon long comme le doigt.

Aux endroits où nous pêchions, la rivière s'évasait en larges bassins d'eau profonde, tapissés de gros galets polis, surplombés par le relief arrondi des montagnes. Elle nous offrait un nouveau visage où le temps semblait immuable dans la vallée marquée par l'érosion; les pierres lavées et roulées depuis des milliards d'années avaient la douceur d'un vernis. Les méandres passaient de l'ombre à la lumière; au fond de l'eau, un œil exercé pouvait distinguer les saumons, barres noires sur le lit de graviers aussi immobiles que de vieilles souches immergées.

Sur la surface sombre et miroitante de l'eau venait se poser une tache multicolore, petite mouche de poils et de plumes qui tanguait ou s'enfonçait dans les profondeurs du bassin; un écureuil stridulait un appel, un nuage faisait glisser sur l'eau une ombre légère, un souffle de vent imperceptible faisait bruisser les feuilles. Parfois brisant le silence, un éclat d'argent jaillissait de l'eau pour retomber avec un bruit mat, indiquant qu'un saumon était prêt à reprendre la route. Puis la petite mouche se retirait pour se reposer un peu plus loin. Soudain, un trait noir se détachait du fond et montait comme une flèche pour saisir la mouche. D'un coup sec, le fil se tendait et vibrait, le saumon et le pêcheur se trouvaient face à face pour l'un des plus nobles et des plus passionnants duels opposant l'homme à l'animal. D'un côté, le poisson le plus vif, le plus nerveux, se débattant pour se libérer de l'emprise de la ligne, de l'autre le pêcheur profitant du moindre signe de faiblesse du saumon pour ramener du fil, laissant son moulinet se dévider avec un sifflement inquiétant quand il repartait dans le courant, inclinant sa canne comme un hommage à la majesté de l'animal, pour amortir le choc pouvant briser la soie quand le saumon sautait hors de l'eau. Rien n'était gagné d'avance, le saumon savait changer de direction, s'appuyer sur les rapides pour accélérer sa course, se frotter sur les galets pour se défaire du petit hameçon, gobé par inadvertance puisque depuis son entrée dans la rivière, il ne se nourrissait plus. La valeur du combat, la tension maintenue tout au long de la lutte, la sensation de victoire quand, épuisé, le saumon se laissait cueillir au bord, élevait ce sport au rang d'un art dont nos clients ne parlaient qu'avec respect.

Comme, souvent, les pêcheurs accompagnés des guides descendaient pour la journée, je disposais de plus de temps libre ; les journées étaient chaudes jusqu'au soir, j'allais me baigner dans le lac Achigan où je me laissais flotter, les yeux perdus dans l'immensité du ciel. A ces instants, la vie semblait pour toujours sereine et paisible.

Tout au long de la saison, nos négociations avaient progressé par bribes et après la période de chasse, nous revînmes en ville pour renouveler nos provisions pour les premiers mois d'hiver que nous avions décidé de passer au Gabou et rencontrer une dernière fois les propriétaires. Ces derniers, encore indécis,

263

nous laissaient cependant quelques espoirs mais il ne fallait rien précipiter, rien ne s'opposait à notre retraite hivernale.

Un ami nous reconduisit avec tous nos bagages jusqu'au premier pont brisé et, pris par la sensation de quitter la civilisation en nous enfonçant profondément dans les terres, nous entamâmes la montée. Durant notre bref séjour en ville, un ouragan et les premières chutes de neige avaient laissé des traces. Des arbres renversés barraient le chemin et des plaques de neige rendaient la route glissante. A quelques kilomètres du lac Achigan, la scie se brisa et il nous fallut finir le chemin à pied pour arriver au camp au coucher du soleil.

Plus qu'à Nakane où la voie ferrée permettait de rejoindre la ville si besoin était, nous étions vraiment isolés. Déjà dans les anses plus tranquilles, l'eau se figeait en mince pellicule de glace et à la première grosse chute de neige, le chemin deviendrait impraticable. Pour deux mois, avant que la glace fût assez épaisse pour supporter un avion sur ski ou la neige suffisante pour circuler en motoneige, nous serions totalement coupés du monde. En cas d'accident grave, le radiotéléphone donnait la sécurité de pouvoir appeler un hélicoptère mais nous n'y pensions même pas, ravis de notre vraie solitude.

Il me semblait avoir vraiment besoin de cette retraite pour décanter le tumulte de ces derniers mois, intégrer les leçons que l'expérience de la ville, du magasin et de nos débuts au Gabou avaient pu m'apporter. Ce qui pour bien des gens apparaissait comme une hibernation, une réclusion passive, une mise hors circuit psychologique, était en réalité pour moi une période très vivante, très dense, certainement le moment le plus excitant et le plus dangereux de mon existence. La rivière aux multiples rapides nous jetait dans des bouleversements, à notre insu tout d'abord, puis presque volontairement ensuite lorsque le cheminement trouvait en lui-même sa propre énergie. Mais pour arriver enfin aux eaux calmes qui suivent la chute, l'évolution psychologique devait accepter la lenteur logique et presque animale de la nutrition : absorption, digestion, défécation. De même que, quels que soient le dégoût, l'impatience de la pensée, le corps, pour bénéficier pleinement des aliments, doit en évacuer les résidus, de même l'esprit ne peut s'enrichir de l'expérience du vécu que s'il prend le temps de l'absorber totalement. Il ne s'agissait nullement de construire de hautes murailles pour se couper définitivement du monde, de s'abriter dans un cocon où ne filtrerait aucune émotion, aucune tension de la vie extérieure. Mais l'action, le mouvement de l'évolution ne peuvent être correctement orientés que si, de temps à autre, l'être prend le temps de comprendre, de muer. En m'efforçant à la patience, je laissais le calme et la solitude faire naître en moi les images et les pensées qui me permettraient d'avancer.

La nature humaine m'apparaissait comme un mélange étrange de matière, d'un immense univers inconscient et non défini, et de conscience plus ou moins structurée, logique et développée. Il semblait aussi absurde de croire qu'un de ces éléments pouvait prendre efficacement le contrôle des autres que d'envisager, en contemplant le Bois, qu'il ne fût régi que par la seule loi de la gravitation. Ce que j'appelais la Joie, plutôt que le bonheur, trop absolu, ou l'Harmonie, était justement le point d'équilibre où ces trois éléments se trouvaient complémentaires et complices, point aussi instable que la verticalité d'une toupie, mais que le cheminement intérieur permettait d'attendre de plus en plus souvent, pour des périodes de plus en plus longues.

Toute mon éducation, la culture dont j'étais imprégnée, avait eu tendance à me bercer de l'illusion qu'avec un peu de volonté, de courage et de lucidité, tout allait bien se passer puisque l'esprit conscient gardait le contrôle ultime de nos vies. Malheur à celui qui trébuchait, et penser trop n'était pas bien perçu par une société qui se voulait envers et contre tout dynamique.

Ainsi, la religion contemporaine était la course en avant, chaque événement chassant l'autre, la bousculade d'activités pour se garder toujours occupé. Et puis, parfois, une catastrophe imprévisible cassait cette belle continuité, qui se délitait dans la maladie, le désespoir ou une vertigineuse et écœurante sensation de vide.

Car « *l'homme que la maladie tient au lit arrive parfois à trouver qu'à l'ordinaire il est malade de son emploi, de ses affaires ou de sa société, et que par eux, il a perdu toute connaissance de lui-même* » (Nietzsche, *Humain trop humain*).

Mais dans certains cas, il est trop tard, et la pensée, longtemps enfuie, se laisse difficilement reconquérir.

En retrouvant un rythme méditatif où les activités prenaient le reflet des heures s'écoulant du matin au soir, de la tempête au beau temps, je constatais

266

combien la société dite « de loisir » nous volait en réalité le temps de simplement être. Alors que, dans nos sociétés développées, plus personne n'était tenu de travailler douze heures par jour sans autre espoir de congé que la mort, que faisions-nous de nos vies ? Le paysan autrefois prenait au moins le temps de contempler ses champs ondoyant sous le vent. L'hiver m'autorisait à ne rien faire, non pas à être désœuvrée mais à laisser, dans le calme du corps et de l'esprit à l'abandon, monter, comme des bulles, mes plus riches méditations et aussi les plus simples.

Comment trouver la paix quand les temps libres sont aussi occupés que les heures de travail, avec la télévision, les courses et le ménage, le jogging ou le squash ? Pour quelques pratiquants de plus en plus rares, les cérémonies religieuses restaient un frêle espace de temps à ne rien faire, même si ce temps n'était encore pas totalement libre mais concentré sur la liturgie des gestes et des paroles.

Lorsque je vivais à Montréal, un des associés de la compagnie où je travaillais m'avait un jour expliqué que son fils, âgé d'une dizaine d'années, s'était plaint de manquer de temps entre l'école, le sport, la pratique d'un instrument de musique, la télévision...

— Il est vrai qu'aujourd'hui, les enfants sont très sollicités, souvent trop..., avais-je répliqué, compatissante.

— Mais ce n'est pas le problème, m'avait-il expliqué, ravi. Il doit apprendre à gérer son temps ! Je lui ai expliqué comment gagner quelques précieuses minutes sur les activités les moins intéressantes. Il était tout content.

J'étais atterrée. Et cet homme, pourtant intelligent, n'avait, bien sûr, pas le temps de s'arrêter pour comprendre les raisons d'une maladie de peau qui lui couvrait régulièrement le visage. Le stress, devait-il se dire, en haussant les épaules...

Qu'y avait-il de si terrible à découvrir, pour éviter à tout prix qu'il y eût des trous de temps, des espaces de liberté où « quelques chose » pût s'exprimer ? La gestion moderne du temps est en réalité une comptabilité aussi sèche, aussi inhumaine que l'analyse financière du budget national.

L'attente, le moment libre, l'instant aussi inoccupé qu'une page blanche dérange, inquiète, bouleverse. Et pourtant, peut-être est-ce le remède dont notre société malade a le plus besoin.

Je crois n'être ni plus paresseuse, ni plus lente, ni plus intellectuelle que d'autres que j'ai observés feuilleter fébrilement des agendas noircis de rendez-vous, calculer à la minute près la durée d'une séance de cinéma pour pouvoir se précipiter à un dîner dès la fin du film. Et pourtant, la vie dénuée de ces instants où rien ne se passe, mais où tout peut se mettre en place, est pour moi aussi vide et absurde que le tic-tac d'un métronome marquant la mesure dans une pièce vide.

Devant la perspective de passer deux mois au Gabou, sans visite, ni télévision, ni téléphone, j'avais plutôt peur de ne pas réussir à faire tout ce que j'envisageais : lire, écrire, parler avec Claude, méditer, profiter de l'hiver et, avec tout cela, garder du temps pour dormir et manger. Il est vrai que les moindres tâches quotidiennes prenaient, dans un environnement aussi rude, plus de temps que lorsqu'il suffisait d'ouvrir le robinet, brancher la machine à laver ou passer chez le boulanger. A Nakane, la maison était conçue pour l'hiver avec ses murs bien isolés, son puits artésien, la cave et le grenier protégeant du froid. Au Gabou, nous faisions un peu figure de pionniers, nombreux étaient ceux qui avaient ri ou haussé les épaules devant notre projet d'y rester jusqu'aux Fêtes, persuadés de nous voir descendre, affolés, au premier grand froid.

Chaque matin, il fallait repercer dans la glace le trou pour puiser l'eau que nous déposions près du poêle pour éviter qu'elle ne gelât, rentrer du bois, préserver les aliments qui ne pouvaient être congelés et, à l'occasion, faire du pain, bouillir la lessive comme autrefois, préparer des plats et des desserts nourrissants. Quand la neige fut suffisamment installée, nous isolâmes la base du camp et, progressivement, remplîmes de neige et de glace la petite cabane enfoncée dans le sol qui, l'été, servait de chambre froide.

Malgré tous nos efforts, il faisait froid, surtout lorsque le vent, s'amplifiant depuis le fond de la baie, lâchait des rafales qui faisaient vibrer les vitres. Le matin, nos haleines dansaient en petits nuages au-dessus de la table du petit déjeuner et bien souvent l'eau dans les seaux avait gelé durant la nuit. Mais le silence, la beauté de la rivière lentement prise par les glaces, le bleu intense du ciel par les jours de beau temps, le fourmillement d'étoiles plus brillantes encore qu'à Nakane et le spectacle féerique des aurores boréales effaçaient le froid et l'inconfort.

Durant cet hiver-là, je découvris une philosophie qui m'aida à mettre en place les enseignements et les réflexions de ces dernières années.

La lecture avait toujours occupé dans mon existence une place primordiale et si j'étais prête à me passer de beaux vêtements, de bijoux, de meubles, il me semblait impossible de vivre sans avoir à portée de main quelque chose à lire. Mes souvenirs d'enfance sont marqués des livres qui m'ont amusée, troublée, fait rêver et la lecture avait toujours été le refuge quand la vie faisait mal, l'espoir quand je désespérais de la beauté du monde, le guide pour étayer ma recherche intérieure. Depuis quelque temps, un philosophe m'avait beaucoup aidée à mieux comprendre et interpréter les changements qui s'opéraient en moi ; les ouvrages de Graf Durkheim, comme *Hara, La Percée de l'être, Pratique de la voix intérieure*, m'apportaient le réconfort de n'être pas totalement seule dans la route étrange et peu commune que j'avais décidé de suivre. Aucune doctrine, aucune pensée aussi brillante et claire soit-elle ne peut être transmise dans la communauté d'une expérience, mais de retrouver chez des penseurs jugés sérieux un peu de ce qui me bouleversait m'accordait un satisfecit que mon peu de confiance en moi me refusait.

Durkheim et d'autres auteurs découverts un peu par hasard me ramenaient trop systématiquement à la méditation zen pour que je ne fusse pas tentée d'en découvrir un peu plus. Ce que je savais du zen était un mélange étonnant de pensée mystique non religieuse, dénuée de dogmes, de prédilection pour les questions au détriment des réponses établies et de méthodes un peu magiques pour développer ses propres ressources. Une phrase glanée ici ou là me fascinait : « *Si tu cherches Bouddha, marche en avant; si tu trouves Bouddha, cours en avant.* »

Qu'une pensée pût être assez forte et assez sûre d'elle-même pour prôner la remise en question systématique me semblait sain et rassurant. Et pour mieux comprendre cette philosophie, il fallait « simplement s'asseoir », méditer en zazen, apprendre à laisser son esprit aussi calme et fluide qu'un ciel où glissent quelques nuages. Aussi, presque chaque matin, je m'asseyais en tailleur et m'efforçais d'apaiser le mouvement désordonné de mes pensées.

Il n'y avait rien, rien que le souffle montant et descendant, calmant peu à peu les pensées tumultueuses et sans objet qui se débattaient et se vengeaient d'être ainsi écartées par des douleurs, des démangeaisons, un désir capricieux de bouger, de sortir de cette posture idiote, roide comme la vie ne l'était pas. Et puis, dans le silence soudain obtenu, dans la présence totale de l'instant, « quelque chose » était là, un sentiment de bien-être sans sentiment, la conscience d'une harmonie universelle sans conscience, la perception aiguë de l'ici et maintenant sans que l'esprit se départît de son apathie apparente. C'était fugitif, aussi insaisissable que certains rêves au réveil, aussi troublant que lorsque, frappés d'une idée soudaine, nous nous sentons illuminés d'évidences. Ce que je ressentais alors était d'une nature très voisine de mes états de grâce, j'y retrouvais pêle-mêle le désarroi de l'absurdité de la vie, la peur de l'insécurité, la foi en la vie intérieure, l'intuition de l'harmonie universelle, la nécessité de ne pas se laisser emporter par les distractions extérieures. D'où émergeaient ces ondes troublantes, je n'en savais rien, mais cela m'appartenait et pourtant me dépassait. Nous bâtissons des murailles pour nous protéger au détriment de notre vrai centre, de notre maturité intérieure. Le zen me disait de fortifier mon centre et de laisser mes murailles s'écrouler, notamment par la pratique de la méditation. Ce qu'étaient mes murailles et dans quel état était ma maturité intérieure était aussi peu clairement perceptible que ce qu'on appelle les trous noirs ou les naines blanches, mais l'évidence était que c'était cela que je cherchais et que le bois, la pratique du zazen représentaient pour moi des outils indispensables à cette recherche.

— La voie est en nous-mêmes. Si l'on continue tranquillement l'exercice de l'assise, la voie se révélera d'elle-même, disait maître Okado Torajiro.

L'assise était pour moi la méditation en silence du zen, mais aussi les moments où très faiblement il me semblait ressentir les arbres, la vigilance pour ne me laisser séduire ni par les gloires factices de la société, ni par l'illusion de l'intelligence, ni par l'emprisonnement de la sécurité. Rester le plus disponible à la Grâce, celle que j'avais ressentie sans l'avoir vraiment cherchée mais qui devenait plus exigeante au fur et à mesure que j'avançais. Personne, à la recherche de l'harmonie, ne pouvait échapper à cette vigilance et à cette disponibilité, mais sans doute la manière de les respecter différait-elle pour chacun.

Ce que cette recherche pouvait entraîner de bouleversements, de remises en question, de luttes contre ma propre paresse spirituelle me terrifiait parfois et alors, comme autrefois dans les rues de Paris, j'aurais souhaité de tout mon cœur avoir une petite vie tranquille.

La neige était tombée très vite, sans nous laisser le temps de profiter encore un peu de l'automne avec la beauté des couleurs où se mêlait au Gabou le jaune d'or des mélèzes. Protégé par la couche isolante de la neige, le lac prenait son temps pour geler sur toute sa surface et ce ne fut que vers la fin de novembre que, encordés comme des montagnards, nous fîmes la première traversée. A la passe où le courant luttait encore contre le gel, la rivière était toujours en eau vive. Autour de nous s'étendaient des kilomètres et des kilomètres de terres inhabitées, nous étions livrés à nous-mêmes et notre totale autonomie me ravissait. La liberté, disent certains, est le droit de choisir, en toute connaissance de cause, ce qui nous semble réellement important. Pour moi, c'était aussi de subvenir à mes propres besoins, sans l'aide d'une communauté, d'un État, d'un réseau électrique, dans un espace-temps où l'argent avait aussi peu d'importance que des billets factices de Monopoly, la durée, une signification réelle uniquement en fonction du début et de la fin de notre séjour.

Dans cette île nous rejoignaient pourtant quelques nouvelles, par les informations que nous captions difficilement avec notre petit walkman et par le radiotéléphone. Pour une personne très éloignée géographiquement et psychologiquement du monde habité, le radiotéléphone apporte une sécurité en cas d'accident mais avec le côté un peu magique des tam-tams dans la brousse. Très utilisé, et souvent à tort, pendant l'été et l'automne par des citadins passant quelques jours dans le bois, il retrouvait l'hiver ses connotations occultes. N'y parlaient que des initiés qui se comprenaient à demi-mot, pour qui le dialogue ponctué de *Over, A toi,* de *Charlie, Foxtrot, Zoulou* était aussi habituel que pour les marins, et presque rituel. Pas de conversations inutiles mais des phrases brèves et pleines de sens ; pourtant, les ondes étaient peu occupées, les téléphonistes, avec qui se développait une sorte de connivence, étaient moins pressées, plus disponibles pour échanger quelques mots plus personnels. C'était la voix du bois et ne pouvait en saisir toute la richesse que celui qui avait connu un jour le froid, la solitude, la nostalgie. Parce que les sentiments étaient réprimés, suggérés plutôt que dits sur la voie très publique des ondes, ils prenaient une puissance particulière. Il était presque inimaginable que la téléphoniste, après plusieurs heures à transmettre ces modestes messages, à pénétrer un moment dans l'intimité de quelques isolés, pût reprendre le métro et retourner chez elle où se trouvaient la télévision, le journal, le confort urbain. Naissait une certaine fierté d'appartenir à cette communauté et si Fernand du lac Caribou avait reçu des bonnes nouvelles de sa famille ou si Michel de CHJ 923 s'ennuyait de sa blonde, nous en étions heureux ou bien un peu tristes.

Ce fut par cette voie magique que nous parvint l'accord de principe des propriétaires du Gabou :

— Tout va bien. On vous attend. A vous.

Petite phrase sèche et obscure mais qui fit battre nos cœurs.

Ce ne fut qu'au bout de quinze jours que la glace fut assez épaisse pour permettre à notre ami de Baie-

Comeau de venir nous chercher avec son petit avion sur skis. Quinze jours d'espoirs et de doutes, de désirs de gagner notre terre promise et de craintes de voir encore une fois nos aspirations bafouées, déformées, anéanties par une logique économique et sociale qui n'était pas la nôtre.

Et puis un matin, dans un ciel pur et sans nuages, un petit point apparut, grossit jusqu'à ressembler à un insecte bourdonnant puis devint si proche que nous pouvions distinguer la tête du pilote dans le cockpit. L'avion se posa élégamment sur la piste que nous avions martelée de nos raquettes et glissa vers nous, un bras s'agitant joyeusement à la portière en signe de bonjour. C'était bon de voir un visage ami, de prononcer des mots sans importance en se tapant dans le dos, de s'informer du temps à Baie-Comeau comme s'il fallait y voir un présage. Mais quand, chargé d'un bric-à-brac incroyable, l'avion reprit de la hauteur, que sous mes yeux les chalets devinrent des maisons de poupée, le lac aussi minuscule qu'un étang, quelque chose en moi se crispa de tristesse et d'inquiétude à voir finir un hiver si paisible.

Il était à peine midi quand nous arrivâmes à l'hôtel, à Baie-Comeau.

Amusés comme des enfants, nous nous disputions le premier passage à la douche et le réglage du thermostat. Bien que lavés méticuleusement le matin même et habillés, jusqu'au mouchoir, de vêtements propres, nous nous sentions bizarres, différents; il nous semblait que notre ami, la réceptionniste de l'hôtel, notre voisin de chambre nous avaient flairés non avec dégoût mais d'un nez perplexe. Et pourtant nous ne sentions rien, à part peut-être un très faible mélange de sapin et de feu de bois que l'odorat le plus subtil aurait eu de la difficulté à identifier. Mais ce rien justement était irritant et déplacé dans la marée d'odeurs qui nous avait assaillis dès la sortie de l'avion : essence, parfums insistants de femmes, après-rasages subtils, désodorisants de voiture, fumées de cigarettes, d'aluminerie qui par épaisses volutes sortaient des cheminées, vapeurs de pots d'échappement, et dans la chambre d'hôtel, bouquet de savon, de chauffage, de lessive et d'eau de Javel, de moquette synthétique. Ni désagréables ni agréables, mais elles couvraient totalement et parfaitement la moindre odeur d'homme.

« Les Blancs sentent le cadavre », disent les Noirs dont la peau exhale une odeur franche, le parfum d'un corps propre mais non aseptisé. En « me » respirant distinctement au milieu de cette cacophonie olfactive, je me sentais presque aussi mal à l'aise que lorsqu'en rêve on se retrouve tout nu au milieu d'une place publique. Que mon odeur ne fût couverte d'aucun parfum, ce qui dans le bois m'aurait semblé superflu et artificiel, était là impudique, déplacé. La société dans laquelle nous vivons ne peut tolérer que nous nous mettions à nous sentir les uns les autres, à percevoir d'un seul reniflement ce que chacun de nous est vraiment par les effluves trop crus, trop naturels, trop animaux de la vie, de la peur, de la joie, du désir, de la colère, de l'horloge biologique qui, chaque jour, nous rapproche de la mort. En sortant de la douche et en m'aspergeant d'une eau de toilette discrète, je me demandais si la volonté de cacher les vraies odeurs n'avait pas un rapport avec le malaise de notre civilisation.

Deux mois de complet isolement avaient suffi à me rendre aussi étrangère à ma propre culture que si j'avais été parachutée dans une tribu pygmée au début du siècle. Il faisait beau, assez chaud même en comparaison du bois, pour nous donner le goût de déambuler avant d'aller dîner, comme on se promène dans une ville étrangère pour en ressentir l'atmosphère. Baie-Comeau était une petite ville tranquille, ses habitants généralement chaleureux, simples, naturels et détendus. Je les observais aller et venir, se saluer, échanger quelques mots, accomplir les mille gestes de leur quotidien et ce spectacle m'étonnait. Fascinée et un peu amusée comme si j'assistais à une cérémonie religieuse au rituel très précis. Je n'arrivais pas à discerner dans ce ballet social ce qui appartenait à la vraie vie, aux pulsions et énergies profondes, aux sentiments purs, et ce qui relevait de l'artifice, de la mise en scène. J'en éprouvais une tension presque douloureuse comme devant un chef-d'œuvre cinématographique aux images un peu troubles et diffusées à l'envers. Au restaurant, je ne me lassais pas d'observer les clients, là un couple âgé, un peu plus loin un groupe de travail, le va-et-vient des serveurs, les lumières et l'ambiance qui régnait dans la salle. Je me sentais effleurée d'une vision fondamentale où j'aurais pu saisir et retenir l'essence, la beauté de l'existence, mêlées à une médiocrité humaine attendrissante.

Mais au bout de quelques jours, tout redevint flou, très ordinaire ; les attitudes et les visages retombèrent et se mêlèrent à la routine quotidienne. Et j'éprouvai une grande nostalgie de la sévérité et de l'authenticité de la nature hivernale.

Même la montée de la crise du Golfe, dont nous avions suivi les préambules de loin, m'apparaissait de première importance mais sans pouvoir m'associer aux mouvements de panique et de passion qui secouaient les sociétés occidentales. Que la guerre pût éclater à tout moment était certes un problème très sérieux, mais pouvait-on encore croire qu'il ne s'agissait que d'une réaction indignée et juste des Occidentaux nantis, détenteurs des vraies valeurs, face à une violation évidente du droit international ? Je me sentais trop peu ou trop mal informée pour trancher sur la nécessité politique et économique de l'intervention, mais que des hommes politiques intelligents et responsables, parlant à des électeurs dits éclairés, pussent se saisir du drapeau des valeurs, de l'honneur, du juste droit des peuples à disposer d'eux-mêmes pour expliquer et justifier une telle intervention m'apportait une preuve supplémentaire que notre culture était bien gravement malade.

Le déclenchement de la guerre ne fit qu'apporter de l'eau à mon triste moulin devant les manipulations médiatiques de l'opinion, les paniques en Amérique du Nord entraînant une razzia de masques à gaz, l'apparition de jeux vidéo où les méchants à abattre avaient des têtes franchement arabes. Était-ce d'être irradiée par les émanations décapantes de la Nature, qui ne s'encombrait pas d'échelle de valeurs mais imposait une certaine forme de dignité et d'authenticité, qui me rendait si peu sensible au galimatias psycho-intellectuel dans lequel baignaient nos sociétés et qui servait de spiritualité et de philosophie ? Un profond haut-le-cœur me prenait à entendre utiliser à tort et à travers les mots de justice, de grandeur,

278

d'honnêteté et de valeurs. De celles-ci, il n'en avait jamais été autant question que depuis qu'elles semblaient immunodéficientes.

Pour ne pas sombrer dans une misanthropie sans espoir, je poursuivais ma méditation zen dans un dojo [1] à Québec où je trouvais, outre le cadre idéal et calme pour pratiquer zazen, la chaleur d'une communauté simple et accueillante.

J'aimais l'atmosphère sans dogme, sans interdit, sans sujet tabou, d'un groupe de gens tous différents mais pour qui le fait de régulièrement s'asseoir et rechercher le silence intérieur rendait la vie plus lumineuse. Chaque heure de méditation effaçait les tensions, les méfiances que, malgré moi, je développais vis-à-vis des autres et me permettait, en ville et dans le tumulte d'une vie sociale, de poursuivre ma recherche.

Et puis parfois, le simple spectacle d'un dimanche ensoleillé sur les Plaines d'Abraham me rendait heureuse d'observer la vie avec passion, d'intercepter en un regard les contours d'un destin. L'air était froid et sec, la blancheur de la neige était parsemée de taches fluo et de joues rouges d'enfants emmitouflés. De tous côtés, on dévalait les pentes sur tout ce qui pouvait glisser, de la simple feuille de plastique jusqu'au traîneau à direction contrôlée. De vieilles gens se promenaient lentement, entortillés de fourrure, la ride souriante, main dans la main par tendresse ou peur de tomber. Des skieurs glissaient avec un rien

----

1. Dojo : centre de méditation zen.

de solennité, leurs longues enjambées que leurs bras poursuivaient dessinant d'étranges arabesques sur l'horizon ouaté. D'autres, plus novices ou plus maladroits, semblaient d'amusantes caricatures. Que leur derrière fût mouillé de neige n'empêchait pas leur expression joyeuse et attentive. Un gros chien noir, le museau maculé de neige, m'observait avec intérêt. Un couple d'hommes marchait devant moi et sans que rien de leurs gestes ni de leurs manières les trahît, flottaient autour d'eux des images de table à déjeuner, de soupers aux chandelles et de lit commun. Ils m'attendrissaient par la pérennité qu'ils témoignaient du quotidien amoureux. Ces visages, ces passions, les rires et les jeux, n'était-ce pas, envers et contre tout, la vie ?

Et puis, alors qu'en France mon grand-père se mourait, qu'une grande partie de mon enfance s'enfonçait avec lui dans la noirceur de l'oubli, nous prenions possession du Gabou.

Pendant longtemps, il m'avait paru certain que je ne pourrais survivre à mes trente ans, barrière fatidique au-delà de laquelle je n'envisageais qu'ennui et dégoût. Une partie de moi était en train de disparaître, un mélange de révolte, d'innocence, de désespérance et d'exaltation. L'enfance et l'adolescence s'éloignaient.

Mais d'autres contrées m'attendaient, que j'avais une furieuse envie de découvrir, d'arpenter : mon voyage était à peine commencé.

10

Il est une belle vieille légende d'un rabbin à qui un élève rend visite et demande : « Rabbi, dans le temps, il existait des hommes qui avaient vu Dieu face à face; pourquoi n'y en a-t-il plus aujourd'hui ? » Le rabbin répondit : « Parce que personne, aujourd'hui, ne peut plus s'incliner assez profondément. » Il faut en effet se courber assez bas pour puiser dans le fleuve.

C.G. Jung, *Ma vie*

Que la mort de mon grand-père vînt marquer d'un signe de deuil l'arrivée de la trentaine n'était peut-être qu'un hasard. Trente ans m'était toujours apparu comme la porte ultime de l'enfance, au-delà de laquelle l'innocence devenait immaturité, le sens de la magie se perdait dans le refus des réalités. La connaissance nous chassait du jardin d'Éden.

Et pourtant, le Paradis perdu se trouvait peut-être à notre portée, cette terre du Gabou qui nous était confiée pourrait être l'espace sacré que j'attendais.

Les souvenirs que je gardais de mon enfance étaient *a priori* empreints de sérénité, mémoires de contrées passionnantes où chaque détail était une découverte, où les sentiments semblaient n'avoir point d'ombre, où l'Univers n'avait été conçu que pour moi, autour de moi. Avec mon grand-père disparaissaient des images de douceur, le souvenir certainement infidèle de ceux qui n'étaient plus. Lui-même était riche de bien des qualités qui rendaient la vie plus belle et plus digne, une grande capacité à prendre le quotidien avec un humour très méridional, un code de l'honneur précis comme un décalogue, une bonté et une curiosité naturelles qui en faisaient le partenaire idéal de mes jeux d'enfant, de conversations à bâtons rompus. Il m'apparaissait comme le symbole de ce pays de l'enfance sans fausse ombre ni chemin tortueux. Et sa mort, qu'avait précédée la terrible et angoissante maladie d'Alzheimer, mettait une barrière, insaisissable mais absolue, aux retours en arrière.

A peine signé le contrat d'achat du Gabou, je partis en France pour accompagner ma famille et retourner une dernière fois dans la vieille maison des grands-parents.

Cette demeure, que ma grand-mère avait toujours soignée avec une attention presque excessive, avait pris depuis sa mort quelques années auparavant et malgré tous les efforts de ma mère, un petit air abandonné. Le long des pièces, baignées d'une aura nostalgique, les objets familiers retrouvaient crûment leurs fonctions, redevenaient simples vases, cendriers, fauteuils, beaux ou quelconques, et disparaissaient lentement sous la poussière du temps. Je frissonnais de penser à tous ces restes matériels, dérisoires et presque indécents, que je laisserais à mon tour quand mon cœur aurait cessé de battre. Et devant ces vestiges de la vie d'un couple, des désirs et des choix d'êtres vivants durant toute leur existence, je me demandais s'il n'était pas préférable de partir sans laisser de traces, de glisser dans le réel comme un poisson dans l'eau ; vivre pleinement sa vie et mourir l'esprit libre, les étagères vides, dépouillé des objets, des papiers qui donnent l'illusion d'exister et qui, à peine quittés, deviennent froids et indifférents. Mais sur quoi, alors, les survivants pleureraient-ils, à quoi accrocheraient-ils leurs souvenirs évanescents ?

Le jardin, autrefois immense à mes yeux d'enfant, se couvrait d'herbes folles, et je n'y retrouvais qu'avec peine la frontière sacrée entre les territoires libres, où le jeu ne connaissait nulle entrave, et les plates-bandes interdites, où jadis foisonnaient des fleurs multicolores. J'y voyais encore passer des silhouettes du passé, le visage rieur et essoufflé de mon frère courant après les papillons, un vieux jardinier qui me promenait dans sa brouette, juchée sur un tas de feuilles mortes et odorantes, la vieille tonnelle de lierre où venaient prendre le thé des princesses imaginaires. La voix de mon grand-père fredonnait des chansons d'autrefois et soudain m'appelait, de la petite fenêtre de leur salle de bains, pour que je vinsse déposer un baiser sur sa joue fraîchement rasée à l'odeur douce de lanoline. Et puis le parfum sucré des confitures nous attirait dans la cuisine comme des oiseaux affamés, où ma grand-mère, grondant et riant de cette invasion, nous donnait à lécher l'assiette où la goutte, figée, marquait la bonne étape de la cuisson.

Devant ces images, un peu glacées et raides comme des portraits de famille jaunissant dans un cadre sur la cheminée, la nostalgie, subtil metteur en scène, créait le paysage mythique d'un espace protégé, d'un instant d'existence libéré de la cruauté, de la laideur, de la médiocrité. Et la Joie y était enfermée, comme un enfant sans anticorps dans sa bulle protectrice, ne pouvant être que dans un temps révolu d'innocence, d'ignorance.

Je pensais avec tristesse à ceux qui n'avaient même pas connu cette éphémère bouffée de bonheur, dont les enfances terribles, trahies, déchues avaient trop tôt dévoilé la vie avec son cortège de douleurs, de violences, de lâchetés. Aux enfants malheureux était volée l'idée même du Paradis perdu, la potentialité du Château de la Belle qu'un chevalier au cœur pur pourrait un jour réveiller à la vie, au bonheur. Où puisaient-ils leur force pour vivre malgré tout, leurs aspirations à l'Harmonie quand leur seule vision du monde était empreinte d'angoisse, quand il leur fallait, avant toute autre chose, reconstruire, depuis le départ, la légende de la création, comprendre avec leurs moyens intellectuels à peine adultes que la faute qui les avait jetés hors du jardin d'Éden n'était pas forcément la leur ?

— Je me laisse encore deux ou trois ans et je me *clanche*. La vie ne vaut pas la peine, m'avait confié calmement un garçonnet de dix ans, alors que j'étais monitrice de colonie de vacances. Déjà la prise de conscience, la réaction intellectuelle, la meurtrissure définitive devant une situation familiale tragique avaient inscrit leurs cicatrices, la porte était fermée. Même dans ses rêves, l'enfance n'était plus qu'un désert, qui peut-être plus tard, avec beaucoup d'espoirs, d'amour et de courage, pourrait devenir un chemin vers l'oasis.

Et pourtant un doute, presque un espoir, se glissait dans cette légende de la Joie. Si le Paradis perdu était le pays de l'Enfance, comment ces enfants malheureux pourraient-ils devenir des adultes épanouis ? Comment des êtres apparemment surexposés à la laideur de la vie, par une enfance traumatisante, un grave handicap de naissance ou une extrême pauvreté, pouvaient-ils malgré tout atteindre un équilibre, s'enrichir d'une vision du monde où brillaient la Joie et l'Harmonie ?

Dans le jardin de ma mémoire ne résonnaient que des rires, il faisait toujours beau ou, s'il pleuvait, la pluie prenait des airs profonds et mystérieux. Alors les jours semblaient sans souci ni rancœur. La bulle n'avait pas encore éclaté sous les épines du temps. Mais ce temps béni, que j'opposais à l'aridité de la vie adulte, avait-il un jour réellement existé ? Était-il vrai qu'au tout début la vie avait vibré d'une intensité inoubliable, alors qu'enfant j'étais protégée, choyée, centre de l'Univers ? N'y avait-il eu que des fées pour veiller sur les berceaux ?

Sans trop y penser, avec une quasi-certitude entretenue par les légendes nous faisons rimer ivresse avec jeunesse. Les parents aimants, le monde entier des adultes attendris formaient autour de l'enfant un rempart que ne traversaient ni la mort, ni la peur, ni la pesanteur intrinsèque de l'existence. Puis l'adolescence, souvent gauche et un peu laide, est la pomme qui nous dessilla les yeux ; et « *ils connurent qu'ils étaient nus* ».

Aux rêveurs, aux romantiques, aux révoltés assoiffés de tendresse et d'harmonie dont je faisais partie étaient reprochés un manque de maturité, le désir impossible de rester dans l'enfance sans vouloir assumer la réalité, l'obsession de la vie non telle qu'elle est mais telle qu'elle aurait dû être. Mais à partir de trente ans, il n'était plus possible de rester les petits enfants auxquels appartient le royaume des Cieux. A moins, et cette porte étroite avait un caractère révoltant, à moins de demeurer ou de devenir des pauvres en esprit.

Mon grand-père fut enterré dans le village de son enfance, un de ces jours radieux de printemps provençal, lorsque l'air et les paysages brillent d'une luminosité joyeuse et vivifiante. Tandis que famille et amis nous nous tenions, attristés, autour de la tombe noirâtre, l'éminence rocheuse qui dominait le cimetière miroitait sous le soleil ; l'ombre des arbres était douce, des parfums subtils d'alpage et d'humus venaient faire trembler les cœurs. Il faisait bon d'être mort, allongé dans la terre humide et fraîche, enfin libre, détaché, loin de toute passion et de toute révolte. Je l'enviais un peu d'être pour toujours en accord avec la beauté des montagnes, le bleu translucide du ciel, le souffle léger de la brise, désormais tranquille, apaisé. Était-il possible qu'entre la prairie de l'enfance et la mer éternelle de l'oubli il n'y eût qu'une vallée de larmes ? Enfants nous aurions été protégés de la vie, morts nous en serions délivrés. Si la paix et la joie n'étaient possibles qu'en étant mis sous serre, comme la rose du Petit Prince ne supportant ni le vent, ni le froid, ni les insectes, alors le Sage n'était qu'enfant ou mort.

Mais ma nouvelle philosophie et l'amorce d'une Joie qui, jour après jour, bien que lentement, semblait devenir plus proche se mettaient à regimber devant cette vision un peu simpliste du bonheur, à éternuer à ces relents de religion résignée et courbant l'échine sous le poids des péchés.

Tout d'abord, cette enfance idyllique, la prodigieuse capacité à être heureux d'un rayon de soleil, d'un caillou poli trouvé dans le gravier, de l'arrivée du Père Noël ne s'accompagnaient-elles pas parfois de larmes intarissables, de sensations de pertes irrémédiables, de la découverte de la mort devinée derrière les portes closes, la tristesse ou le désarroi des parents dont on ne peut être que la cause, la soumission passive et parfois douloureuse aux décisions des adultes ?

Et soudain venait me griser un espoir un peu fou, une idée absurde parce que trop belle. Et si la Joie, l'Harmonie n'étaient plus derrière nous, délimités entre la conception et le premier sursaut d'adolescence, mais *devant* nous ? Et si la Mort n'était pas le retour à une paix méritée après bien des souffrances, mais le passage à quelque nouvelle étape qu'aucun humain ne pouvait envisager avec certitude ? Se pourrait-il qu'une erreur colossale se fût glissée dans notre culture judéo-chrétienne, notre éducation familiale, notre caractère obstiné d'adulte, pour nous faire considérer plus ou moins consciemment que le vrai bonheur, la béatitude durable ne pouvait s'accommoder des pressions extérieures, devait trouver refuge là où la vie ne pourrait, au mieux, nous atteindre que filtrée?

Et pourtant, tout était si lourd à porter, jour après jour, alourdi à chaque étape de nouvelles morts, de nouvelles déceptions, comme une armure venue d'il y a bien longtemps, bien avant que n'eût commencé le souvenir.

Avec l'acquisition du Gabou, peut-être m'étais-je mise sur la ligne de feu, directement exposée aux soucis, aux inquiétudes, aux impuissances. Pour espérer triompher des difficultés financières, des méfiances opposées aux idées nouvelles, des contraintes de toute sorte se mettant au travers de notre projet, nous n'avions que notre amour et un bel optimisme. Mais une foi timide, facilement effarouchée, me laissait croire que là était le Mystère à percer, que dans cette confrontation avec une réalité difficile j'allais trouver le fil d'or.

La première phase de la lutte me prit de court.

Avec Claude, nous avions discuté, calculé, élaboré tout un plan de développement où s'alliaient réalisme économique et rêves d'un espace privilégié. Avec enthousiasme, nous relevions déjà nos manches pour faire connaître notre produit, nous donner les moyens de nos aspirations, rendre au territoire sa grandeur.

Mais à notre époque, le sérieux et le potentiel d'un projet ne se mesurent pas à l'enthousiasme, au réalisme des plans établis pour l'avenir, mais au poids de papier et à l'épaisseur de dossier qu'il est capable d'inspirer. Au lieu de réalités tangibles et de difficultés concrètes, je me heurtai à une forteresse de papier, de déclarations, de prospectus souvent absurdes et répétitifs, qui menaçaient de me faire perdre le fil. Je touchais subitement du doigt une réalité sociale où il eût été plus juste de parler de quelqu'un en termes administratifs (il a signé une assurance vie, rempli un formulaire de changement d'adresse, complété sa demande d'inscription et paraphé un contrat de mariage) que d'évoquer ses particularités et ses qualités humaines.

Effarée de cet univers kafkaïen, je n'arrivais plus totalement à rire lorsqu'il m'était dit avec raideur qu'un casier postal ne pouvait tenir lieu d'adresse officielle alors que la pourvoirie était bien évidemment hors de tout circuit postal, quand un dossier m'était refusé sous le prétexte que l'absence de téléphone rendait impossible l'enregistrement informatique et que les fonctionnaires supposés affectés à ce secteur d'activité semblaient tout ignorer des contraintes et des aléas d'une vie proche de la nature. Avant de se gausser de la paille bureaucratique dans l'œil de nos voisins précédemment communistes, je trouvais urgent de s'inquiéter de la poutre administrative dans le nôtre. Que restait-il de la liberté, de l'égalité quand la moindre démarche administrative de la vie courante exigeait beaucoup de temps libre, une infinie patience, des connaissances poussées en « langue de papier », et souvent les moyens financiers de payer un expert, comptable, fiscaliste ou avocat pour se défendre.

Comme tout particulier, ulcérée mais impuissante, je remplis donc des lignes et des lignes de renseignements redondants, signai en bas à droite assez souvent pour que ma signature devînt parfaitement illisible, priai un nombre incalculable de personnes s'occupant du même dossier de bien vouloir agréer ; je me demandais sérieusement ce que tout cela avait à voir avec les arbres et les lacs, les castors et le cri des huards, notre capacité à élever le territoire du Gabou à sa juste valeur et à offrir à nos visiteurs la qualité d'accueil qu'ils méritaient. De n'avoir pas perdu mon dynamisme ni ma ferveur dans un tel labyrinthe où chacun veut, quoi qu'il arrive, n'avoir à subir la responsabilité ni les conséquences de rien, et surtout pas de ses initiatives, relevait déjà de l'épreuve de force.

Dans l'attente du printemps qui tardait à dégeler les lacs pour nous permettre d'accéder à la pourvoirie en avion sur flottes, et pour revenir à des vérités plus essentielles, je cédai à la curiosité et à l'insistance amicale de mes camarades du dojo de Québec qui organisaient une sesshin dans la région, sorte de retraite zen où la méditation est pratiquée de manière intensive. Nous étions un peu moins d'une cinquantaine à nous retrouver dans une vieille maison de bois, posée au bord d'un lac encore recouvert de neige, en un groupe un peu disparate de néophytes comme moi, d'anciens, et de moines dont le crâne rasé marquait l'engagement et leur mépris des apparences. Quatre fois par jour, silencieux et vêtus d'amples kimonos noirs, nous nous rendions à la petite chapelle adjacente où, le nez au mur, nous nous asseyions pour tenter pendant plus d'une heure de laisser nos esprits aussi vides et calmes qu'un ciel parcouru de nuages légers. Pendant cinq jours, nous étions coupés du temps, du tumulte et des passions extérieurs pour mieux retrouver en nous-mêmes la vibration de la vie, passionnante, virulente, inquiétante, extatique. Avec émotion, je retrouvais autour de moi au sein d'un groupe le désir acharné d'une démarche authentique, épurée. Et pourtant les personnalités de chacun vibraient au grand jour, des tensions apparaissaient et disparaissaient, comme des ombres dansantes sur un mur. Un rituel précis rythmait les journées, mais sans contrainte ni religiosité, la seule loi absolue étant de ne pas déranger les autres. Au matin, la marche rapide sur le plancher de vieilles planches d'un moine frappant l'un contre l'autre deux rectangles de bois nous tirait du sommeil, mais j'aimais les instants volés avant le réveil à sentir la nuit s'appesantir à l'approche de l'aube, le silence régnant dans la maison à peine troublé de pas furtifs, les sourires complices et silencieux entre matinaux. Puis la cloche nous appelait à la première méditation, et nous sentions sous l'étoffe légère de la robe le froid hivernal, en nous rendant à la chapelle.

Il me semblait plonger dans un univers très dense, où les limites entre intérieur et extérieur devenaient floues tandis que, telles des vagues, déferlaient en moi le calme euphorique du silence, la douleur provoquée par la posture auquelle ma raideur naturelle ne se pliait qu'avec réticence, une violence contenue qui me faisait fixer le mur avec une sorte de rage, une émotion soudaine si proche des larmes, une lassitude intense de désespoir et puis l'attente, l'espoir du gong qui permettrait de sortir de cette immobilité, de la main apaisante du maître de cérémonie venant m'effleurer l'épaule, des mots prononcés dans le silence frappant de plein fouet mes doutes et ma peur. Ce flux et ce reflux d'émotions, douces ou terribles, joyeuses ou révoltées qui, parfois en instants brefs et insaisissables, s'interrompaient en une lumière aveuglante, cela, c'était la vie, le bouillonnement terrible et passionnant que je ne pouvais comprendre mais dans lequel j'essayais de ne pas me noyer.

Les repas se déroulaient en silence, chaque geste imprégné de lui-même et les moindres mets révélaient des saveurs délicates, nouvelles, rendues subtiles par la concentration. Dans la journée, tandis que certains, une fois terminées les petites corvées communautaires, lisaient, allaient profiter des premiers rayons printaniers du soleil, bavardaient dans la pénombre de la salle de séjour, je participais aux travaux de la cuisine avec une énergie farouche, une discipline qui apaisait le tourbillon menaçant que provoquait en moi l'intensité de la méditation. Je me sentais bouleversée, attaquée de toute part, déstabilisée, et pourtant mon vieux compagnon intérieur se réjouissait, battait des mains, se moquait de mes genoux douloureux, de mes larmes à fleur de paupières, de cette sensibilité extrême à un regard, à un mot, un sourire.

Si nous faisons zazen, peut-être est-ce parce que, plus que d'autres, nous en avons vraiment besoin, avais-je entendu résonner dans le silence de la méditation.

Aucune réponse n'était donnée ; aux mille pourquoi qui se bousculaient sur mes lèvres, les vieux méditants répondaient d'un sourire, d'un geste vague, et parlaient d'autre chose, de la lumière du soleil, du chant d'un oiseau, de la douceur du feu qui crépitait dans la grande cheminée de pierre. Sur l'autel au centre de la chapelle était posée une statuette de Bouddha, que nous saluions comme pour nous incliner devant nous-mêmes. Il était souriant, imperturbable, lisse et empreint d'une douce bonhomie; il ne laissait aucune prise aux reproches, ni aux adorations, aux désirs de se sentir protégés, compris, observés.

Sans doute fallait-il beaucoup d'humilité pour admettre que ce tumulte qui m'habitait, ce mélange de rage froide, de larmes épuisées, de sourires, de peurs et de certitudes, c'était moi, moi enfermée en moi-même et, au travers des soubresauts de mon esprit tourmenté, l'essence même de la vie, la vraie beauté, l'authenticité pure qui cherchaient à percer les voiles. Le message était simple mais terriblement fugitif, glissant telle l'anguille qu'on tente de saisir à pleines mains. Il devenait par moments inacceptable, révoltant, car il laissait entendre que les combats acharnés que nous menions contre les forces hostiles du monde et le manque d'amour, la lutte épuisante et ingrate pour imposer notre place, défendre notre petit coin de lumière n'étaient après tout qu'une parodie de Don Quichotte, la révolte épouvantée de l'alcoolique contre son delirium tremens. N'étions-nous pas heureux dans l'enfance lorsque nous étions protégés des violences extérieures ? Mais pourtant, si c'étaient nos peurs, notre propre crispation qui nous empêchaient de respirer librement et nous rendaient la vie aussi lourde ?

Dans ce que j'allais affronter au Gabou, je savais déjà que ces deux visions de l'existence, ces deux conceptions apparemment antinomiques allaient se trouver face à face, pour la victoire de l'une ou la complémentarité des deux.

Et puis ce fut le départ. La glace à peine disparue du lac Achigan, nous nous posions en avion, chargés de bagages, impatients de travailler sur le terrain et de nous battre avec des problèmes concrets.

Tout était à faire. De bois de chauffage, il ne nous restait que le strict nécessaire pour réchauffer les matins encore frileux, les camps demandaient un sérieux nettoyage, les alentours avaient besoin d'être libérés des herbes folles. Et puis une grande partie du territoire nous était encore inconnue. Il nous restait à peine trois semaines pour tout mettre en place, avant l'arrivée des premiers clients, avant que les arbres ne fussent envahis de sève et le silence troublé du bourdonnement des mouches affamées.

Le deuxième pont sur le chemin de la rivière avait été emporté par les crues printanières, comme nous l'avions prévu, ne restaient que les grosses poutrelles de fer effondrées de guingois dans l'eau bouillonnante. La route depuis la côte devenait impraticable, l'essentiel des voyages ne se ferait plus qu'en hydravion, et, si nous avions acheté un véhicule amphibie, c'était essentiellement pour traverser les rivières aux eaux basses du milieu de l'été. De ce fait, le quotidien des opérations devenait plus compliqué, mais nous gagnions une plus grande tranquillité et une protection accrue pour le territoire.

Nous avions décidé d'abandonner le système énergétique existant, totalement dépendant de deux grosses génératrices, bruyantes et vétustes, pour une organisation plus diversifiée avec installations au propane, petite génératrice d'appoint et, pour certaines tâches, le retour à des méthodes ancestrales mais efficaces.

Avec une passion amusée, je redécouvrais un monde presque oublié où la vie quotidienne se déroulait sans machines ni gadgets, au rythme lent du travail du corps. Oubliés les cafetières électriques et les robots culinaires, les blancs d'œufs devenaient neige au battement cadencé du fouet manuel, le linge lavé à la main claquait au vent sur la corde, et à la tombée de la nuit je jouais l'allumeuse de réverbères en ouvrant les lampes au propane. Jour après jour, nous contredisions le message plus ou moins explicite des publicitaires pour qui, sans micro-onde ni télécommande, il ne pouvait exister de réel bonheur.

« Je ne pourrais plus me passer de ma machine à laver la vaisselle. »

« Avec mon nouveau robot, je peux TOUT faire. » « Une voiture sans climatiseur, quelle horreur ! » avais-je souvent entendu d'interlocuteurs visiblement très fiers de leur modernisme. Avec un certain orgueil, je me réjouissais d'être totalement archaïque, attardée, car j'y découvrais une nouvelle liberté née de l'autonomie et une joie profonde du Geste, dans son accomplissement et sa réalisation.

Je me mettais à contempler la technologie moderne avec un œil critique, persuadée que toute facilité est à double tranchant et que de penser qu'un robot ménager est indispensable permet d'oublier ce qui l'est vraiment.

Les gestes, dans ce qu'ils ont de plus quotidien, nous apprennent quelque leçon qui ne se trouve ni dans les livres ni ne s'explique à la télévision. La patience, la recherche de la perfection, le contentement de l'action bien faite s'inscrivent dans nos corps avant d'être pensés par notre esprit. Qu'un hélicoptère nous dépose en haut d'une montagne nous permettra d'admirer la beauté de la vue, mais nous privera du plaisir intense, profond, durable d'y accéder après une longue ascension. Le corps sait, l'esprit croit savoir. Derrière les vitres d'une automobile, en peu de temps beaucoup de paysages défilent mais les muscles, le souffle, la pulsation du sang n'en ont rien appris, comme un livre feuilleté mais jamais vraiment lu. Faut-il pour autant retourner en arrière, laver les couches à la main (quoique certains le fassent aujourd'hui pour des raisons écologiques), tisser ses vêtements, produire sa propre nourriture? Certainement non. Le progrès nous a permis de conquérir un peu de temps, un peu d'espace à consacrer à des occupations créatives plus enrichissantes. Mais si une activité nouvelle ne vient pas nous apprendre les leçons simples de l'effort, nous en resterons satisfaits mais amoindris.

D'autre part, oublier que pour vivre nous n'avons réellement besoin que de très peu de chose, de l'air, de la nourriture, du feu, des vêtements pour se protéger du froid, enclenche une course en avant, une poursuite insatiable et éternelle qui, si elle fait l'affaire des manufacturiers, n'a plus rien à voir avec une quelconque évolution humaine. Le problème n'est pas d'utiliser des objets dont, réellement, il est possible de se passer, mais de ne pas sentir le moment où ils nous gouvernent. Le fait de déclarer : « La voiture ? je m'en passe » n'est pas suffisant, encore faut-il en être vraiment capable et, pour cela, s'efforcer de temps à autre de s'en passer. Le syndrome télévisuel est dans ce domaine particulièrement pernicieux. Pour tous, la télévision est un passe-temps, un outil d'information, une détente, mais qui avouera qu'elle est dans bien des cas un élément indispensable à l'apparent équilibre de sa famille ou de son couple, un dérivatif à ses tensions, à ses angoisses, un bouche-trou permettant de ne pas trop réfléchir ? Et pourtant, quel pourcentage de téléspectateurs réguliers est réellement capable de s'*en passer* ?

Dans le bois, je n'avais pas grand mérite à me satisfaire de peu et à apprendre à me débrouiller sans la panoplie des instruments automatisés modernes. Dans la cuisine, notamment, il me paraissait plus simple de faire le maximum d'opérations à la main plutôt que de sortir démarrer la génératrice dont le ronronnement, pourtant doux, m'horripilait. Mais ce qui au départ appartenait à la logique devint progressivement un mode de vie, une recherche en elle-même, presque un jeu de me sentir de jour en jour plus autonome. Cela devenait un apprentissage, un amusement subtil et créatif de trouver des méthodes simples et manuelles pour répondre aux besoins quotidiens.

Et il fut alors très facile d'expliquer à nos visiteurs, parfois un peu désarçonnés par l'absence partielle d'électricité, que leur séjour n'en était qu'amélioré, ne serait-ce que par l'absolu silence qui régnait nuit et jour, délivré du ronronnement obsédant des génératrices.

Le printemps et le début de l'été furent enchanteurs, resplendissants de soleil, le ciel était sans nuages ; à la chaleur qui rendait l'eau du lac Achigan si agréable pour se baigner succédait la fraîcheur des nuits criblées d'étoiles. Nous en profitions pour accomplir nos travaux extérieurs, et le visage de Claude prit rapidement la couleur cuivrée qui me faisait le traiter affectueusement de Peau-Rouge. Mais, peu à peu, la sécheresse de plus en plus apparente commença à nous inquiéter. De place en place, l'herbe se couchait, jaunie ; dans le bois le sol craquait sous les pas comme un lit de feuilles mortes à l'automne. Les nuits restaient chaudes, étouffantes, les insectes fréquents à cette époque de l'année avaient presque disparu dans cet air trop sec. D'un commun accord, nous rangeâmes les scies et les débroussailleuses, génératrices d'étincelles, en attendant la pluie.

Mais la pluie ne venait pas, parfois de violents orages éclataient, les éclairs zébraient la surface du lac d'une lueur inquiétante, le tonnerre roulait en grondements sourds. Après quelques gouttes, tout s'arrêtait dans un silence obsédant. Moi qui d'ordinaire aimais les orages, j'en venais à craindre ces déchaînements secs, annonciateurs de foudre. A la radio, lors des informations que nous écoutions avec une régularité peu habituelle sur les ondes de Radio-Alma, des feux de forêt commencèrent à faire parler d'eux, ici et là, feux criminels ou déclenchés par la foudre. La côte Nord semblait particulièrement touchée, mais les autorités pensaient pouvoir les maîtriser et recommandaient la plus extrême prudence pour ceux qui résidaient en forêt. Nous étions particulièrement vigilants, bannissant jusqu'au barbecue dont les brandons pouvaient être éparpillés par le vent.

Mais le sous-bois était si sec, le terrain si sablonneux dans ces régions que les feux ne tardèrent pas à prendre de l'ampleur, se propageant par les racines, transportés plus loin par les étincelles qu'un vent régulier et de plus en plus puissant dispersait. Se constituèrent bientôt deux gigantesques brasiers, l'un au sud près de la côte à cinquante kilomètres du Gabou, l'autre à l'ouest dont nous étions protégés par une vaste rivière. Les nuages de fumée commençaient à nous atteindre et, un soir, l'air en fin d'après-midi prit une teinte terreuse. Épais et jaune, il absorbait les rayons du soleil, couvrant le lac d'un nuage opaque. La lumière était crépusculaire malgré le soleil encore haut dans le ciel, sans force, entouré d'un halo sinistre. Quand il descendit vers l'horizon, aucun rayon rougeoyant ne réussit à percer l'air saturé de fumée. La gorge un peu serrée, plaisantant pour masquer mon inquiétude, je me sentais glacée d'attente, incapable de vaquer à mes occupations quotidiennes, figée dans cette lumière d'apocalypse.

A la radio, nous ne recevions que des informations fragmentées; l'incendie près de Baie-Comeau déjouait les prévisions, bondissait certains jours de plusieurs kilomètres, la chaleur du brasier était telle qu'aucun avion-citerne ne pouvait le survoler. Du second foyer d'incendie, il en était moins question. Les territoires menacés couvrant des hectares et des hectares de forêts inhabitées, et tous les efforts étaient concentrés sur la côte où des villages étaient en danger. Au milieu de ces hectares inhabités, nous ne pouvions qu'attendre. Au radiotéléphone, les appels se succédaient, amis de Québec envahis certains jours par la fumée, parents m'appelant de France alors qu'un entrefilet dans le journal *Le Monde* parlait d'un gigantesque incendie dévorant la côte Nord, clients inquiets de leurs vacances prochaines.

– Rien à craindre pour l'instant. Nous sommes encore à une trentaine de kilomètres du deuxième foyer, nous serons évacués s'il y a un danger réel. Nous vous tiendrons au courant.

Paroles banales et rassurantes qui parvenaient à masquer mon inquiétude croissante, mais que pouvais-je faire, sinon attendre que le vent se calmât et que la pluie vînt. Claude, très philosophe, affichait, quant à lui, un bel optimisme.

Et puis soudain, sans crier gare, arriva l'ordre d'évacuation.

Les chemins étaient fermés, les avions n'avaient d'autorisation de décoller que pour aller chercher ceux qui restaient dans le bois. Des clients, déjà arrivés à Baie-Comeau, nous appelèrent ; en l'absence d'informations précises sur la durée de l'interdiction, ils préféraient faire demi-tour, ne fût-ce que pour fuir l'épaisse fumée qui faisait s'allumer les réverbères en plein jour. La compagnie d'hydravions attendait nos ordres pour venir nous chercher.

Les maigres renseignements extorqués à la police ne nous avançaient guère, les accès à la forêt étaient fermés pour une durée indéterminée. En tant que propriétaires, nous étions autorisés à rester dans le bois mais à nos risques et périls, toute autre personne devant être évacuée dans les plus brefs délais. Et pourtant l'incendie lui-même semblait très loin, le ciel était limpide sans un nuage de fumée et nous ne tenions pas à laisser la pourvoirie ainsi sans surveillance. Je décidai de rester sur place tandis que Claude, accompagné de notre employé, irait chercher plus d'informations en ville. Après un bref aller et retour à Québec, il viendrait me rejoindre ou me relayer, et organiserait mon évacuation si cela devenait nécessaire.

Le matin de leur départ, il faisait un temps radieux, le ciel était d'un bleu profond dans lequel je regardai disparaître leur avion avec un pincement au cœur. Je me sentais un peu désœuvrée, seule, et, après une courte promenade dans une forêt particulièrement silencieuse, je revins vers les camps pour lutter par une heure de méditation contre une angoisse diffuse.

Quand je me relevai, apaisée, la fumée avait envahi tout le paysage, le lac Achigan disparaissait à moitié dans la brume qui voilait les montagnes. En une heure, la lumière était devenue jaune et opaque, aucun piaillement, aucun froissement de brindilles ne troublait le silence, comme si les animaux avaient fui ou s'étaient terrés. Même la surface de l'eau était immobile, figée comme une huile. Une odeur âcre de roussi m'emplissait les narines, des particules de suie flottaient et se collaient à la peau moite. Malgré moi, je bougeais avec lenteur, écrasée du poids de cette attente, les nerfs tendus, les yeux fixés au ciel pour tenter d'y découvrir quelques nuages prometteurs. En vain me répétais-je que le feu était loin, que les nuages de fumée pouvaient se répandre sur des kilomètres, poussés par les vents. Mais pas un souffle n'agitait les feuilles, la brume semblait avoir surgi de nulle part. Attendre, attendre minute par minute, se concentrer sur le moment présent.

« Lac Achigan, lac Achigan, êtes-vous à l'écoute ? »

L'appel de Radio-Alma m'électrise, à peine ai-je eu l'impression d'écouter le ronronnement du radio-téléphone, plongée dans une torpeur lourde. Peut-être est-ce déjà le troisième appel réglementaire avant l'annulation.

Je me précipite sur le micro, la voix haletante malgré mes efforts pour paraître calme. C'est une communication de la Sûreté du Québec. Le feu n'est plus qu'à quelques kilomètres, le vent le pousse dans ma direction, il faut évacuer de toute urgence. Je m'étonne, discute, les informations prises le matin même n'indiquaient aucune aggravation. Par la fenêtre, j'aperçois la lumière déclinante d'une fin d'après-midi noyée de fumée, aucun avion ne peut décoller dans cette purée de pois. On me propose un hélicoptère, au plus vite, mais je gagne du temps, il me faut absolument rejoindre Claude pour avoir l'heure juste. Il me semble que céder à la panique que je devine dans la voix de mon interlocuteur serait livrer le Gabou au feu destructeur.

La téléphoniste perçoit mon inquiétude et, gentiment, m'accorde plus d'appels que le nombre autorisé pour tenter de rejoindre Claude, quelque part entre ici et Québec. Je laisse des messages ici et là, enfin un hôtel de Baie-Comeau m'annonce qu'il y a réservé une chambre. Qu'à son retour il me rappelle, c'est urgent.

Préparer un minimum de bagages si l'évacuation s'avère inévitable, en continuant à espérer que tout n'est qu'un mauvais rêve, que la chance dépend de ma volonté, de ma force intérieure. Mais en moi une voix gémit, supplie, la voix irraisonnée de la peur, la voix viscérale du marchandage avec une divinité illusoire. Mon impuissance ne m'apaise pas, au contraire, elle me torture comme si mon inconstance, ces mille petites médiocrités que nous nous accordons sans y penser dans la vie quotidienne avaient d'une certaine façon déclenché ce cataclysme pour m'apporter une leçon nouvelle, mais à quel prix! Qu'emporter dans la fuite lorsque la destruction peut être totale? Que les objets sont vains, dérisoires! Quelques papiers, un appareil photo que je traîne depuis des années, mon journal et des affaires de Claude, qui me protègent de la totale insécurité.

Et puis, soudain, un calme étonnant m'envahit, un détachement profond; tout étant possible, même le pire, il n'est plus l'heure de s'inquiéter mais de faire face à une situation dont je n'ai plus le contrôle. Non la sérénité certes, mais une calme résignation.

Dehors la nuit tombe, masquant l'angoissante fumée; vers 18 heures la téléphoniste me met en communication avec Claude. Il vient d'arriver à l'hôtel, il n'a rien entendu d'alarmant, la pourvoirie

303

ne semble pas être sur la trajectoire du feu. Mais il va prendre d'autres informations et organiser mon évacuation si nécessaire. Sa voix est douce, calme, un poids énorme quitte ma poitrine; il faut essayer de dormir, au petit jour il me rappellera pour confirmer. Et je finis par m'endormir, au bruit lointain du tonnerre qui peut-être annonce la pluie. Au milieu de la nuit, un crépitement doux m'éveille, aussi léger qu'une caresse, une vague d'humidité qui se glisse par ma porte entrouverte. La pluie, une petite pluie fine qui me précipite dehors pour la sentir couler sur mon visage.

A 6 heures du matin, Claude me confirmait qu'aucun danger ne nous menaçait, que le feu s'étendait mais plutôt vers la côte, que mon interlocuteur s'était trompé de territoire ou avait cédé un peu promptement à la panique. Et l'attente reprit, les yeux fixés au ciel redevenu clair, l'oreille à l'écoute du moindre souffle inquiétant de vent. La Nature, une nouvelle fois, maintenait ses droits, sa force, balayant illusions et techniques, tout entière épanouie dans une puissance destructrice. Sur la côte, des villages étaient évacués, les pompiers creusaient des tranchées pour du moins enrayer la progression tantôt sournoise, tantôt bondissante du feu. Survoler le brasier était plus que jamais impossible, seules des pluies importantes, diluviennes pouvaient en venir à bout.

Claude vint me rejoindre deux jours plus tard, et je pus oublier mon inquiétude contre son épaule, sentir ma fatigue, une fatigue profonde, inexplicable, qui me perçait jusqu'aux os.

Enfin arriva la pluie. Se succédèrent de longues journées de déluge, aussi démesurées, implacables que la précédente sécheresse. Comme si l'Univers riait de nous, quelque part, avec une malice dénuée de malveillance. Le bois fut de nouveau ouvert, les avions recommencèrent à voler, les clients à arriver chez nous. Nous avions perdu trois semaines d'activités, près d'un quart de notre année financière, la côte Nord venait de reculer de dix ans dans son évolution touristique du fait de la panique médiatique et des préjugés qui avaient commencé à faire de la région un vaste désert carbonisé. Mais nous étions sains et saufs, le territoire n'avait rien perdu de sa beauté ni de sa richesse, tout pouvait reprendre comme si rien ne s'était passé. Il fallait recommencer à se battre, sans attendre, convaincre que nous n'avions rien d'une zone sinistrée, trouver de nouvelles solutions financières, accepter que dans la course nous avions pris un temps de retard.

Mais restaient cette lassitude qui, fidèle, m'escortait et me laissait simplement l'air nécessaire pour respirer, et ce dégoût du quotidien, la peur étonnante et nouvelle de ne plus croire au but, à la nécessité de la lutte. Je connaissais déjà la tristesse, la révolte, la mélancolie, « ce désespoir qui n'a pas les moyens », mais pas cet ennui fade, la sensation d'être échouée, lamentablement, sur un quelconque rivage. Chaque matin s'étalaient devant moi la surface terne du lac, la rangée noirâtre et monotone des épinettes, les mêmes parois rocheuses, la même immensité vide du ciel. Les criailleries incessantes des écureuils m'aiguisaient les nerfs, l'appel du huard n'était plus que la plainte répétitive d'un idiot.

Dans la crainte irraisonnée de perdre cet espace que j'aimais, j'en avais brisé la magie, mon désir s'était déchiré comme le tendon trop sollicité d'un athlète. Étais-je devenue aveugle ou la lumière de ce qui m'entourait s'était-elle brusquement éteinte ?

Alors que mon grand-père était déjà profondément atteint de la maladie d'Alzheimer, mon père l'avait trouvé un jour dans son garage, fixant d'un air égaré le vieux râteau avec lequel il avait toujours aimé égaliser ses belles allées de gravier et ramasser les feuilles.

— Mais à quoi donc cela sert-il ? avait-il murmué avec un ton de détresse insupportable.

Ainsi je contemplais ma vie, les luttes et les espoirs qui m'avaient menée jusque-là, la personne qu'il m'avait toujours semblé être, rêveuse mais décidée, passionnée mais volontaire, sensible et rebelle. Devant moi était un miroir brisé, mille particules trompeuses et éclatées, sans logique, sans trame, dérisoire. La solitude m'était devenue inquiétante, mais parler avec des inconnus ou des relations de passage m'était également insupportable. Seuls le sommeil, la lecture, la présence de Claude parvenaient à me tirer de ma léthargie, à me faire sentir qu'en moi cela continuait à vivre.

La carapace, la muraille venait d'exploser.

Comme tout être humain, ma confrontation depuis ma naissance avec le regard des autres m'avait qualifiée, avait fixé mes contours en une personnalité relativement stable, douée de qualités et de défauts bien déterminés, dotée d'un équilibre somme toute satisfaisant. « Il faut me prendre comme je suis ! », « Dans ma famille, on est comme ça... », « Ah ! moi, cela ne m'arriverait pas. » Sans arrêt, nous acceptons et contribuons à donner et à se faire une idée de nous-mêmes aussi nette qu'une description physique en terme de taille, de poids, de couleur de cheveux. Parfois surgit le doute, dérangeant et agaçant, pour une critique entendue par hasard, sous l'effet d'une émotion violente où les réactions sont surprenantes, inconvenantes. Des gens bien comme il faut deviennent des tortionnaires en temps de guerre, des héros surgissent où ne semblaient régner que la faiblesse et la peur, un conjoint raisonnable s'avère en cas de divorce d'une cupidité insoupçonnée, sans parler de crises de schizophrénie, de dépression ou d'hystérie. Et chacun se surprend à rabrouer sans raison un collègue de travail, à trembler de peur mal à propos, à envier perfidement son voisin de palier.

Mais tout porte à croire que cela n'arrive qu'en des circonstances extraordinaires, exceptions qui confirment grosso modo la règle de l'unicité de l'être ; au mieux est évoqué d'un air détaché l' « inconscient », notion bien pratique d'une apparente science freudienne que notre époque manipule comme un menu de restaurant.

Mais, soudain, je ne pouvais plus me fier à cette confortable stabilité ; heurtée de plein fouet par l'angoisse viscérale de l'insécurité, mes contours avaient explosé. S'étaient volatilisés les repères me définissant et qui, à la longue, avaient pris l'apparence de mon être propre. Et je perçus l'étonnante, l'inquiétante fluidité de l'être, son caractère mouvant, l'impossibilité de saisir de manière fiable une personnalité, la mienne en particulier, dans sa totalité.

Cette découverte, non plus intellectuelle mais intime, était totalement dérangeante, terrifiante. En vain, je tentais de me raccrocher à cette carapace extérieure qui, bon an mal an, me structurait et me protégeait, sans vouloir admettre qu'elle m'avait aussi étouffée et trompée. En cela, je ressemblais à un invalide, se contentant d'une photo pour imaginer la mer, ses reflets changeants, le flux et le ressac, la formation et l'effacement des crêtes des vagues, ce qui en fait la beauté fascinante, mystérieuse, jamais monotone.

Mais ma recherche d'authenticité ne pouvait être profonde que si j'acceptais de sortir de ma coquille, de me concevoir non dans la stabilité mais dans la mouvance. Ce moment est pour tous, aidés ou non par un thérapeute, seuls ou entourés d'êtres chers et compréhensifs, une période éprouvante, terriblement solitaire, terrifiante mais indispensable. Je me sentais aussi fragile qu'un bernard-l'hermite sorti de son coquillage, aussi floue qu'une ombre. Mais seulement à partir de là pouvais-je commencer à mieux m'accepter, à mieux me comprendre, à percevoir les autres avec plus d'intelligence.

Scientifiquement, il est impossible de déterminer la position exacte d'un électron autour d'un noyau à un instant « t », mais il se déplace dans une sphère discernable. Ainsi avons-nous peu d'une vie pour tenter de comprendre notre propre sphère d'évolution et courons-nous toujours le risque de tracer des cercles erronés.

A ma sensation de plonger dans un océan impalpable ne s'opposait aucune barrière où je pusse me raccrocher. Le bois m'entourait de ses paysages indifférents, Claude m'offrait un appui inestimable mais, par nature, par expérience personnelle, se refusait à me redéfinir. Il fallait bien, pour ne pas me noyer, que j'apprenne à nager.

Lorsqu'un nourrisson a faim, froid, peur, qu'il souhaite être bercé, il sait par instinct se manifester par des pleurs, des cris, tout un éventail sonore non équivoque. De même, ce qui en nous cherche à s'exprimer, à prendre plus d'espace, à être mieux reconnu, se fait entendre, envers et apparemment contre nous selon une gamme d'émotions, de sensations généralement douloureuses dont la richesse dépasse notre imagination. L'utilisation de drogues, médicamenteuses ou illégales, la fuite en avant dans des activités forcenées ou la volonté farouche de ne pas s'apitoyer sur soi-même peuvent au mieux enfermer les hurlements du bébé dans un placard ou les étouffer sous un oreiller. Le silence est pour un moment rétabli, mais tout dépend de ce qu'en fin de compte on souhaite faire du bébé. Dans ce domaine, aucun parent, aucun livre, aucun psychiatre ne peut réellement nous aider autrement que par des conseils. Et tout adulte ayant un jour fait l'expérience de tenir dans ses bras un bébé s'époumonant connaît le mélange d'inquiétude, d'ignorance, d'exaspération et d'impuissance qu'il nous faut affronter lorsque nous échappons à notre propre contrôle.

Le plus difficile est non seulement d'accepter et de supporter cet état mais de s'en réjouir, car à ces moments-là, alors qu'abattus, découragés nous sommes près de baisser les bras, nous n'avons peut-être jamais été aussi près de la Grâce, jamais aussi authentiques à nous-mêmes. Le bois m'avait baignée de lumière et m'avait plongée dans l'ombre. Il avait dévoilé à mes yeux éblouis une intensité profonde, l'étincellement de la Joie. Puis il avait éteint les projecteurs et m'avait réduite à ramper, plus qu'aveugle, sans même la certitude de ce que j'étais vraiment. Suffit-il de dire à la fin d'une passion amoureuse qu'il n'y a pas d'amour sans larmes pour accepter, pour comprendre ? Le désespoir était-il le seul chemin pour sortir du doute ? Et pourtant je percevais la nécessité absolue de tout cela, aussi crûment que lorsque j'observais une truite gober une mouche, l'arbre se courber sous le vent, la rivière modeler imperceptiblement les galets. Et entre la Joie et la Peur, il me semblait danser comme un bouchon sur l'eau mais lentement, très lentement, glisser vers l'avant.

Autour de moi, la Nature suivait son cours, imperturbable. Les huards s'appelaient de lacs en lacs, les saumons remontaient la rivière pour le frai.

Un couple d'hirondelles avait construit au début de l'été son nid sur une poutre du camp principal. Mal ajusté, alors que la mère couvait déjà les œufs, il s'était effondré sur le sol. Durant quelques jours, les parents semblèrent désemparés, volant çà et là sans but, avec des petits cris perçants. Un beau matin, ils décidèrent d'en bâtir un nouveau, à un endroit plus propice... au-dessus de la porte d'entrée. Toutes nos tentatives pour les en dissuader échouèrent ; devant les bâtons et outils que nous mettions sur la poutre pour les empêcher de se

310

nicher, ils se perchaient, le bec débordant de brindilles, la tête un peu penchée, attendant. Nous finîmes par céder et leur aménager l'espace pour qu'ils pussent s'installer sans gêne ni pour l'un ni pour l'autre. En quelques jours, un nouveau nid était construit, plus solide, et plus tard, après avoir voleté en tous sens pour nourrir leurs oisillons affamés, les deux petits oiseaux venaient se poser le soir venu l'un près de l'autre et gazouillaient pour chanter le travail accompli, l'ordre rétabli, la beauté du crépuscule, l'harmonie inarticulée et inconsciente qui les envahissait.

Si l'intelligence humaine, la puissance incroyablement supérieure de notre cerveau m'empêchait de ressentir, de comprendre au sens viscéral cette douce béatitude de l'animal, la Nature serait à la fois monstrueuse et illogique. Pour l'animal, l'harmonie se compose d'éléments précis, la satiété, la procréation, l'absence de dangers immédiats. Je me sentais comme une fleur appelée à s'épanouir, comme une pierre, bientôt galet poli par le flot de la rivière. Appelée, mais vers quoi ? En tant qu'être humain, mes capacités aussi bien physiques qu'intellectuelles devaient me permettre de ressentir la plénitude à un niveau supérieur, plus épuré, plus complet, que l'arbre, la roche ou l'animal.

Je me sentais dégoûtée de moi-même, tellement loin de la Joie, et pourtant jamais je n'avais si bien ressenti l'absurdité d'espérer la vie sans la vie, de rêver d'un paradis perdu protégé et enclos dans l'enfance, la fausse sécurité de l'argent, l'éphémère béatitude de la passion, l'apparente forteresse des certitudes. Au-delà, plus loin, devait se trouver un secret pour l'humain, une véritable voie pour ressentir l'existence non comme une fête permanente, mais comme un accord d'harmonie. Mais peut-être pour cela fallait-il accepter que les œufs fussent parfois cassés, que la recherche fût ardue et toujours laminée par le doute. Car, à chaque effort, à chaque nouvelle tentative, mon intuition me disait que je devenais plus juste, plus fidèle à moi-même et à ce qui m'entourait.

Tout doucement le bois recommença à me parler ou plutôt je recommençai à l'entendre, par bribes, lorsqu'un nuage rose posait une teinte délicate à la surface de l'eau, qu'un arbre était auréolé de lumière au soleil levant, que l'eau était tiède sur mon corps après un journée fatigante. Quand les larmes me montaient aux yeux devant les difficultés, les peurs obsédantes, je posais mon front contre l'épaule de Claude et il savait me faire rire.

Et puis le Gabou révélait sa magie, chaque nouveau visiteur m'apportait quelque idée nouvelle, la beauté d'un geste, la justesse d'une parole. En quelques jours se tissaient des liens, et bien souvent nous nous séparions avec beaucoup d'émotion.

Le travail quotidien, préparer les repas, balayer, garder les chalets et le linge propres, m'aidait, dans sa discipline austère et répétitive, la simplicité des gestes essentiels, à prendre de la distance, à laisser parler en moi la voix authentique, à rétablir le contact avec les sensations premières de la vie. Et je repensais à mes choix, aux aspects de mon caractère que j'avais crus jusque-là inévitables ou inattaquables, les valeurs dont je n'étais plus si sûre, comme on trie paisiblement un tas de pommes, les pourries, celles qui sont à point, celles qu'il faut laisser mûrir.

Vers la fin de l'été, alors que çà et là de petites taches de couleur dans les arbres annonçaient l'automne, mes parents vinrent nous rendre visite. En de brefs séjours à Nakane, ils avaient découvert la beauté des espaces sauvages, la tranquillité d'une Nature austère, s'efforçant de comprendre ma fascination, ce qu'ils appelaient évasivement mon originalité, ce qui m'avait amenée à refuser la vie qu'ils me proposaient. Durant plus d'une semaine, j'eus le temps de leur montrer une grande partie du territoire, leur faire ressentir le frisson de l'aventure le long de petites rivières tumulteuses, leur expliquer un peu de la vie animale qui nous entourait. J'aimais m'occuper d'eux, partager la beauté d'un coucher de soleil, les gâter de petits plats que nous dégustions ensemble, les voir dans ce cadre qui me tenait tant à cœur. Et pourtant, à des moments inattendus, une angoisse diffuse me serrait la gorge. Le soir, accablée d'une fatigue inhabituelle, il me fallait discuter avec Claude, jusque tard dans la nuit, de nos projets, de ce qui nous unissait, pour écarter la sensation profonde et terrifiante d'une dysharmonie. J'en gardais un goût amer, une culpabilité vague, et, si je l'imputais en partie à mes incertitudes de l'été, je me reprochais de ne pas savoir leur expliquer mes choix, de ne pas réussir à les convaincre, de ne pas pouvoir leur affirmer que tout allait merveilleusement bien. Parfois il me semblait ne pas les aimer assez.

Ce n'est que plus tard que je compris que j'avais tort, alors que depuis longtemps ils avaient retrouvé Paris, que nos échanges étaient redevenus téléphoniques et épistolaires, que les odeurs d'automne cédaient devant l'hiver.

« *S'il doit être pour son succès dépossédé de son âme, de son désir, de sa parole propre, qui sera en fait celui qui réussit ?* » demande Anne-Marie Balmary dans *Le Sacrifice interdit.*

Depuis l'enfance, tout enfant aimé se heurte aux craintes des parents, à leurs espoirs de le voir un jour « réussir » dans tel ou tel domaine, à leurs inquiétudes face à toutes formes de marginalité. « Laisse un peu sonder les autres... » recommande le César de Pagnol à son fils enchanté de sa nouvelle vie et de ses expériences océanographiques. L'inquiétude de mes parents, leur méfiance profonde envers mon style de vie leur appartenaient, faisaient partie de leur histoire, de leur façon de penser, de l'expression de leur sollicitude, de leur amour. Mais je n'avais rien à prouver, ni à mes parents, ni aux voisins, ni à tous ceux qui avaient les yeux fixés sur moi et que j'imaginais toujours prêts à compter les coups, à comptabiliser sévèrement les pour et les contre.

En moi se trouvait le juge le plus sévère, incorruptible, d'autant plus juste qu'il était de plus en plus authentique. De vouloir démontrer à tout prix que j'avais raison, raison de poursuivre ma voie comme je la ressentais profondément, de m'écarter des sentiers balisés, introduisait dans la Joie, dans la recherche de la Lumière ce qui lui était contraire, la culpabilité ou l'orgueil, les deux visages de la dépendance.

314

« Je ne suis pas venu apporter la paix mais le glaive » n'est certes pas dans la Bible une invite à l'égoïsme ni à la discorde. Mais lorsque la Voie prend des chemins de traverse, s'éloigne de ce que nos parents ou la société bien-pensante jugent bon, il faut refuser le dilemme : s'exiger heureux pour au moins justifier le mal fait à nos proches ou vivre dans la culpabilité de ce bonheur qui leur est contraire. Entre l'égoïsme et l'échec, la quiétude ne trouve plus sa place.

« Il n'y a pas de sillon : seulement un sillage, et il faut attendre la fin de la traversée pour connaître la traversée », murmure Jean-François Deniau. Aucune justification financière ni sociale ne peut venir étayer la preuve du chemin parcouru et en devenir. Il n'y a plus de Dieu, plus de maître, plus de passion politique assez forte pour marquer le sillon et diriger nos vies. Notre dignité est de nous efforcer de tracer le nôtre avec conscience, avec nos pleurs et nos rires, dans l'incertitude d'une époque qui se cherche, et la volonté de pouvoir à tout instant se fixer dans le miroir sans détourner les yeux. Et dans cette tâche ardue, avec la fragilité et le doute des pionniers, il faut savoir se pencher très bas, écouter le murmure très ancien de la vie, de la sagesse apparaissant telle l'oasis dans le désert, si vraie et pourtant instable comme un mirage.

11

> *Il ne s'agit pas de fuir la réalité,*
> *mais de la vivre avec passion.* L'éveil
> de la jubilation *est, je crois, l'antidote*
> *le plus efficace contre l'absurde à tous*
> *les degrés.*
>
> Hubert Reeves

La convalescence d'une période de bouleversements psychologiques ressemble à l'arrivée du printemps, hésitante, sautillante, mettant la patience à rude épreuve. On ne frissonne plus que par habitude, au petit matin. Une partie de notre être, luttant contre l'engourdissement et une torpeur hypocondriaque, aspire au grand air, aux mouvements. Certains jours, la caresse d'une tiédeur nouvelle nous emplit d'une langueur presque sensuelle, sans paroles, le désir animal de se lover au soleil, les yeux mi-clos, de se laisser bercer de l'énergie qui nous entoure, de laisser fondre nos chagrins et nos peurs comme les dernières plaques de neige et de glace. Et puis, alors que nous commencions à y croire, à espérer qu'enfin nous étions guéris, délivrés du mal de vivre, l'hiver est là à nouveau, une nouvelle neige recouvre le sol, l'air est froid et humide, le ciel plombé. Le cœur se décourage, oppressé et impuissant, nous avions espéré trop vite. Il faut avoir connu les longs hivers des pays nordiques, l'attente impatiente des premiers beaux jours, pour savourer, avec une exubérance presque enfantine, le moment où le printemps, pour de bon et sans aucun doute, est arrivé. De même, lorsque après les jours sombres de l'incertitude, de la désespérance, nous retrouvons la joie, miraculeuse et évidente, nous murmurons avec un sourire soulagé : « Ainsi ce n'était que cela ! »

Cette irruption du bien-être m'arriva avec la fin de l'automne, au spectacle d'une baie bordée du jaune d'or des mélèzes au pied des montagnes, avec les derniers voiliers d'oies sauvages, à observer un castor, fébrile, mettre la dernière branche à son amas pour l'hiver, que sais-je ? Mais un matin, alors que la glace envahissant peu à peu le lac ne tarderait pas à nous isoler du monde pendant quelques semaines, bien au chaud, au creux du lit où la respiration régulière de Claude indiquait qu'il dormait encore, je sus, avant même d'ouvrir les yeux, que le rapide où j'avais craint de me noyer était derrière moi. La lumière qui dansait sur le mur était plus claire, le soleil doré au travers des branches. Les écureuils menaient un joyeux vacarme, les odeurs d'automne vibraient d'une puissance particulière. Matins bénis où le jour semble d'une qualité « différente », où le café sent bon, où à la table du petit déjeuner les yeux sont plus gros que le ventre. Mais le dehors nous appelle, beau temps ou mauvais temps, mille merveilles nous attendent.

Pendant cette longue période où, tout occupée de

moi-même, j'en avais oublié de regarder, le bois avait continué à vivre, à se développer, se modifier. « Je suis de retour ! » avais-je envie de crier au ciel qui roulait de légers nuages, aux feuilles mordorées qui tombaient en voltigeant, à l'arbre dont une branche empoissée de résine venait me frôler au passage. Une perdrix me contemplait la tête penchée, collée à l'écorce d'une épinette où son plumage se fondait ; un écureuil me jetait un regard surpris au-dessus du champignon qu'il grignotait avec avidité. A ma gauche, un craquement sec suspendait mon pas, la respiration bloquée, tandis qu'un orignal, craintif puis enhardi par mon silence, reprenait sa marche. Et si le bonheur n'était pas de se protéger des douleurs de la vie, mais d'être plus disponible à sa beauté, de baisser les barrières qu'avec le temps par réflexes apeurés, nous opposons à la simplicité, aux plaisirs quotidiens d'un rayon de soleil, d'un sourire échangé avec un être cher, à la saveur d'un simple morceau de pain ?

Un écureuil, nerveux et agile, est sans cesse menacé par des prédateurs nombreux et redoutables. Est-il poursuivi par une martre ? Il s'enfuit de branches en branches, avec des cris perçants, saisi d'une panique extrême, le cœur près d'éclater. La poursuite s'interrompt-elle ? Il reprend tranquillement ses petits occupations, les battements accélérés de son cœur encore perceptibles dans sa poitrine. Par quelle magie noire notre esprit, développé, au lieu de nous faire découvrir des bonheurs plus subtils, réussit-il à nous voiler la vie ? Nos appréhensions, la peur de l'incertitude, la cristallisation de complexes enfantins, de fragilités émotionnelles, le besoin insatiable d'être aimé et reconnu, tout ce qui voile notre authenticité nous présente de l'existence des images troubles, inquiétantes, terrifiantes.

Alors qu'une couche déjà épaisse de glace couvrait les eaux calmes du lac Achigan, une loutre aimait venir jouer et pêcher à la frontière des eaux vives. Avec le porc-épic, bonhomme mais plutôt replié sur lui-même, la loutre est sans doute du bois l'animal le plus débonnaire. Peu menacée, si ce n'est par l'homme, elle jouit de la vie avec un plaisir évident, profitant des moindres rampes de neige pour se laisser glisser, passant des heures à plonger et sauter prestement sur le bord pour la sensation des gouttes d'eau roulant sur son poil lustré et se prélasse au soleil hivernal avec des moues de contentement qui plissent son museau moustachu. Pourquoi se compliquer l'existence à bâtir des abris, aménager des plans d'eau alors que le castor, laborieux, le fait si bien pour elle ? Régulièrement, notre loutre venait se chercher quelques truites ou un beau saumon qu'elle dégustait, mollement étendue sur la glace. Cet hiver-là était une période de disette pour bien des animaux terrestres, le cycle généralement septennaire du niveau de population de lièvres et de perdrix étant à son plus bas. Les loups et les lynx semblaient avoir déserté le territoire pour chercher fortune en des lieux plus hospitaliers, mais de nombreux renards rôdaient encore, s'approchant des camps malgré leur méfiance naturelle, dans l'espoir de quelques débris et des lièvres pris dans nos collets. Même en plein jour, nous les voyions passer, efflanqués et misérables. L'un d'eux ne tarda pas à repérer les restes de poisson que la loutre, gaspilleuse, laissait sur son passage. Mais, un beau matin, il trouva un autre convive autour des déchets de saumon que la loutre en plongeant avait abandonnés, un de ces gros corbeaux noirs du tiers de sa grosseur dont le croassement laid et sinistre avait des résonances de mauvais présages. Fascinés, nous nous attendions à un combat à l'issue incertaine, entre la souplesse, les mâchoires acérées du renard et la vitesse, le pointu du bec, la force des ailes du corbeau tandis qu'ils se toisaient, immobiles, à égale distance du festin espéré. Alors s'instaura un étrange ballet, orchestré par un arbitre invisible, le renard et le corbeau venant manger tour à tour, le premier avançant lorsque l'oiseau sautillait en arrière pour lui céder la place au premier battement d'ailes.

Ainsi la Nature laisse place à chaque moment, à chaque sensation dans sa globalité, le bien-être de la loutre à la vie facile, les luttes pour la survie du renard et du corbeau qui, à une bataille aléatoire, préféraient en période de disette un accord tacite et le contentement d'un demi-repas. La loutre tire profit de sa vie entre terre et eau, l'aigle pêcheur plane en se laissant porter par le moindre souffle, l'hirondelle salue l'arrivée du soir, tous les animaux pourtant fragiles, sans cesse menacés, toujours aux aguets, à l'affût de nourriture pour survivre, savent instinctivement ressentir le bien-être dès qu'ils le peuvent, avec les moyens et les capacités dont ils sont dotés. Certes la Nature est terrible, elle est loin du Paradis calme et enchanteur que nous décrivent certains écologistes qui n'en ont que l'expérience fragmentaire des espaces enclavés de nos campagnes européennes. Elle permet les feux, les orages démentiels, les tornades, le déséquilibre de la chaîne alimentaire qui provoque, dans les populations animales sauvages, des famines ou des épidémies régulatrices. Mais elle est aussi clémente, insouciante, d'une beauté et d'une grandeur éblouissantes.

Nous sommes comme le prêtre que j'entendis durant une messe de minuit expliquer à l'assemblée pétrie de tristesse que Noël, avant tout, était l'annonce de la crucifixion de Pâques, que dans la joie de la naissance il fallait deviner la douleur de la mort. Ainsi, dans l'espoir d'une résurrection incertaine, parcourons-nous la vie, le front courbé par nos péchés, balbutiant des prières auxquelles nous ne croyons plus vraiment, convaincus de notre misère.

Faisant partie de sociétés développées, rien ne nous est vraiment inaccessible à l'échelle de la Terre. Notre ennemi le plus dangereux est nous-même; si nous écartons de nous l'obsession de vivre *par comparaison* au voisin, à la vedette médiatisée, à ce que nous considérons comme notre droit au bonheur, l'insécurité réelle se limite aux maladies, pas toujours mortelles, et à la mort de plus en plus tardive. Et pourtant jamais le désespoir, ou du moins la conscience du désespoir, n'a été aussi grand, jamais le monde ne nous a paru aussi vide, aussi absurde, dépouillé de magie et de mystère. La voie intérieure, l'appel de la Grâce sont peut-être simplement l'urgente nécessité de rendre nos yeux plus attentifs, nos oreilles plus sensibles, notre intelligence plus disponible et agile pour percevoir autour de nous la lumière qui nous rejoint en une harmonie universelle.

Une nuit où le ciel était particulièrement dégagé et la lune à son premier croissant, je sortis me promener. L'hiver était installé pour de bon, un froid frisant les moins 35 °C me piquait les joues et faisait claquer les arbres. Dans le silence ne résonnaient que ces bruits secs du gel et le crissement de mes pas; les animaux se terraient, recroquevillés sur eux-mêmes pour se protéger du froid. M'éloignant du chalet et de sa faible lumière, j'arrivai bientôt sur un plateau dégagé. Dans l'obscurité, les arbres dessinaient des formes noires, la faible lune jetait sur la blancheur de la neige des ombres mystérieuses mais qui ne m'effrayaient plus. Au-dessus de ma tête scintillaient des milliards et des milliards d'étoiles, inégalement dispersées en un réseau dense de points lumineux. Le regard s'enfonçait loin dans cet infini d'espace, se perdait, s'envolait; le ciel, loin des fausses lumières de la ville et rendu plus limpide par le froid intense, n'était plus la toile percée de points brillants mais une multitude d'astres, à des distances telles que, morts, leur rayonnement nous parviendrait encore. Soleils vieillissants ou à l'aube d'une ère nouvelle, planètes mouvantes, poussière d'astéroïdes, constellations ordonnées; les notions d'espace et de temps perdaient là tout repère. Et cette immensité, impossible à concevoir, était sans doute née d'une explosion primordiale, se déployant en une majestueuse lenteur à notre échelle humaine. J'étais un point infinitésimal en temps et en espace, posée sur une motte de terre elle-même minuscule, projetée comme une bulle de savon irisée soufflée par un enfant. En moi ne veillait l'image d'aucun dieu tutélaire, je ne sentais sur ma microscopique personne aucun regard divin, paternel et bienveillant. Peut-être existait-il, je n'en savais rien et ne cherchais pas à découvrir une volonté divine ordonnant l'apparente absurdité de l'espace ; je ne savais ni la raison obscure de mon existence, ni ce qui m'attendait après ma mort. Et pourtant, au lieu de frissonner à l'idée de participer à « une histoire contée par un idiot », je sentais, je percevais avec une intensité ineffable que j'étais partie essentielle de l'Univers, au même titre qu'un arbre, qu'un rocher, qu'un papillon, qu'une étoile, qu'une galaxie, mais avec la puissance sublime de le concevoir.

Jamais ma dignité d'homme ne m'était apparue avec tant d'acuité, jamais il ne m'avait semblé aussi nécessaire d'en assumer la responsabilité de rechercher en moi-même l'authenticité. Pour la pierre, il suffit d'être pierre, avec ses arêtes tranchantes ou son poli, sa dureté ou sa friabilité ; la fleur se doit d'être belle, parfumée, délicate, dispensatrice de pollen, l'animal de survivre et de s'adapter à son milieu. Y a-t-il une question plus passionnante, plus profonde, plus difficile que celle de la vocation de l'homme ? Mais cette question ne peut être pensée, réfléchie, ressentie que par et au travers de l'Univers et, au premier plan, de la Terre.

L'épisode des feux m'avait dépouillée. En me fragilisant il m'avait permis d'être plus disponible à ce qui m'entourait, plus perméable aux sensatons fugitives et délicates que la Nature m'offrait. Si l'enfance est effectivement une époque passionnante et intense, c'est de n'être pas encore retranché, d'être pour la joie et le malheur, sans défiance et sans méfiance face aux émotions, aux impressions que nous apporte le monde, sans le filet étroit de préjugés qui nous autorise à ne pas écouter. Ma révolte adolescente, le refus absolu et inconscient du cloisonnement et du caractère hermétique de l'âge adulte, avait laissé suffisamment de failles pour que des rayons de la Grâce pussent encore m'atteindre. Mais avec l'inconscience du pianiste doué, négligeant ses gammes, je m'étais concentrée vers le but en oubliant de prêter attention aux méandres du chemin. Ainsi vivons-nous le plus souvent entre le souvenir amer ou nostalgique du passé et l'espérance inquiète de l'avenir, privilégiant, dans les philosophies contemporaines venant à la rescousse des religions traditionnelles débordées, la notion de but, d'arrivée à celle, humble et incertaine, de cheminement. Magie de la perspective de la retraite, du numéro gagnant de la loterie, qui font miroiter des lendemains qui chantent, permettent toutes les audaces en projet et justifient un immobilisme psychologique pire que la mort. Doit-on pour cela préférer le plaisir immédiat, la satisfaction impatiente du moindre de nos désirs, rejeter toute notion d'effort et de devoir dont la récompense ne peut être que future et aléatoire ? Banaliser et développer l'attitude de plus en plus actuelle d'*après moi, le déluge* et d'individualisme exacerbé ? Approuver cyniquement l'écartèlement de l'homme moderne entre l'insatisfaction grandissante envers son présent et le rejet de toute pensée et action d'envergure ? Je crois que la notion de devoir telle qu'elle fut utilisée et manipulée au cours des siècles a perdu de son élasticité, a appris la relativité qui est contraire à son essence propre, et se trouve dangereusement coincée entre le principe crispé de la foi du charbonnier et

324

l'aisance négligente qui fait jeter le bébé avec l'eau du bain. A la manière d'un cheminement personnel où la carapace rigidifiée et faussement protectrice de notre personnalité est vouée à éclater pour laisser la voie libre à la vraie authenticité de l'être, notre époque est aussi molle et visqueuse qu'un serpent venant de perdre sa peau. Lui assener collectivement les recettes toutes faites de nos ancêtres est aussi inefficace que les contorsions actuelles de l'Église chrétienne voulant être à la page sans totalement renier ses bases.

Ce qui nous fut jusque-là dicté par l'ignorance et la précarité est maintenant à conquérir. La Grâce qui nous atteignait par intermittence et sans réel effort de notre part est désormais voilée, si obscurcie, même, qu'il est possible de douter de son existence. Le castor érigeant son barrage n'a certainement pas d'états d'âme, et son travail incessant lui apporte une satisfaction immédiate, plus puissante que le plaisir ajourné de l'œuvre accomplie. Notre intelligence nous complique singulièrement la tâche, mais les efforts à déployer pour *ressentir* nos propres règles de vie sont la condition d'une euphorie plus complète. Sans avoir la certitude de Kofi Yamgnane que « la plupart des hommes possèdent en eux les éléments de (la) morale des origines », je crois que ce n'est qu'en nous imprégnant de nos actes et en écoutant plus attentivement la rumeur primordiale de la vie que nous pourrons survivre à cette dépression humaine et vibrer de la pure et naturelle jubilation. Gravir à pied la montagne pour apprécier véritablement le panorama, mais sans fermer les yeux pendant l'ascension.

L'hiver était pour moi, dans sa solitude et son dépouillement, le moment indispensable pour comprendre, revenir en arrière, accepter les peurs et les faiblesses, en digérer pleinement les leçons. L'austérité des paysages, la rigueur du climat, l'éloignement réel et total étaient si purs, si absolus que ce qui sommeillait encore pouvait naître et acquérir assez de force pour affronter, par la suite le tumulte et l'exubérance de l'été.

C'était aussi pour notre couple le temps des bilans, des vraies retrouvailles après une année passée le plus souvent côte à côte, mais au sein d'un tourbillon d'activités et de paroles. Si le contact avec soi-même est à rétablir sans cesse, parfois clair et simple, souvent trouble et fluctuant, combien plus difficile encore est d'enrichir une relation à l'autre, au gré des aléas de la vie et de l'évolution particulière de nos personnalités.

Le couple est aujourd'hui l'association de deux êtres indépendants par laquelle, semble-t-il, « on apprend beaucoup », mais généralement une fois qu'il est trop tard, quand le pire a remplacé le meilleur et que l'obligation de s'imposer la présence de l'autre est perçue de part et d'autre comme absurde. Ma relation avec Claude m'évoque la contemplation d'un beau paysage, apparemment toujours semblable à lui-même, en réalité mouvante, mystérieuse sauvage. Du fait de nos caractères, de nos choix de vie, elle avait toujours été dénuée des frustrations, étouffements, absence de liberté intérieure qui composent bien souvent l'image de l'Amour vieillissant; mais elle nous obligeait à une attention accrue pour ne pas, sans nous en rendre compte prendre des chemins parallèles et, avec l'usure du temps, divergents. Quelle place doit occuper le couple aujourd'hui entre les rêveries édulcorées des romans d'Harlequin et la réalité du divorce ? L'Amour n'est pas, et, me semble-t-il, n'a jamais été, une assurance tous risques pour le bonheur. L'homme ne peut être à la fois le père, le fils, l'amant et l'adversaire, de même que la femme ne sera jamais tout à la fois la fleur fragile, la superwoman, la mère parfaite et l'épouse attentive. On n'est jamais déçu de l'existence si on ne l'oppose pas constamment à quelque réalité préalablement rêvée. Rien ne protège actuellement la famille, libérée de l'obligation instinctive de la procréation, de l'ordre religieux, alors que les enfants concluent naturellement les contes de fées par un « divorçage » et que d'innombrables vedettes expliquent à des journalistes éblouis qu'après deux ou trois divorces leur vie est indéniablement réussie. Sommes-nous prêts à accepter les tensions, inévitables, les limitations de liberté, la discipline de la vigilance afin d'éviter la routine, pour une hypothétique complicité à long terme et la richesse de partager avec l'autre ses bons et ses mauvais jours ? Et pourtant, le couple représente beaucoup de ce sel de la vie qui semble disparaître dans nos sociétés modernes. Pour Claude et moi, notre vie dans le bois est d'autant plus belle que nous la vivons ensemble ; chaque jour, chaque instant partagé, les périodes de découragement et les moments de plénitude, les conversations où nous mesurons nos accords et nos désaccords nous permettent de nous connaître un peu plus, de nous efforcer d'approfondir notre complicité et d'atténuer nos divergences, en un mot de faire de notre couple un élément essentiel à nos cheminements respectifs.

De ces semaines d'hiver, je sortais épurée, apaisée ; je retrouvais la saveur des événements les plus simples, des rencontres les plus anodines. La solitude me redonnait la fraîcheur des relations humaines, et alors que mon isolement volontaire me conférait le voile énigmatique du misanthrope, j'aimais plus que jamais les êtres, dans leur fragilité, leur idéalisme, leurs incertitudes. Après l'austérité, j'éprouvais un plaisir presque enfantin aux divertissements urbains, et redécouvrais le luxe d'un simple bain d'eau tiède. Nous sommes gâtés d'excès, nos richesses nous accablent et, de trop de jouissances, nous ne pouvons tirer qu'un ennui vague.

En une transition rapide et totale comme je les aimais, j'arrivais à Paris quelque jours à peine après ma sortie du Gabou. Depuis que je m'étais installée à Montréal, je ne manquais pas, presque chaque année, d'y venir passer quelques jours ; si j'y éprouvais le plaisir extrême d'y retrouver parents et amis, la ville en elle-même ne m'apportait rien de bien agréable hors la prolifération de cinémas et de librairies. Année après année, le simple fait de me voir encadrée de ces rues si connues, de sentir à chaque carrefour le poids des souvenirs, d'affronter la même foule affairée et l'odieuse cacophonie m'irritait, semblait effacer le chemin parcouru et me rappeler mes doutes et mes inquiétudes à peine disparus.

Cette année-là, l'arrivée elle-même fut différente puisque à l'aéroport personne ne m'attendait, les uns en transit, les autres bloqués par des obligations, et je pris un taxi pour me rendre chez mes parents. Je ne me suis jamais sentie tenue, après le « bonjour » de courtoisie, d'engager la conversation avec les chauffeurs de taxi, imaginant qu'ils peuvent souhaiter, eux aussi, bénéficier du silence, mais ce jour-là la discussion démarra tout naturellement, sans effort, avec l'aisance qu'il y a à parler de soi avec un parfait inconnu. Tandis qu'en vrai professionnel le chauffeur, dont j'apercevais la nuque aux cheveux gris, le profil aux fines rides souriantes, faisait les détours nécessaires pour éviter les habituels embouteillages d'un matin de semaine, nous en vînmes à évoquer mon style de vie un peu particulier et l'imminence de sa retraite qu'il préparait depuis plusieurs années. Tout nous séparait, à l'exception de la langue et de la nationalité d'origine, et pourtant je découvrais en ce Breton exilé à Paris des questions, des aspirations, une recherche qui, dans sa philosophie, s'apparentait à la mienne. Et tandis qu'il me laissait devant le grand portail familial, notre poignée de main et nos quelques mots de séparation vibraient d'une intensité que je ne m'attendais pas à trouver en pleine métropole.

Cette année-là, la ville me fit fête, les rues étaient inondées d'un soleil printanier, au hasard de mes déambulations je croisais des visages souriants, des gens m'apostrophaient avec bienveillance. Comme si mon évidente quiétude intérieure brisait soudain les froideurs, les méfiances nées de la promiscuité, de la pollution sonore et olfactive, de l'agitation nerveuse et vaine qui ne peuvent, à la longue, qu'opacifier la lumière.

Je ne crois pas que le bois soit le seul cadre possible pour celui qui chemine, ni la condition indispensable à toute réflexion profonde. Partout dans le monde, des gens se questionnent. Au bord du désespoir ils ont le courage et l'espoir de regarder vers eux-mêmes, et dans l'écroulement des valeurs traditionnelles cherchent plus loin que le confort matériel et l'anesthésie télévisuelle. En terme de spiritualité, il y a des citadins éveillés et des paysans amorphes. Mais l'être humain est par nature paresseux et peu ouvert aux changements, particulièrement aux changements intérieurs ; la ville, avec sa panoplie d'occupations et de distractions, le réseau serré de ses structures sociales, la logique apparente de son fonctionnement, n'empêche pas la réflexion et la remise en question, mais elle l'exècre. Par inertie, pesanteur, elle s'y oppose et permet de mille façons détournées de passer sa vie sans réfléchir.

Le milieu du bois, solitaire et sauvage, a été et est encore, dans mon cheminement personnel, le cadre indispensable de mon évolution. A côté d'émotions purement intellectuelles, de lectures et de réflexions philosophiques, il m'est nécessaire de palper la vie dans son aspect le plus matériel, sentir au sens propre les changements de saison, comprendre que mon corps réagit au même titre qu'un animal aux ambiances orageuses, à l'attente de la neige, à l'euphorie éclatante du soleil. J'aime poser ma main sur l'écorce rugueuse du pin, sentir sous mes pieds nus la terre encore humide du printemps, humer l'éraflure résineuse d'une épinette, toucher la douceur lisse d'une feuille, la peau un peu visqueuse du poisson, le poil rêche de l'orignal. Parfois, comme un chant délicat et ténu, je crois entendre parler les arbres, j'effleure au passage une branche amicale ou, au contraire, perçois presque physiquement l'animosité d'un gros sapin qui me barre le passage et obscurcit la clarté du jour. J'y apprends à regarder, à sentir, à me concentrer sur ce qui m'entoure, à me percevoir liée à cette Nature. Mon énergie physique y trouve son compte, s'épuisant en vrais labeurs nécessaires à notre subsistance, laissant mon esprit tranquille comme une eau calme.

Dans un milieu urbain, notre corps est au pis une carcasse encombrante et inintéressante quand elle est en bonne santé, au mieux une arme de séduction et de coquetterie. Sous prétexte de « garder un corps jeune », des milliers d'individus viennent parader en tenues fluo dans des salles de sport, ou choisissent pour faire leur jogging la rue et l'heure les plus fréquentées. Le corps n'est plus le partenaire indispensable de notre esprit mais un produit de réclame exposé en vitrine, le plus souvent en solde, car qui n'a pas son kilo en trop, sa fesse flasque ou trop rebondie, ses cheveux pas de la bonne couleur, une ride un peu trop prononcée... Et ce qui pourrait représenter notre principal atout pour reprendre contact avec les choses essentielles nous replonge dans le regard dictatorial et perverti de l'Autre. Nos corps ne sont bien souvent que des violons rangés dans leur étui, sur lesquels ne peut s'exprimer la mélodie de tout notre être.

Ce qui me semble manquer le plus cruellement à nos sociétés actuelles est le contact direct, matériel, primaire avec nos besoins essentiels, nos aspirations profondes, l'essence non cérébrale de la vie. Suspendus dans l'intemporalité, détournant les yeux de la vieillesse et de la mort, nous flottons dans le pur domaine de l'esprit, nous tentons de réfléchir aux buts ultimes de la vie humaine et nous nous étonnons d'avoir soudainement le vertige. Le bois me ramène toujours, directement et parfois sèchement, aux conditions matérielles de mon existence, fendre du bois pour les prochains froids, chasser et pêcher pour me nourrir, apprendre à vivre avec le gel, la canicule, les mouches. Il n'y a plus de zones grises, intermédiaires, où nos pensées tergiversent. Un ours tente-t-il de pénétrer dans notre camp, nous nous efforçons de l'en dissuader. Persiste-t-il ? Il nous faut l'abattre, non par malice, irrespect de la vie animale, orgueil démesuré d'humain, mais par la simple obligation qu'un ours ne percevant pas la frontière interdite est un danger réel à écarter. La Nature n'est ni un musée où il nous faut pénétrer sur la pointe des pieds, ni un terrain de jeux où tout nous est permis. Nous y avons nos responsabilités et nos devoirs qui s'imposent sans grand discours, sans envolée lyrique, sans cette jolie poésie qui autorisent les faux « protecteurs de vie sauvage » à dire des bêtises.

L'apprentissage des réalités matérielles et physiques de notre existence humaine avait parfois des aspects un peu révoltants, choquants pour la version moderne, aseptisée et *clean* de la vie naturelle.

Notre deuxième saison commençait, de gros travaux nous attendaient encore pour faire de la pourvoirie l'espace de calme et de beauté que nous espérions, mais nos efforts sur le terrain portaient déjà leurs fruits. Les sentiers ne se perdaient plus dans les touffes rampantes de thé du Labrador, le silence n'était troublé que par le cri des écureuils ou l'appel de huards, l'œil pouvait errer sur le paysage sans crainte d'accrocher quelque vieille épave de bateau qui interrompe sur-le-champ les rêveries d'aventuriers.

Mais jour après jour, année après année, nous étions confrontés au contrôle de notre approvisionnement et de nos déchets. Hors de tout circuit organisé fournissant l'eau, l'énergie, et ramassant les ordures, il nous fallait non seulement y pourvoir de façon intelligente et écologique, mais en prendre une conscience claire, ce qui à la longue m'apparaissait comme une discipline très saine.

Si un jour, dans un avenir et un monde utopiques, je me trouvais miraculeusement promue à la présidence d'un pays, mes premières décisions seraient assurément deux mesures aussi draconiennes que les méthodes natalistes de l'Inde.

La première rendrait obligatoire pour toute personne adulte, sensée, en pleine possession de ses moyens physiques, un séjour d'au moins une semaine dans un milieu sauvage et solitaire, bois, désert, haute mer, montagne... Ni télévision, ni journal, ni radio si ce n'est de secours, un confort réduit au strict minimum et des aliments de base peu propices aux agapes. Il y a quelques années fut lancée la grande mode des expéditions de survie pour des cadres d'entreprises, seuls ou en équipe, incluant des activités de haut risque, comme le funeste saut dans le vide au bout d'un fil. Cela contribuait, disait-on, à améliorer l'esprit d'équipe et développait le mordant de chacun. Philosophie de l'expérience : rendement et démonstration d'une personnalité extérieure sans faille. Un séjour en pleine nature serait d'esprit totalement contraire. Rien à prouver, aucune obligation de dénicher des fourmis ou des racines pour survivre, pas de compte rendu ou de questionnaire à remplir à la fin de l'expérience. Rien, que du silence, de la solitude, du retour sur soi. Au gré de chacun d'explorer les environs, de se terrer sous les couvertures en essayant de somnoler, de faire sa gymnastique tous les matins, d'écrire des poèmes, de repenser à son enfance ou de concevoir un procédé révolutionnaire pour extraire de l'énergie de la sève des arbres. Libre, seul, et peut-être pour la seule fois de son existence, face à face avec soi-même, avec ses valeurs, ses doutes et ses espoirs, ses larmes et ses rires. Certains le vivront dans l'ennui, d'autres dans l'euphorie, mais il semble aujourd'hui essentiel que dans la vie de chacun il y ait eu, ainsi, un moment détaché, libre, non soumis à une doctrine, emploi de soi et des gestes les plus quotidiens.

Le deuxième décret, auquel sans doute mon autorité étatique ne survivrait pas, serait de rendre un autre séjour obligatoire, seul ou en groupe, pour une durée équivalente, dans un dépotoir municipal. Une semaine à traiter les ordures, à voir arriver l'un derrière l'autre les camions pleins de déchets, à sentir l'odeur vivifiante de ce que nous laissons derrière nous.

Bien sûr, il s'agirait en premier lieu que chacun ait une conscience directe, sans ambiguïté, des conséquences écologiques de notre surconsommation. Mais ce serait aussi, sur un plan aussi bien matériel que philosophique, battre en brèche la confortable impression que rien ne se passe vraiment « autour de chez nous ». Ailleurs, dans un trou malodorant, dans des usines bien fermées, manipulés par des « gens » dont c'est le métier, *nos* déchets mélangés à d'autres sont traités, on ne cherche pas trop à savoir comment, de même qu'on ne se demande pas trop comment le bœuf est passé de son état de quadrupède à celui du bifteck dans notre assiette. Après tout, nous avons bien assez de soucis en tête sans nous préoccuper de ce qui se passe en amont et en aval de notre personne, ce sont des problèmes collectifs et, à ce titre, nous espérons que des gens compétents s'en occupent. Et tranquillement, avec l'esprit en paix, chacun finit par oublier en lui la part animale, terrestre, parfois vulgaire et impure, mais pourtant si essentielle à l'harmonie.

Dans nos sociétés organisées, il semble si facile de perdre le contrôle, la conscience et la responsabilité directe de ce qu'implique notre mode de vie. Du fait de mon isolement, je mesurais sans effort, et plus clairement qu'à la lecture d'un brillant article de revue, ce qu'une collectivité étourdie pouvait gaspiller d'eau potable, en démarrant régulièrement notre pompe à eau pour remplir nos réservoirs ou, l'hiver, en remplissant des seaux dans des trous de glace. L'économie s'imposait à nous de façon naturelle et automatique, comme le tri des ordures ménagères.

La tradition judéo-chrétienne et notre intellectualisme nous laissent croire que la Terre nous appartient et bientôt l'Espace que nous commençons déjà à « marquer » de notre présence humaine. Les animaux ont mille méthodes subtiles pour délimiter leur territoire et passer des messages à leurs congénères : odeurs d'urine, « pointes-à-nouvelles » des canidés, traces de griffes d'ours sur les arbres, grignotage explicite de branches dans un sous-bois. Aurions-nous également besoin de marquer notre passage, avec la lourdeur et l'aspect définitif que nous permet notre évolution technologique ? Le caractère éphémère de nos existences nous bouleverse-t-il tant qu'il nous faut « tagger » sur les murs du métro, graver des cœurs sur les troncs d'arbres, dénaturer de très beaux paysages, mettre de petits drapeaux en haut des sommets et modifier à jamais les milieux marins ? Là encore, il semble indispensable de reprendre contact avec les réalités matérielles de notre survie sur terre, mesurer nos besoins réels, afin que notre époque ne scie pas la branche qui nous porte et que nous appelons Terre. Pouvons-nous sérieusement nous interroger, pensifs et philosophes, sur le déclin de nos cultures, en ignorant les questions physiques de notre existence ? C'est à proprement parler se tenir sur la tête.

La Nature sauvage me découvrait une autre réalité. Si un milieu urbain et socialisé présentait des échappatoires, mille manières subtiles de ne pas trop réfléchir, d'ignorer nos racines animales et terrestres, d'éviter un vrai retour sur nous-mêmes, pris dans un tourbillon qui cache notre angoisse mais écarte de nous la vraie joie, le bois est un miroir, terrible et fidèle, devant lequel nous ne pouvons fuir.

Plus j'apprenais à la regarder, à atteindre un vrai degré d'écoute où l'esprit n'est pas mis de côté mais devient caisse de résonance, plus la Nature m'apparaissait ambivalente.

Petit jour dans la douceur d'un automne commen-
çant. Tout est calme. Pas un souffle de vent. Devant
moi s'étend une large baie, caprice de la rivière qui,
plus loin, poursuit sa route. Assise bien droite sur ma
plate-forme à quelques mètres du sol, la respiration
retenue, je guette, ma caméra vidéo à portée de main,
l'orignal qui bientôt viendra boire et mâchonner les
dernières herbes aquatiques. Parfois un rond dans
l'eau se dessine avec un « plouc » sonore qui claque
dans le silence. Le temps n'est pas arrêté, il est
immuable. Deux libellules entrelacées volent au
hasard, ivresse d'amour ou perte de contrôle. Elles
heurtent violemment la surface de l'eau, s'emmêlent
dans les hautes herbes et repartent droit devant elles
dans leur bizarre accouplement. Un écureuil stridule
un cri, libérant son trop-plein d'énergie que ses
cavalcades d'arbres en arbres, de terre à ciel, le martèlement convulsif de ses pattes ne suffisent pas à
épuiser. Un autre répond, ou lui répond-il ? Souvent
il ne se passe rien, parfois le vent qui s'entend venir
de loin vient friser l'eau et caresse le visage. Des
mouches tourbillonnent. Un essaim de becs-scies se
pose à quelques mètres de moi dans des gerbes d'éclaboussures et se déplace en petit groupe compact en
longeant les bords de la baie. Le soleil qui dissipe les
ombres du petit matin efface les gouttes de rosée étin-
celantes. Et le silence. Le temps n'est pas arrêté, le
jour s'est installé, fuyant la mélancolique incertitude
de l'aube. Il n'y a ni joie ni peine, ni mélancolie ni
inspiration, simplement la Nature qui respire d'un
souffle lent et régulier. Comme avant que nous
paraissions et après notre mort. Que nous la regar-
dions, la pensions, l'ignorions, la détruisions, cette

terre ne nous appartient pas, existe au-delà de nous. Se battre, tomber à genoux, trembler d'incertitude, crier ne sert à rien, qu'à accentuer le silence. Nietzsche disait que la pleine nature n'avait pas d'opinion sur nous, aussi pouvions-nous nous trouver si à l'aise en son sein. La vie animale m'a presque oubliée tant que je me tiens immobile et silencieuse, mon odeur masquée par cette station en altitude. Il me semble percevoir l'univers qui m'entoure « en mon absence », comme si la bulle d'énergie, de chaleur que j'occupe dans l'espace en tant qu'humain avait cessé d'exister. Mais je sais que ce n'est que la pointe émergée de l'iceberg, la seule partie de cette vie naturelle qui m'est accessible, moins mystérieuse et plus vaste après des années et des années de cohabitation et d'observation. Les pierres et les arbres retiennent-ils leur souffle sur nos passages ou nous ignorent-ils, totalement imprégnés de leur propre existence ? D'imaginer le bois sans ma présence est aussi impossible et fascinant que de percevoir mon visage après ma mort. Mais il n'y a là ni désespoir, ni peur, ni honte. Notre propre espace d'homme est encore à conquérir. Cette Nature immuable, inconcevable est pourtant le premier élément absolument stable de notre existence, la première réalité tangible de notre vie. *Cela* est, donc je suis. La Terre ne nous appartient pas, elle nous regarde.

Mais ce regard a l'indifférence tranquille d'une statue de Bouddha, ni hostile ni amicale, sereine dans sa totalité propre. Nous voilà retournés à nous-mêmes, totalement responsables de nous, confrontés à nos désirs et à nos peurs sans autre intermédiaire. Le cadre d'une Nature dans sa pureté sauvage, originelle, bois, haute mer, désert, montagne, nous met à nu et par là même, si nous savons écouter, nous enseigne. Là tout est possible, sans restriction et, naturellement, automatiquement, une voie se dessine, celle de l'harmonie.

En prenant la direction du Gabou, nous n'avions pas échappé aux responsabilités sociales ni aux rigueurs économiques. Dès la première année, des obstacles s'étaient mis en place, fermeture liée aux feux, crise économique générale, difficultés de faire connaître une activité originale, jalousies et méfiances... Au début de notre deuxième saison, nombre de machines récemment acquises avaient été dérobées durant notre brève absence, alors que la police et les compagnies d'assurances étaient d'accord pour nous trouver « trop loin ». Au début de l'été, alors qu'un soir je traversais la rivière grossie des eaux printanières et des pluies diluviennes des dernières semaines, je manquai me noyer, frôlant la mort de si près qu'un millième de seconde je ressentis à nouveau l'aspiration très ancienne au néant, laisser partir, arrêter de lutter, oublier. Ayant regagné la rive, je me demandai une nouvelle fois : « A quoi bon ? Pourquoi se battre, persévérer à établir sa place dans un monde hostile, espérer lorsque tout est indifférent ? » Dans la solitude, à l'écart des justifications sociales de mon existence, je me sentais « sur la pointe extrême d'un rocher où la moindre poussée du dehors et la moindre faiblesse du dedans (eût suffi à me) précipiter dans le vide » (H. Hesse).

Mais n'est-ce pas dans le vide qu'un oiseau, pour la première fois, peut apprendre à voler ?

Alors qu'étudiante je m'étais liée d'amitié avec

deux sœurs libanaises que leur père, fortuné, avait placées en sécurité en France, je fus saisie d'étonnement le jour où elles m'annoncèrent leur décision de retourner au Liban bouleversé par la guerre civile.

— Mais pourquoi ? Vous avez tout juste vingt ans, la vie vous est ouverte ici. Pourquoi retourner dans cet enfer ?

— Parce que là-bas nous vivons, vraiment, me répondit la plus âgée alors que la cadette souriait sans rien dire.

— Mais les morts, la peur, les amis qui, peut-être, demain auront disparu ?

— Oui, mais il y a la joie, la vraie vie, avec eux, dans notre pays.

Je ne les ai jamais revues, peut-être sont-elles mortes, tuées par une balle perdue ou déchiquetées par une bombe. Mais peut-être, malgré tout, ont-elles trouvé la Grâce.

Nos sociétés tranquilles et confortables sont rongées d'un malaise apparemment incurable. Avec tous nos biens, nous sommes insatisfaits parce que nous avons oublié ce dont nous avons vraiment besoin ; nous voulons être libres, mais sans oublier notre téléviseur ; nous nous sentons inutiles, séparés des autres, mais dans le métro nous nous plongeons dans le journal pour ne pas voir la vieille dame qui aura peut-être besoin d'une place. Nos vies semblent vides, monotones, et nous ajustons le casque d'écoute de notre baladeur ou nous nous bousculons dans les night-clubs pour surtout ne pas penser, ne pas sentir l'éventuelle vacuité de nos vies. Nous nous sentons abandonnés des dieux parce que nous ne savons plus nous courber assez bas. Et, par peur de ne pas aimer la vie, d'être déçus, nous la fuyons à toutes jambes, par tous les moyens que l'ère technologique nous permet à profusion.

Nos librairies regorgent de méthodes « soft », pour être heureux, se faire des amis, réussir son couple, avoir une vie professionnelle passionnante. Les Églises traditionnelles se vident, mais les sectes prolifèrent. Des « psy » aux salles de musculation, diverses méthodes nous sont offertes pour réduire le stress, se mettre en forme, s'épanouir, d'autant plus populaires qu'elles demandent moins d'efforts ; il s'agit, semble-t-il, de simplement pouvoir se regarder dans une glace et se dire : « Je t'aime. »

Du bois, j'ai appris que le malheur, la révolte et la douleur sont terribles. Mais que la lutte est le jeu le plus ancien et le plus naturel des êtres, l'expression la plus complète de l'intensité vivante.

Je n'y ai trouvé ni un Paradis terrestre, ni la forêt enchantée de mes livres d'enfants. Mais j'y apprends que, si mes fragilités, mes doutes peuvent s'y exprimer librement, ils s'évanouissent dans une écoute chaque jour plus attentive de ce qui m'entoure.

Quelques mois avant sa mort, C.G. Jung écrivait : « Je suis étonné de moi-même, déçu, réjoui. Je suis attristé, accablé, enthousiaste. [...] Et pourtant il y a tant de choses qui m'emplissent : les plantes, les animaux, les nuages, le jour et la nuit, et l'éternel dans l'homme. »

Je ne sais ce qu'est le bonheur. Mais si cela doit être de vivre chaque instant avec intensité, moments beaux comme un soleil couchant, tristes comme la mort d'un être cher, mélancoliques ou débordants de joie ; d'accepter et de grandir au travers des épreuves, de se laisser bousculer, secouer, pousser en avant par les aléas de l'existence; si, avant toute réponse, il y a une vraie question, alors, le bonheur est là, si proche, à portée de nos cœurs.

Mais, dans ce cheminement, cette recherche pour, en nous, être assez vrais pour ressentir la vie dans toute sa force et la jubilation de devenir le meilleur de nous-mêmes, il faut accepter d'avoir un jour peur, de perdre un peu ou beaucoup de ce qui nous sécurise aujourd'hui, de sortir de la coquille qui nous étouffe. Il n'y a pas de doctrine ni de mode d'emploi, il n'y a qu'un grain de sénevé pour déplacer nos montagnes intérieures, la volonté de chercher.

Et la Joie.

Devant moi, le lac brille tandis que le ciel, lentement, s'éclaircit. L'eau est encore haute, des vaguelettes clapotent par-dessus le ponton. Dans mon dos, les poutres du camp principal exhalent un parfum discret d'humidité qui se mêle à l'odeur de terre et de résine qui flotte dans l'air. Tout est si calme. Les hirondelles volent en zigzag, en poussant de petits cris énervés, sans doute l'approche de l'automne qui les poussera vers le sud. La forêt est d'un vert sombre après toute cette pluie qui a gorgé d'eau la mince couche d'humus, mais les mélèzes commencent à jaunir. Les couvées de perdrix ont dû souffrir des inondations du printemps, les populations de renards et de loups vont encore baisser. J'entends une course affolée sous mes pieds et je vois déguerpir un petit écureuil zébré, ceux qu'on appelle ici « petits-suisses », vifs comme des anguilles, plus discrets que leurs cousins à la queue touffue qui passent leurs journées à s'interpeller par des cris stridents. Depuis plusieurs jours, il tourne autour de la véranda grillagée où parfois je laisse refroidir des gâteaux ou tiens au frais des légumes et des fruits. Si je n'y prête pas

343

attention, il finira par percer un petit trou dans la moustiquaire et j'aurai toutes les peines du monde à le chasser, alors qu'affolé il sautillera de mur en mur pour échapper aux coups de torchon.

Une légère brise se lève et me caresse le visage. Comme tout est paisible.

Bien installée dans le fauteuil, les jambes allongées, je me laisse porter par la douceur du jour, rêveuse mais attentive aux moindres bruits, aux ondes de lumière sur l'eau, furtives, magiques, au bien-être qui se love dans mon corps solide, musclé. J'aperçois l'aigle pêcheur qui survole la baie, ses ailes battant d'un rythme puissant et régulier, puisque presque immobile tandis qu'il plane, totalement concentré dans son guet. Se laissant tomber comme une pierre, il s'enfonce dans l'eau pour ressortir une forme sombre et palpitante maintenue dans ses serres.

Cette terre ne m'appartient pas. Sa beauté, sa respiration, le fourmillement des vies animales, la pulsation de la sève sont au-delà du temps, de l'espace mais s'offrent à moi.

« Nathanaël, que chaque attente, en toi, ne soit même pas un désir, mais simplement une disposition à l'accueil. Attends tout ce qui vient à toi, mais ne désire que ce qui vient à toi. »

Le train, pour moi, s'est arrêté à Nakane, le train dans lequel, au travers des vitres sales, dans l'atmosphère étouffante d'un wagon clos, je contemplais la vie. Et commença mon apprentissage, mon cheminement qui toujours se poursuit, incertain et merveilleux, étonnant et lumineux, non plus au travers des rêves, mais en plein cœur de cette matière terrifiante et fascinante, l'existence humaine.

Peut-être, demain, entendrai-je de ces paysages un autre message, de fureur, de mélancolie, de révolte ; peut-être, demain, aurai-je peur, peur de ce silence où mon âme résonne, peur de cette vie, immense, sans limite, qui m'échoit. Peut-être aurai-je froid, de toutes ces solitudes qui nous entourent, des amis disparus, de la tristesse qui parfois nous gagne comme un vent venu d'ailleurs. Aurai-je de la chance ou le hasard me fera-t-il trébucher ? J'ai vu des aveugles radieux et des bien-portants désespérés, des enfants violentés conquérant la plénitude dans l'âge adulte et des adolescents apparemment sans problèmes se pendre à une pomme de douche.

Il y a, pour chacun de nous, un espoir qui peut devenir lumière, une grâce qui peut se laisser découvrir, la jubilation d'être pleinement nous-mêmes, en harmonie avec ce qui nous entoure. Pour répondre au désespoir, il y a toujours la vie. Il suffit de se lever et de marcher. Il suffit d'y croire.

Cet ouvrage a été réalisé par la
SOCIÉTÉ NOUVELLE FIRMIN-DIDOT
Mesnil-sur-l'Estrée
pour le compte des Éditions Robert Laffont
24, avenue Marceau, 75008 Paris
en octobre 1999

Imprimé en France
Dépôt légal : janvier 1994
N° d'édition : 40444/08 - N° d'impression : 48267